新形态一体化教材

"十四五"职业教育国家规划教材

U0772144

旅游概论

（第五版）

刘伟　编著

中国教育出版传媒集团

高等教育出版社·北京

内容提要

本书是"十四五"职业教育国家规划教材，历经"十五""十一五""十二五""十三五"国家级规划教材多次修订而成。主要内容包括：旅游的概念、历史、种类及现代旅游的特征，旅游者研究，旅游资源及其开发，旅游业的特点及构成，旅游业的经济、社会、文化和环境影响，旅游业发展规划，旅游目的地营销，旅游业宏观管理，旅游业危机管理，旅游业的未来及可持续发展等。

本书内容丰富、全面又浅显易懂，吸收了国内外最新研究成果，力求反映旅游领域内的最新动态；突出案例教学和实践教学，既增强教材的鲜活性，又体现"学以致用"的教学理念；在编写体例上力求创新，正文内容与各种栏目设计有机衔接、相得益彰；图文并茂，以精彩插图辅助知识讲解，生动活泼，便于阅读。本书的重点、难点、亮点内容配套了微课，并以二维码的形式插入相关章节，方便广大师生的学习。

本书可作为高等职业院校、职业本科院校、应用型本科院校及中等职业学校旅游类专业的教学用书，也可供相关从业人士作为业务参考书使用。

图书在版编目（ＣＩＰ）数据

旅游概论／刘伟编著. --5 版. --北京：高等教育出版社，2023.7（2024.10重印）

ISBN 978-7-04-060122-0

Ⅰ.①旅… Ⅱ.①刘… Ⅲ.①旅游－高等职业教育－教材 Ⅳ.①F590

中国版本图书馆 CIP 数据核字（2023）第 036500 号

Lüyou Gailun

策划编辑	张　卫	责任编辑	张　卫	封面设计	姜　磊	责任绘图　马天驰
版式设计	徐艳妮	责任校对	商红彦　吕红颖	责任印制	刘思涵	

出版发行	高等教育出版社	网　　址	http://www.hep.edu.cn	
社　　址	北京市西城区德外大街 4 号		http://www.hep.com.cn	
邮政编码	100120	网上订购	http://www.hepmall.com.cn	
印　　刷	三河市华骏印务包装有限公司		http://www.hepmall.com	
开　　本	787mm×1092mm　1/16		http://www.hepmall.cn	
印　　张	16.5	版　　次	2003 年 1 月第 1 版	
字　　数	390 千字		2023 年 7 月第 5 版	
购书热线	010-58581118	印　　次	2024 年 10 月第 4 次印刷	
咨询电话	400-810-0598	定　　价	49.80 元	

本书如有缺页、倒页、脱页等质量问题，请到所购图书销售部门联系调换

第五版前言

本书第一版出版以来，受到读者的广泛欢迎和高度评价，目前累计印数已达30余万册，毫无疑问，已成为国内旅游专业的畅销教材。对此厚爱，作为本书作者，我深受鼓舞，对大家的支持，也深表谢意。我们要以党的二十大精神为指引，落实立德树人的根本任务，尽全力修订完善本书，以更好地满足广大师生的需要。

一、"旅游概论"课程定位及教学方式

1. "旅游概论"课程定位

"旅游概论"是旅游专业的入门课程，也是旅游专业的基础课程，因此，这门课程具有高度综合性、概括性的特点，对其他专业课程的学习具有先导性的作用，从某种意义上讲，旅游专业其他专业课程都是对"旅游概论"这一课程某一方面内容的深入挖掘和研究。

"旅游概论"是旅游专业的专业基础课，其内容是旅游专业学生必须掌握的基本知识，它与其他旅游专业课程的关系是"森林"与"树木"的关系。学好"旅游概论"，可以提升旅游专业学生的综合素质。

2. "旅游概论"课程的教学

由于"旅游概论"课程具有综合性的特点，在不同程度上涉及旅游经济学、旅游管理学、旅游历史、旅游地理、旅游文化等专业课程，这就为教材的编写带来一定的困难。在编写过程中，我们遵循如下原则。

（1）挖掘其他课程或专业教学规划中没有涉及而又在概论中应该予以反映的内容，以丰富"旅游概论"这一课程的内涵。

（2）在专业课程中需要深入研究的内容，在本教材中予以高度概括，以体现概论的特点。

尽管如此，"旅游概论"中的某些内容还会与有关专业课的内容出现某种程度的重叠，这就需要这门课的任课教师根据本学校、本专业开设课程的实际情况，对教学内容予以调整，做一些技术性的处理。例如，对已开设"饭店管理"和"旅行社管理"课程的学校和专业，在"旅游概论"课程中就可以不讲或少讲这部分内容。

二、本次修订的背景

本书第五版根据党的二十大精神和国家教材委员会对教材建设的基本要求和指导方针进行全面修订。为此，作者认真审核教材内容，编写一本能够满足新时代背景下旅游类专业教学需要的高质量教材。此外，本次修订也是在我国旅游大发展以及正在实现战略转型的大背景下进行的。

"十四五"期间，我国旅游业取得了长足的进步，连续多年保持世界第一大出境旅游客源国和全球第三大入境旅游接待国地位。出现了国际入境旅游、国内旅游、出境旅游三驾马车并驾齐驱的新局面。

过去几年，在经济、交通、以互联网为代表的科学技术快速发展的大背景下，出现了智慧旅游、邮轮旅游、房车旅游、露营旅游、研学旅游、红色旅游、文化旅游等旅游新业态，以及微博、微信和抖音等旅游新媒体营销，与此同时，公民对旅游服务质量提出了新的、更高的要求，从而对旅游管理体制、管理方法提出了挑战。及时反映这些新的内容和现代旅游的特征，也是本次修订的重要任务。

教材建设历来是提高教学质量的重要环节，党的二十大提出"教育是国之大计、党之大计""加强教材建设和管理"等要求。依据党的二十大精神，本次修订通过创新体例等设计，以优化学生的知识结构，丰富社会实践，强化能力培养为着力点。以提高学生的学习能力、实践能力、创新能力、分析问题和解决问题的能力，努力培养应用型、复合型、技能型、创新型人才，使学生在掌握专业知识的同时，学会做人做事，主动适应社会，开创美好未来。

三、本次修订的主要内容

本次修订的主旨是反映我国及世界范围内旅游业的最新发展动态和旅游理论的最新研究成果，使教材内容更加先进，结构更为严谨，论述更加科学，形式更加新颖，主要从以下几方面进行修订。

1. 对教材的结构进行了调整

本次修订对教材的部分章节做了调整，使其在体系、逻辑上更趋科学、合理。

2. 与时俱进增加了旅游业数字化发展的内容

在"旅游业的未来"一章，增加了智慧旅游与旅游业数字化发展的内容。

3. 增加了定制旅游与旅游定制师方面的内容

在新的时期，国家对导游人员的管理方式和手段进行了改革，本次修订对此部分的内容做了完善。同时，根据当前形势和旅游业的发展趋势及最新动态，增加了"定制旅游"与"旅游定制师"方面的内容。

4. 更新了教材内容

根据近年来国内外旅游业发展的现状和前景，修正并补充了许多新的资料和内容，使得教材能够跟上国内外旅游业发展的步伐，反映旅游业最新发展动态。

5. 加强案例教学和体验式教学

各章都增加了新的案例，章后设计了实践项目或案例分析题，旨在提高学生分析问题、解决问题的能力。

6. 更新和增加了二维码内容

教材更新和增加了二维码链接的资源内容，主要是一些补充性的知识、案例等，丰富了教材内容，从而在不过多增加教材篇幅的情况下，增加了不少鲜活的旅游知识，延伸和扩展了教材的学习内容。同时，我们与高等教育出版社合作，专门开发了视频资源，作为对本教材的补充，这些视频以二维码的形式融入教材之中，这种编写模式也是我们对教材编写模式的一种探索和创新。

本次修订后，将根据新的教材内容，配套开发多媒体教学课件、素材库等数字化教学资源，与主教材一起形成一个比较完整的课程教学资源包。

四、本书的特点

本书修订后，继续延续前四版的特点，主要表现在以下几方面。

(1)全书以二维码的形式，增加了作者在世界各地的旅游摄影作品，使读者能够更加直观地欣赏到与教材内容相关的旅游图片、摄影作品和所拍摄的视频，从而丰富了教材内容，体现了立体化教材的特点，同时提高读者的阅读兴趣，这是本教材的创新和最大的特点。

（2）内容实用、够用。本书在编写过程中，在体现内容全面、系统和科学性的基础上，以实用、够用为原则，尽量精简内容，合理把握理论的深度，体现应用型本科院校及高职高专教育的特点。比如，删除了第四版中"旅游业的性质"一节的内容。

（3）语言表述既简洁、平实，又生动、活泼，可读性强。本书在编写过程中，尽量避免使用华丽的词藻和生涩难懂的"理论"阐述。

（4）吸收了国内外最新研究成果，力求反映旅游学的最新研究动态。

（5）注重理论联系实际，力求使读者通过本书的学习，将旅游理论与旅游实际工作结合起来，解决旅游业发展中的实际问题。大量案例的使用，也是本书的一大特点。

（6）在编写中，有意增加了一些扩展性的内容，以增强学生的学习兴趣，扩大学生的知识面。

五、特别鸣谢

以下教师参与拍摄和制作了本教材配套的数字资源，分别是：苏英、周书云、吴凌菲、何慧、陈木丰、李艳芬、林潮芬、胡秋红、陈秀等。另外，张振林、宋健、冯郑凭、陈浩、雷州、刘方际远等行业人士、旅游行政管理部门的领导和专家以及旅游院校教授参与了本书的资料收集工作，从而使本书更贴近行业、更反映实际。在此一并致谢。

这里还要特别感谢许舒彤、孔令肇同学，他们为本书制作了课件，供大家参考(参见刘伟酒店网—院校服务—课件下载)。

最后，我们一如既往地期望广大读者，特别是广大院校的教师，对本书提出建设性的意见和建议，以便我们与高等教育出版社一起将本书打造成精品教材！

刘　伟

西北大学博士生导师

浙江大学文旅 MBA 导师

广东金融学院国际旅游休闲管理研究院院长

2023 年 5 月

目录

二维码资源目录

绪论　走进旅游

一、旅游业：从朝阳产业到支柱产业

以前，人们常说，旅游业是一个朝阳产业。说它是朝阳产业，表达了三层含义：一是它是一个新兴产业；二是还属于比较稚嫩的产业；三是具有广阔的发展前景。

的确，尽管人类的旅行活动已有几千年的历史，但旅游业的产生却只有不到200年的历史。1841年7月5日，英国的托马斯·库克组织的旅行活动，标志着近代旅游业的产生，与传统的农业、工业等相比，旅游业确实是一个后起、新兴的产业。而且，在它产生后的100年左右时间里，旅游活动还一直只是少数人的活动，与传统的农业、工业相比，旅游业的规模和作用，甚至可以忽略不计。

然而，第二次世界大战以后，在和平的环境中，在世界经济高速发展的背景之下，旅游业经历了爆炸式发展。据联合国有关部门统计，到20世纪90年代（第二次世界大战后短短的几十年时间里），旅游业已先后超过钢铁业、汽车业等传统产业，一跃而发展成为全球最大的产业！

进入21世纪，旅游业在社会进步、经济发展、交通革命、信息技术进步等多重因素的推动下，更是插上了腾飞的翅膀。全世界的旅游人数和旅游收入成倍增长，各种旅游形式、旅游业态层出不穷，丰富多彩。

据世界旅游组织（World Tourism Organization，UNWTO）统计，1950年世界各国接待国际旅游者2 530万人次，国际旅游收入21亿美元。而到了2019年，国际旅游者人数和国际旅游收入则分别跃升至13.71亿人次和1.7万亿美元，分别是1950年的54倍和800多倍。在中国，2019年全国旅游直接和间接就业者已近8 000万人，占全国就业总人口的10.31%[①]。

因此，无论从规模、影响，还是从对国民经济和社会就业的贡献来看，旅游业已不再是原来意义上的朝阳产业，而是发展正当其时、前景无限广阔的一个支柱产业。

二、投身旅游业：广阔天地任驰骋

（一）中国旅游业：发展前景广阔

旅游业具有极其广阔和光明的发展前景，特别是在中国，旅游业在国民经济和社会发展中具有非常重要的地位，受到各级政府的高度重视。

1. 中国已成为世界旅游大国

就中国而言，尽管旅游业起步较晚，但发展成绩斐然。到2019年，中国入境旅游人数已达1.45亿人次，仅次于法国和美国，排名世界第三位；旅游外汇收入1 313亿美元，居世界第二位（仅次于美国）。

---

① 资料来源：《2019年旅游市场基本情况》，文化和旅游部官网，2020.3.10。

在国际入境旅游发展的同时，中国国内旅游也蓬勃发展，使中国出现了国际入境旅游和国内旅游并行发展的新局面。2019年国内旅游市场为60.06亿人次，国内旅游收入达5.725万亿元（见图绪-1）。

随着经济的发展和国力的增强，从20世纪90年代开始（1990年10月中国政府开始允许中国公民自费出国），中国的出境旅游开始起步，并得到高速发展。2000年，中国出境旅游人数和接待外国人人数均首次突破1 000万大关，分别达到1 047万人次和1 016万人次，可喜的是，在这一年，中国出境旅游人次数首次超过了外国入境旅游人次数，标志着中国旅游业跨入新的世纪后，已经进入了新的发展阶段。2003年，中国出境旅游人数首次超过日本，成为亚洲第一大客源国。2019年，中国出境旅游人次数则达到1.55亿，成为全球第一大客源国（见图绪-2）。

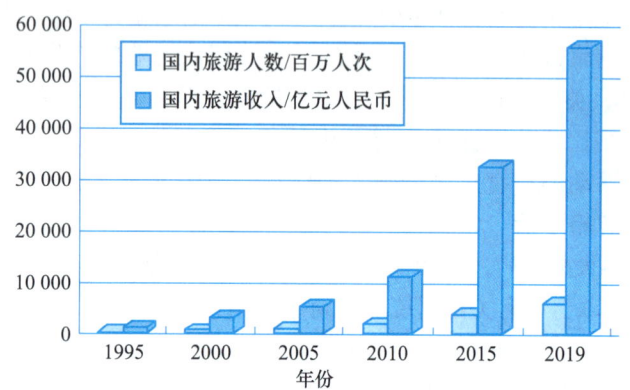

图绪-1　中国国内旅游业发展情况（1995—2019年）

（资料来源：中华人民共和国文化和旅游部2019年文化和旅游发展统计公报）

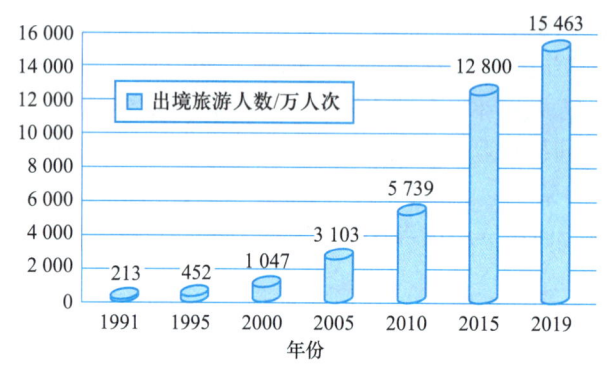

图绪-2　中国居民出境旅游情况（1991—2019年）

（资料来源：中华人民共和国文化和旅游部2019年文化和旅游发展统计公报）

根据《埃森哲中国消费者研究报告》，旅游出行的消费总量已经成为中国消费者仅次于食品饮料、服装和电子消费品的第四大消费类别。

自2020年新冠疫情爆发以来，中国旅游业遭到了前所未有的打击，但随着疫情防控形势的好转以及防控措施的适时调整，中国旅游业已经迎来空前的恢复性增长。据文旅部发布的数据显示，2023年，国内出游人次48.91亿，比上年同期增加23.61亿，同比增长93.3%；国内游客出游总花费4.91万亿元，比上年增加2.87万亿元，同比增长140.3%。

2. 旅游业已成为中国战略性支柱产业

2009 年，国务院在《关于加快发展旅游业的意见》（以下简称《意见》）中，首次提出要把旅游业培育成"国民经济的战略性支柱产业和人民群众更加满意的现代服务业"，从国家战略的层面大力发展旅游业。

《意见》提出旅游业发展的十大任务和八大保障措施，其中包括加强旅游从业人员素质建设。《意见》提出要整合旅游教育资源，加强学科建设，优化专业设置，深化专业教学改革，大力发展旅游职业教育，提高旅游教育水平；建立和完善旅游职业资格和职称制度，健全职业技能鉴定体系，培育职业经理人市场；抓紧改革完善导游等级制度，提高导游人员专业素质和能力，鼓励专业技术人员特别是离退休老专家、老教师从事导游工作，完成对旅游企业全部中高级管理人员和导游人员的分级分类培训。

3. "国民旅游休闲计划"，助推旅游跨越式大发展

2009 年初，在全国旅游工作会议上，原国家旅游局首次提出了"国民旅游休闲计划"的概念。随后，原国家旅游局宣布支持有条件的地区先行先试，并确定了广东、浙江、山东、江苏四省为试点地区。同年 2 月 21 日，广东省率先出台了《关于试行广东省国民旅游休闲计划的若干意见》，随后浙江、山东等省迅速跟进。江西、北京虽非试点地区，但也相继制订了计划；其他省市虽无成形方案推出，但都在积极酝酿之中。到 2009 年 12 月 1 日，《国务院关于加快发展旅游业的意见》出台，其中明确提出制定《国民旅游休闲纲要》。随后，很多省市政府迅速跟进，提出了多项政策，大力推进国民旅游休闲计划，内容包括：

（1）让国民旅游休闲计划覆盖各个群体。不仅包括机关公务员、事业单位职工，而且把研学旅游纳入学生综合实践课程，把旅游休闲作为企业对职工的奖励和福利措施，并考虑了弱势群体和特殊群体的利益共享。

（2）以各项优惠和福利政策措施为突破口。第一，鼓励弹性安排带薪休假；第二，创建国民旅游休闲示范单位；第三，推出国民旅游休闲卡；第四，采取系列优惠福利措施。

（二）投身旅游业：职业前景光明

正因为旅游业具有如此广阔的发展前景，所以投身旅游业，大有可为。在旅游行业，只要你掌握了旅游业的专业知识和专业技能，具备了"旅游人"的职业素质，就可以大展宏图，实现你的人生价值。

1. 旅游行业：并非低人一等

在很多人的潜意识里，认为旅游行业是一个"服侍人"的行业，在旅游行业就业就"低人一等"。这种观念是非常错误的，是对现代旅游业的一种误读。作为满足人民群众日益增长的物质文化需要的一个重要民生产业，现代旅游业承载了使人们愉悦、让社会和谐的重大使命，而使命能否履行，取决于从业人员的素质。现代旅游业对从业人员提出了越来越高的素质要求，尤其是对于关键岗位的从业人员，更是要求具有较高的职业素养、扎实的专业知识和精湛的职业技能。发展旅游业，人才要先行，因此，从旅游企业、大专院校到各级政府，都非常重视培养和选拔符合现代旅游业发展需要的高素质人才。例如，杭州市曾以市政府的名义，公开发文通报表扬杭州市"金牌导游员"，充分说明各级政府对旅游业以及旅游工作者的高度重视和关心。

2. 旅游行业：待遇并不低

很多人对旅游业存在认识上的误区，认为旅游业工作辛苦、待遇低，不愿意从事旅游工

作。其实，旅游从业人员的待遇并不低，只是和其他许多行业一样，不同岗位之间的待遇"级差大"，但那些真正拥有高素质、高技能的从业人员，总能在这个行业中获得持续发展，走向关键岗位或管理岗位，获得令人满意的回报。以酒店为例，从普通服务员到总经理，待遇相差很大。尽管做服务员可能是绝大多数旅游院校毕业生必须经过的阶段，而拥有专业知识和技能的优秀的旅游专业毕业的学生，其职业生涯不可能永远停留在服务员层次上，做服务工作只是他职业生涯的起点。一旦进入管理阶层（只要个人努力，这是很容易的事情，特别是在当前旅游从业人员短缺的时期），你的待遇水平将很快得到大幅提升。

事实上，当前，中国酒店业及旅游业人才奇缺，不仅是旅游服务人员，旅游企业的中高层管理人员更是青黄不接，这正是旅游专业学生不可多得的历史机遇。

3. 旅游行业：不拘一格"揽"人才

除了旅行社、旅游饭店、旅游景区等传统旅游企业以外，旅游工作还包括从事现代化旅游企业经营、旅游企业管理、旅游行政管理、旅游规划、旅游策划、旅游科学研究等。另外，很多新型旅游企业需要多种类型的旅游人才，因此，旅游院校毕业生具有广泛的就业渠道，只要具备良好的素质，加上个人的努力，旅游专业的学生，前程似锦！

4. 旅游行业：能将你培养成受人尊重的人才

从事旅游工作要有良好的外部形象，注重仪表仪容，讲究礼节礼貌，有较强的人际沟通能力，具备这些素质的人，一定会成为社会上受人尊重的人群。正如国际顶级酒店管理集团丽思-卡尔顿酒店管理公司的服务理念：We are ladies and gentlemen serving ladies and gentlemen（我们是为绅士和淑女们服务的绅士和淑女）。以绅士和淑女的姿态为客人提供服务，不仅展示了旅游从业人员的素质，也会受到所有客人的尊重。

三、旅游概论课程：帮你打开通向旅游业的第一扇门

"旅游概论"是对人类旅游活动及旅游产业的总体介绍，是旅游专业的入门课程，也是旅游专业的核心课程。如果把旅游概论课程比作一片森林，那么，其他专业课程就如同这片森林里的一棵棵大树。通过对旅游概论课程的学习，旅游专业的学生才会了解旅游业的基本概念，旅游业的性质、特点，旅游活动及旅游业的内涵和外延，旅游业的发展模式，旅游政策和旅游法规，国内外旅游管理体制以及未来旅游业的发展趋势，才能对现代旅游业有一个总体的认识，继而对更进一步学习其他专业课程奠定基础，并起到导向作用。不开设"旅游概论"课程，或者不学习旅游概论知识，学生对旅游业的认识将是片段式、不完整的。毕业后，其知识结构将是不全面、不系统的，从而不可能成为旅游专业的合格人才。

"旅游概论"课程还是其他专业课程的引路者。"旅游概论"课程在旅游专业学生面前展示了旅游业的一片天地。通过了望这片天地，学生可以发现自己的兴趣所在，进而确定未来学习和深入研究的重点以及进行自己的职业生涯规划：或者从事现代化酒店管理工作，或者进入旅行社或在线旅游企业，或者从事旅游规划工作，或者进行旅游景区开发工作，或者从事旅游行政管理工作，或者进行旅游学术研究……条条大路通罗马，关键是要找到适合自己的那一条。

四、知行合一：学好旅游概论课程的关键

学好"旅游概论"课程首先要端正学习态度，正确认识"旅游概论"这门课程的重要性。只有认识并理解了这门课程的重要性，才能提高学习的兴趣和效果。

其次，要认识和把握好"旅游概论"课程与其他专业课程的关系，将其当作旅游专业学习的"敲门砖"。

再次，要理论联系实际。为此，要注意多参加一些旅游实践活动，并将这些活动与《旅游概论》中所学的知识结合起来，加深对旅游业的认识。

最后，要广泛涉猎有关旅游的专业知识。通过阅读各类旅游报纸杂志，登录相关的旅游专业网站，从多方面关注旅游行业发展动态，保持与旅游行业的密切接触，了解不断出现的旅游新业态、新概念、新理论，不断扩大旅游知识。

美国希尔顿酒店管理学院院长约翰·博文先生在为本人所著《前厅与客房管理》（高等教育出版社，2012）一书所作的"序"中有这样一段话：

"作为中国酒店管理专业的大学生，你们正在一个伟大的国家进入一个伟大的行业。酒店业为你们提供了不同的工作。如果你喜欢与数字打交道，你可以从事酒店收益管理或会计工作；如果你喜欢创新，酒店餐饮或事件管理可以为你提供创新的机会；如果你喜欢与人打交道，总台管理和销售可能是你喜欢的工作；对于喜欢细节的同学来说，客房管理可能是你喜欢的重要部门和领域。无论你喜欢做什么，你都可以在酒店找到适合你做的工作。事实上，北美及欧洲的酒店业已经成熟，增长缓慢，而中国的酒店业正处于繁荣发展时期。中国对于训练有素的酒店经理人的需求是巨大的，作为中国从事旅游与酒店管理专业的大学生，你们的前程无比远大！"

中国酒店业是中国旅游业的一个分支，它是更为广阔的一片天地，所以这段话对于打算投身于旅游行业的学生来说，也是很有指导意义的。记住：你们正在一个伟大的国家、伟大的时代，进入一个伟大的行业！

图片：
快乐旅行

旅游可以带给人们快乐和美的体验，图为旅游者在青海翡翠盐湖享受旅行带来的快乐（刘伟 摄）

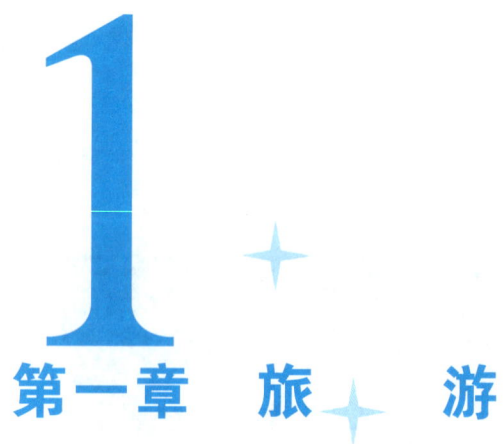

第一章 旅　游

　　旅游活动是一种社会现象，具有悠久的历史。通过了解旅游活动的历史，可以全面、深入、系统地考察旅游这一社会现象发生、发展的客观规律以及旅游活动的本质。

通过本章的学习，应该能够：

- 掌握旅游的基本概念。
- 了解人类旅游活动的历史。
- 了解现代旅游的种类。

关键概念：

旅行　旅游　现代旅游

Key Words：

Travel　Tourism　Modern Tourism

视频：旅游的定义

第一节　旅游的基本概念

一、什么是旅游

旅游是人类社会发展到一定的历史阶段所产生的一种社会文化现象，各国专家学者及国际组织对旅游的定义有很多，比较权威的定义有以下两个。

（一）艾斯特定义

艾斯特定义是由瑞士学者汉泽克尔（Hunziker）和克拉普夫（Krapf）于1942年提出的，尔后被"旅游科学专家国际联合会"（International Association of Scientific Experts in Tourism，IASET）所采用。

图片：印尼火山日出1

艾斯特定义的一般叙述是："旅游是非定居者的旅行和暂时居留而引起的现象和关系的总和。这些人不会导致长期定居，并且不从事任何赚钱的活动。"显而易见，这一叙述的最后部分不能很好地说明近年蓬勃发展的商务旅游，存在一些不足。任何商务活动的最终目的都是为了赚钱，无论在企业所在地的活动或者外出旅行都是一样的。

（二）世界旅游组织的定义

按照世界旅游组织（World Tourism Organization，UNWTO）和联合国统计委员会的定义（以下简称 UNWTO1995 定义），旅游是"人们为了休闲、商务和其他目的，离开他们惯常的环境，到某些地方去以及在那些地方停留的活动"，并为统计上的鉴别确定了这种在外地的暂时停留"不超过1年"的标准，同时，指出"访问的主要目的不应是通过所从事的活动从访问地获取报酬。"

图片：印尼火山日出2

与艾斯特定义不同，UNWTO1995 定义明确说明旅游包括商务旅游。世界旅游组织的统计手册中也指出：旅游者在惯常环境以外进行这种商务旅行"是因为与他的职业或与所工作单位的经济活动有关"，而且对许多商务旅游者来说，其"出行及其出资的决定往往不是本人做出的"。虽然商务旅游本身可能是为了旅游者所在企业的经济利益即"从事赚钱"，但这与"通过所从事的活动从访问地获取报酬"的劳工和移民等非旅游者具有明显差别。所谓"报酬"是指为劳动而取得的酬劳，与笼统的"赚钱"一说含义有所区别。UNWTO1995 定义将不够确切的"不从事任何赚钱的活动"的提法舍去，以"访问的主要目的不应是通过所从事的活动从访问地获取报酬"作为区分旅游者和其他旅行者的标准，在概念上也将商务旅游包容在内。因为商务旅游者虽然也会从本次旅行所从事的商务活动中取得自己应得到的报酬，但这些报酬是因其为所在企业付出劳动而由本企业发给，而不是从访问地获得。

图片：印尼火山日出3

UNWTO1995 定义还强调旅游是离开惯常环境的旅行，所谓惯常环境，是指一个人的主要居住地区以及所有常去的地方，这一概念包含"常去"和"距离"两个方面。对于一个要乘坐铁路列车通勤的职工，每日上下班可能距离较远，但他并没有离开自己的惯常环境；而离一个人的居住地很近的地方，即使他很少去，也属于他

图片：旅游需要吃苦精神

的惯常环境。虽然惯常环境对于不同国家和地区、不同的人有不同的标准，但从统计的角度仍须有一个可以操作的定义，世界旅游组织的文件中对此进行了详细的讨论。

图片：敦煌月牙泉的月亮

二、旅游的作用

（一）开阔眼界

假如不走出去，你以为世界就这么大，以为世界上的人都过着和你一样的生活。走出去，别样的风景，别样的世界，会为你封锁已久的心灵打开一扇窗，让你的世界豁然开朗，你会在看景色、品美食、住酒店、赏民俗、听故事的种种进程中体验日常生活中体验不到的精彩！

（二）增长知识

图片：敦煌月牙泉的星河1

古人云：读万卷书，不如行万里路。通过旅游活动，可以全方位扩大旅游者的知识面，包括地理知识、地质知识、历史知识、社会知识、艺术知识、天文知识、文学知识、动物知识、植物知识、建筑知识、民俗风情等。而这些知识很难在书本上完全学到，或者不能像旅游一样直观地学习、考察和掌握。

（三）释放压力，人类自身的可持续发展

图片：敦煌月牙泉的星河2

现代社会的一大特征是生活和工作节奏加快，压力加大。人们迫切需要通过各种渠道和方法释放压力，旅游就是这样一个非常好的渠道。正如一位旅游者所言：旅途就是给人生这个马拉松竞赛画个逗号——让疲惫的心歇歇。放下手头一切的冗杂，清空脑子里边的琐碎，到一个生疏的地方，谁也不管你，你也不管谁。不必为日常生活和工作操心，享用那种独有的自由。

总之，人们可以通过旅游这项有益身心健康的活动，暂别日常生活和工作，在享受自由和快乐的同时，实现人类自身的可持续发展。

（四）锻炼身体，锤炼意志

旅游是一项体力活动，有时，没有健康的体魄和坚忍不拔的意志，是不能实现一次完美的旅行的。反过来，通过旅途的跋山涉水、早出晚归、废寝忘食和克服重重困难，也可以锻炼人们的身体，锤炼意志，从而更好地学习、工作和生活。

（五）培养吃苦精神

图片：敦煌月牙泉的星河3

很多时候，旅游并不是一件轻松的事。例如，为了看日出，深夜就得起床爬山，而早出晚归，不能按时吃饭是常有的事情，需要吃苦的精神和坚强的意志。

（六）感悟人生

旅途中，你会遇到各种各样的人和事，了解各地的风俗习惯，从而可能改变你的人生观和世界观。

（七）广交朋友

旅游中，可以遇到很多来自全国各地，甚至是全世界各地的朋友，他们与你素昧平生，却有缘千里来相会，有的可能会成为你一生中的挚友，甚至一生的伴侣。在旅途中还可以拍摄到你意想不到的甚至是神奇的照片，带给你十分美好的回忆。见图1-1。

图1-1　2019年，本书作者去云南大理沙溪古镇摄影并考察旅游民宿，在一家酒吧邂逅一位"老外"，一交谈，竟然是同行，一位在国内颇有名气的旅游和民宿设计和运营专家（在美国曾获民宿设计大奖）林登（Brian Lin）先生（照片左一），这张照片是他与一位美国国家地理杂志的资深摄影记者的合影。三人相见恨晚，成为好友（刘伟　摄）

（八）带来意外的、美好的回忆

旅游的神奇之处在于它的不可预测性，会有很多预料不到的事情。比如，某民宿的房东会应你的要求去市场购买最好的羊肉，然后，为你烹制美味的手抓羊肉并拿出家中最好的酒恭候你的到来。

第二节　旅游的历史

古希腊在公元前5世纪，贸易、宗教就很兴盛，特别是奥林匹亚庆节，更是体育的盛会，体育竞技活动吸引了大量的参赛者和参观者，可以说是古代最盛大的体育旅游活动。

在数千年的漫长历史中，旅游活动的发展大致经历了3个阶段，即古代旅行阶段、近代旅游阶段和现代旅游阶段。

一、古代旅行

古代旅行指旅游活动在 19 世纪中期以前的发展阶段。

（一）国外的古代旅行

古埃及修建了众多的金字塔和神庙，这些建筑物在当时就曾吸引了许多旅行者前往参观游览。埃及还经常举行宗教集会，大批宗教信奉者参加庆典活动，这实际上也是一种宗教旅游活动。

公元前 300 年，波斯帝国修建了长 2 000 多千米的"御道"。并设有百多处驿站，此外，还修建了自巴比伦城到大夏和印度边境的道路。由于交通的便利，商人、游人往来不断。

古罗马帝国政治统一，经济强盛，幅员辽阔，国家提倡和鼓励旅行活动。由于交通的便利，货币的统一（全国使用统一的罗马铸币），没有语言障碍（希腊语和拉丁语定为官方语言），旅行活动得到顺利发展。

与古代相比，中世纪的旅行活动虽没有得到明显发展，但是仍有一些旅行活动发展的实绩。在阿拉伯帝国时期，伊斯兰教实行朝觐制度，穆斯林教徒只要有能力，在一生中都要去麦加朝觐，也就形成了长距离的宗教旅行活动。此外，阿拉伯帝国对旅行活动也是鼓励的，也曾出现过一批著名的旅行家，伊本·拔图塔就是杰出的一位，他行程 12 万千米，费时 26 年，游览了亚、非、欧三大洲，并在 1346 年来到中国。根据他几十年的游历，撰写了《旅行者的欢乐》一书，并得到广泛流传。

特别值得提出的是意大利的旅行家马可·波罗（1254—1324 年），在元朝忽必烈时期，随其叔父来到中国，得到忽必烈的赏识，令其在朝中为官，共计 17 年。马可·波罗在中国游历了许多地方，回到意大利后，以在中国的所见所闻为主要素材，口述并由他人代笔写成了《马可·波罗游记》。

在资本主义原始积累时期，新兴的资产阶级为了寻求国外更广阔的市场，扩大商品销售，海上航行探险活动日益增多。从 15 世纪中期到 16 世纪中期前后，曾出现了许多著名的航海家和探险家。例如，发现新大陆的意大利航海家哥伦布（1451—1506 年）；发现绕过非洲南端好望角抵达印度洋航线的葡萄牙人达·伽马（时值 1498 年）等；葡萄牙航海家麦哲伦，于 1519 年奉西班牙政府之命，率船队由圣罗卡启航，越过大西洋，沿巴西海岸南下，经南美洲大陆和火地岛之间的海峡（后称麦哲伦海峡），入太平洋至菲律宾，因干涉岛上内争，被当地人所杀，后余众乘"维多利亚号"船返回西班牙，完成了第一次环绕地球的航行。这些航海家、探险家的任务虽有不同，历史的贡献也大小不一，但是从一定意义上讲，他们也都是伟大的旅行家。

（二）中国的古代旅行

中国古代社会岁月漫长，几千年中，曾有过内容各异、形式多样的旅行活动，现仅就几种主要的、有代表性的旅行活动作一简略描述。

1. 帝王巡游

历代帝王大都有巡游活动，有的是出于政治、军事等目的，有的则是纯游览性的。周穆王（约公元前 1001~前 947 年）是最早出游的帝王之一，其行迹在中国西北地区，《穆天子传》又称《国王游行记》，共六卷，书中所记行程至今仍可找到线索，是中国最早的一部以记述游历西北地区为主要内容的著作。秦始皇在公元前 220 年到公元前 210 年的 10 年中，五次巡游，游历了大半个中国。此后，隋炀帝、康熙帝和乾隆帝都是有代表性的进行巡游的帝王。他们的巡游除了政治上的影响外，对交通、建筑、园林、游览对象等方面，都产生了深刻的影响。

2. 士人漫游

古代士人的漫游活动也很丰富。孔子（公元前 551~前 479 年）的思想成就同他的旅行活动是分不开的，他游历了宋、卫、陈、蔡、齐、楚等诸侯国，广泛收集文献资料，体察民情，为后人留下了《春秋》等传世之作。司马迁（公元前 145~？）在 20~40 岁中，游览考察了江、浙、皖、湘、鲁、鄂等地，收集了大量的历史、地理以及文献资料，为他以后编写《史记》奠定了基础。在唐、宋时期，著名的诗人、文学家李白、杜甫、柳宗元、欧阳修、陆游等都是漫游活动的代表。这些人在漫游中触景生情写下了许多不朽的作品。如李白的《黄鹤楼送孟浩然之广陵》："故人西辞黄鹤楼，烟花三月下扬州，孤帆远影碧空尽，惟见长江天际流。"又如李白的《望庐山瀑布》："日照香炉生紫烟，遥看瀑布挂前川，飞流直下三千尺，疑是银河落九天"。苏轼的《题西林壁》："横看成岭侧成峰，远近高低各不同，不识庐山真面目，只缘身在此山中。"这些都是流芳百世的旅行佳作。

3. 宗教旅行

在以宗教活动为目的的旅行活动中，唐代的玄奘、鉴真是最著名的代表。玄奘于贞观元年（公元 627 年）从长安出发，西出玉门关和阳关而去印度，历时 18 年，行程 5 万余里，在贞观十九年（公元 645 年）回到长安。根据他的口述和记载，其弟子写成了《大唐西域记》，记述了他在 28 个国家的所见所闻。鉴真于唐玄宗天宝元年东渡日本，历尽艰辛，前 5 次均遭失败。天宝十二年（公元 753 年）鉴真率弟子 24 人第六次东渡成功，于第二年抵达日本。他不仅将佛教传入日本，同时也将中国的文化、艺术等传入日本。

4. 探险考察旅行

古代也有一些以探险和科学考察为目的的旅行活动。张骞受汉武帝之命，于公元 139 年出使西域，这一活动虽是一种政治性活动，同时，也是一次探险性旅行。张骞在西域 13 年，经多方努力与大月氏等西域国家建立了友好关系。这里值得指出的是，由于张骞通西域之行，"丝绸之路"也就随之开通。丝绸之路东起长安，西抵西欧和中东。由于东西大道的开通，中国的丝绸源源不断地输往西方，故西方国家把这一通道称之为丝绸之路。丝绸之路对东西方经济、政治、文化的交流，对旅游活动的开展，起了不可估量的作用。徐霞客（见图 1-2）是明代的伟大旅行家，他自幼喜爱地理，从青年时代就投身于地理考察事业。他从 22 岁开始旅行考察，直

图 1-2 徐霞客画像

到 56 岁辞世，30 多年如一日，行游四方，足迹遍及江苏、浙江、云南、贵州、河北、山西、陕西等地。所至之处，从经济到文化，从动物到植物，从地质到地貌，从河流到山岳等，都进行了细致的观察并进行了思索。他白天旅行考察，晚上挑灯整理写作。徐霞客对中国石灰岩地貌的研究取得重大成果（在欧洲，德国人瑙曼对石灰岩进行系统分类的研究，要较徐霞客晚

200 多年）。集 30 多年的风雨路途和灯下的撰写，形成了《徐霞客游记》这本著作，该书不仅是一部地理学名著，也是一部文学著作。

二、近代旅游

近代旅游指旅游活动在 19 世纪中期至 20 世纪中期的发展阶段。

（一）国外的近代旅游

18 世纪中期后，欧洲发生了工业革命，后发展到北美等地。工业革命的标志是蒸汽机和纺织机的发明和使用。工业革命后，资本主义进入大机器生产时代。由于机器代替了手工劳动，使社会劳动生产率得到极大提高，社会财富被迅速创造出来。在交通工具方面，出现了以蒸汽为动力的火车和轮船。生产社会化和国际化的迅速发展，国际经济交往日益增多，国际市场开始形成，整个世界开始进入资本主义商品经济时代。所有这些变化都为旅游的广泛发展创造了条件。此外，由于生产的发展，劳动时间的缩短，人们可支配收入的增加，这些因素又为旅游者的增加提供了条件。

说起近代旅游，不得不提起如下 2 家企业。

1. 托马斯·库克旅行社

对近代旅游发展发挥巨大作用的应首推托马斯·库克（见图 1-3）。托马斯·库克于 1808 年生于英国，幼年时，库克曾为一花园管理员当助手，并从那里学到许多人情世故，但该管理员嗜酒如命，由于一次饮酒过量而猝死。以后，他醒过来又跟随姑父学木工，姑父也是暴饮之徒，因酒精中毒而死亡。这两件事使库克对饮酒十分痛恶。

1841 年 7 月 5 日，库克包租了一列火车，运送 570 名旅客去参加禁酒大会。这是世界上第一次集体打折的包租列车的旅行，也是托马斯·库克开始旅游业的起点。

禁酒大会和之后的禁酒活动十分成功，使很多嗜酒者戒了酒，走上了新的生活。由于库克对禁酒工作成绩卓著，名声远扬，社会上对团体旅行感兴

图 1-3 近代旅游之父：托马斯·库克

趣的人，都要求库克为他们提供服务，这就使库克开始酝酿新的发展旅游事业的计划。之后，库克组建了一个旅游服务处，为旅游者安排交通工具和筹划旅游活动项目，从而成为短途旅游的组织者和经营者。1846 年，库克又成功地组织了 350 名旅游者赴苏格兰旅游，并为旅游团配备了导游。由于事业的发展，经营规模也不断扩大。1851 年，在英国伦敦举办第一次世界博览会，库克所组建的库克父子公司共组织了 16 万多人次前往参观游览。4 年后，世界博览会又在巴黎举行，库克公司共售出了前往巴黎的 50 万张票。1865 年，库克在伦敦开设了营业所，负责为旅游者安排食宿，讲解旅游知识。1867 年，库克设计和推行旅馆代价券，1879 年，又增加了银行业务和外币兑换业务。1872 年还组织了一次 9 人团体的环球旅行，历时 220 天。同年，趁美国经济兴起之机，将库克父子公司迁至美国，改名为美国通济隆公司，

其业务不断发展，迅速成为世界最大的旅游公司之一。

托马斯·库克是近代旅游业的创始者，被誉为"近代旅游之父"，他为近代旅游的发展做出了巨大的贡献，使古老的旅游活动发展到一个崭新的阶段。以下是托马斯·库克的贡献。

- 第一次组织群众包租火车进行团体旅游。
- 第一个开办旅游代理业务。
- 编写出版了第一本旅游指南：《利物浦旅游手册》。
- 第一次组织出国包价旅游。
- 第一次组织环球旅游。
- 第一个开办旅游公司。

不幸的是，由于战略决策失误(英国《旅游周刊》的新闻部主编基利说起托马斯·库克破产的原因时称，"在人们开始转向互联网的时候，它仍在新管理层的决策下扩展门店")，2019年11月22日，拥有178年历史的"全球最古老旅行社"——英国托马斯·库克集团正式宣布破产，如图1-4所示。

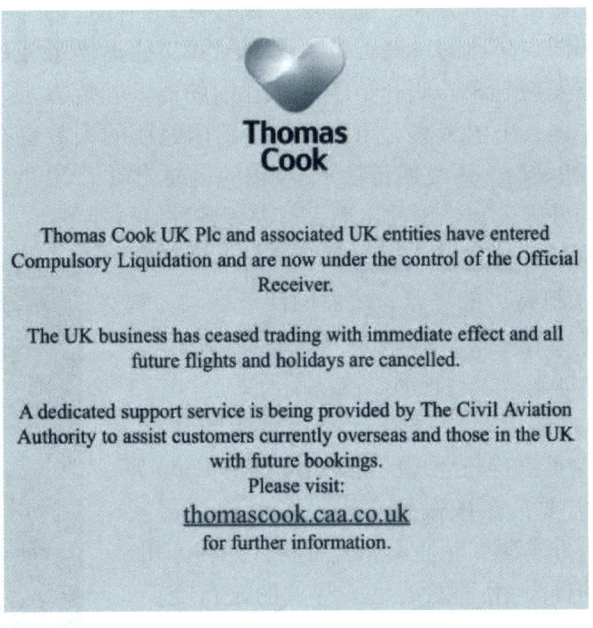

图1-4　托马斯·库克集团正式宣布破产

2. 美国运通公司

美国运通公司在近代旅游的发展中也起过巨大的推动作用。运通公司是以经营运送贵重物品和货币而涉及旅游业的。该公司由享利·韦尔斯于1841年建立，最初主要经营贵重物品、金银等的运送业务。从1850年起，公司开始兼营旅行代理业务，之后，经营业务不断扩展，1882年采用了自己的汇票，1891年又采用了旅行支票。此外，运通公司在1895年和1896年分别在巴黎和伦敦开设营业厅，主要经营行李运输和银行业务，并为去美国的旅游者提供住宿等服务。

从19世纪中期起，旅游活动不断发展，生产的发展和人们生活水平的提高是旅游活动发展的基础，此外，铁路、轮船运输的发展，是推进旅游发展的重要手段。旅游者的增多和出游的增加也推进了旅馆的建设和发展，社会上为旅游服务的相关行业也得到发展。到 19 世纪末，旅游活动已经有了一定的普遍性，旅游作为一种产业，已初见端倪。

随着工业生产的发展，人口城市化进程也随之加快，人们在紧张工作之余，对郊外的旅游、消闲的欲望和要求有所增加，与这种社会要求相适应，多种多样的旅游活动项目和旅游目的地被开发出来。进入 20 世纪后，随着社会生产、科学技术的进一步发展，旅游业也在继续向前推进，远洋游轮、汽车、飞机等交通工具的不断发展，为旅游活动提供了更加便捷的交通条件，人们期望着更多和更丰富的旅游活动。但是，在 20 世纪的前 50 年中，世界经历了两次世界大战。两次战争的间隔时期，是繁荣、衰退、萧条和复苏的交替时期，1929—1933 年的经济危机，给社会经济各个方面都带来了深刻的影响。本来在一个新世纪开始后，旅游活动应该有更快和更大的发展，但是，因为政治和经济形势的动荡，旅游业并没有出现突破性的进展。

（二）中国的近代旅游

近代中国由封建社会逐步演变成半封建半殖民社会，在政治、经济、社会的各个方面都发生了深刻的变化。在旅游活动方面，随着国门被打开，国际性的经济、政治、文化思想的交往不断开展，国际和国内交通的发展，也为这种国际交往提供了方便条件，中国近代旅游业就是在这样的背景下发展起来。鸦片战争后，外国的商人、传教士、学者、官员等纷纷来到中国，与此同时，中国人出国考察、出国求学、出国经商的人数也在不断增加。在这种情况下，英国的通济隆（托马斯·库克旅行社）、美国的运通公司于 20 世纪初先后来中国建立旅游经营机构，为来华的外国人和中国的出境人员办理各种旅行业务。

鸦片战争后，中国的一些进步人士，如林则徐、魏源等人，提出"师夷长技以制夷"的主张，之后的洋务运动，都促使一些人到国外去学习和考察。到 1906 年，各种出国留学人员达到 8 000 多人，标志着大规模研学旅游的开始。

中国旅游业形成的标志是中国旅行经营机构的建立。1923 年，在上海商业储蓄银行任经理的陈光甫（见图 1-5）为适应旅行游览的发展需要，在该银行中附设了"旅行部"，其业务范围是代办国内外车票、轮船票和飞机票，并在苏州、杭州分行设立旅行部柜台，由于能满足一些人的旅行需要，业务有一定的发展。到 1927 年 7 月，陈光甫将附设在银行内的旅行部独立出来，正式成立了中国旅行社，该旅行社也是中国第一家旅行社。

图 1-5 陈光甫

中国旅行社以扩大服务范围为宗旨，以提倡中国旅游事业为己任。旅行社纲要四原则是：发扬国光、服务行李、阐扬名胜、改进食宿。所谓发扬国光，即中国旅行社鉴于当时中国游览事业中仅有少数外商旅行机构，由于他们不熟悉中国情况，不能正确引导和介绍，以致外国人对中国的名胜、古迹、历史、风尚、物产、文化艺术不能有适当的接触，以致产生误解，从而影响中国的旅游事业。所以，兴办旅行社的首要任务就是要维护国家声誉。所谓阐扬名胜，即鉴于中国有悠久的文明史，国土幅员辽阔，名胜古迹遍布祖国各地，设立旅行社就是要使旅游者观赏，使中国名胜得以扬名。

中国旅行社最初的业务是代办车船票，后扩展到代运行李，接送旅客，组织个人和团体的旅游活动。此外，还办理留学生出国手续、设立避暑区服务站、组织短程的团体游览、组织境外旅游（如赴日观樱等）。

中国旅行社在苏州、无锡、镇江、杭州、蚌埠、徐州、济南、青岛、天津、北京、沈阳、西安、武汉、广州、南昌 15 个城市设立分社和支社。此外，中国旅行社还先后在纽约、伦敦、河内设立"中国旅行分社"，承办外国人来华旅游事宜。

新中国成立之前，由于经济落后，人民生活水平低，社会基础设施较差，中国的旅游发展十分缓慢，以游览、消闲、娱乐为目的的旅游活动，仍然是少数人的事，大多数人都疲于生活奔波，无能力也无暇参与旅游活动。旅游作为一种产业，虽说已经形成，但是，它的规模小，水平低，对国民经济的作用十分有限。

三、现代旅游

20 世纪中期以来的旅游活动称为现代旅游。

（一）国外的现代旅游

旅游活动虽然具有悠久的历史，并且在工业革命以后有了较大的发展，但是，截至第二次世界大战，旅游人次数仍然很少，基本上限于社会的上层人士。

第二次世界大战后，社会经济条件发生了巨大变化，如下因素推动旅游业发展到一个崭新的阶段，即现代旅游阶段。

（1）新的科学技术革命，极大地提高了社会劳动生产率，社会财富迅速增加。

（2）社会生产的迅速发展，社会产品的增加，使提高劳动者收入、提高生活水平和生活质量成为可能。

（3）社会劳动生产率的大幅度提高，使劳动者劳动时间的缩短成为可能，劳动时间以外的时间，特别是劳动者可自由支配的时间增加，使旅游活动在时间上成为可能。

（4）现代交通工具的发展，使旅游活动成为非常便捷的事情。大型的轮船、高速公路上奔驰的汽车、速度 200 千米/小时以上的高速火车，特别是大型喷气式客机，为旅游者提供了舒适、快捷、安全的交通条件。

有了上述条件，旅游业得到了飞速的发展。据世界旅游组织统计，1950 年世界各国接待国际旅游者 2 530 万人次，国际旅游收入 21 亿美元。而到了 2019 年，国际旅游者人数和国际旅游收入则分别跃升至 13.71 亿人次和 1.7 万亿美元，分别是 1950 年的 54 倍和 810 倍（见图 1-6）。

（二）中国的现代旅游

从 20 世纪 50 年代开始，世界旅游已经走入了现代旅游发展的阶段，而在中国，旅游开始发展要晚得多。新中国成立后，由于国内和国际的经济、政治等各种原因，旅游没有发展的条件，中国旅游业的发展是从 1978 年后开始的。经过了 40 多年的发展，成绩斐然，如今已发展成为名副其实的世界旅游大国。

中国现代旅游发展的特点是：起步晚，发展快。可以说，是经历了井喷式的发展。

中国把旅游作为一种产业来发展起始于 1978 年，当时首先发展的是国际入境旅游，主要目的是获取外汇收入和加快对外开放。

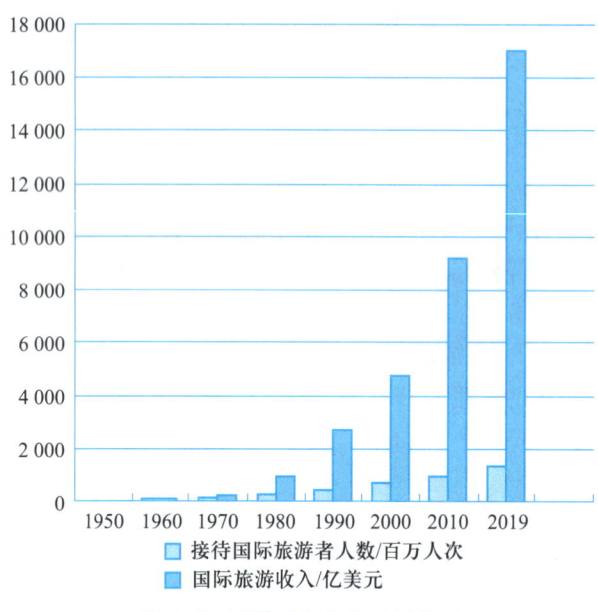

图 1-6　现代国际旅游发展状况

1978 年，中国的旅游供给是短缺的，不是某种或某类旅游产品的短缺，而是全面的短缺，或者说，旅游产品供给全面紧张。短缺的旅游供给，从一开始就给中国旅游业的发展形成巨大的压力，但是，也形成了中国旅游发展的巨大动力和良好机遇。旅游饭店的兴建，旅游参观点的开发，旅行社业务的拓展，旅游交通的改善，旅游人才的培训，旅游商品的制造……经过了 5—7 年的艰苦努力，旅游产业的雏形已经形成，旅游接待的人数大幅增加，旅游外汇收入成倍增长。1980—1986 年，来华旅游入境人数增加 3 倍多，旅游外汇收入增加 1.5 倍。

20 世纪 80 年代中期以后，在国际入境旅游发展的同时，中国国内旅游开始起步，出现了国际入境旅游和国内旅游并行发展的新局面。2019 年，国内旅游市场为 60 亿人次，国内旅游收入达 5.73 万亿元。

随着国民经济的发展和国力的增强，从 20 世纪 90 年代开始，中国的出境旅游开始起步，并得到高速发展。2000 年，中国出境旅游人数和接待外国人数均首次超过 1 000 万大关，而且可喜的是，在这一年，中国出境旅游人次数首次超过了外国入境旅游人次数，标志着中国旅游业跨入新的世纪后，进入了新的历史阶段。自 1990 年中国正式开放中国公民因私出境旅游（到新加坡、马来西亚、泰国）以来，截至 2020 年底，经国务院批准的中国公民出国旅游目的地国家和地区总数已达 140 多个。至此，中国旅游业已走上了全面、健康、高速发展的道路。

需要指出的是，尽管中国出境旅游目的地国家多达 100 多家，但目前只有少数国家对中国公民实施免签证政策，这对中国公民出境旅游造成不便，严重影响了中国出境旅游业的发展。

【知识窗】

中国出境旅游的特征

（1）规模大。早在 2013 年，中国就成为世界出境旅游第一大客源国。2019 年，中国出境旅游人次数超过 1.55 亿。

（2）增长快。自 1991 年起，中国出境旅游人数年平均增长速度在两位数以上。

（3）消费高。据世界旅游组织统计，中国 2012 年已超越美国等国，成为世界第一大国际旅游消费国。与出境旅游人数的快速增长相伴随的另一个现象是，中国公民海外旅游花费处于相当高的水平，许多国际测评机构甚至认为中国是人均出境消费最高的国家之一。在瑞士，中国旅游者每人每天的平均消费为 313 美元，居各国旅游者之首；在法国，中国旅游者的平均消费约为 3 000 美元，是欧洲游客的 3 倍多。据澳大利亚旅游部门统计，中国内地赴澳大利亚的旅游者人均消费约 2 200 美元，是日本旅游者人均消费（712 美元）的 3 倍多。

从 20 世纪 90 年代初开始，在观光旅游蓬勃发展的同时，度假旅游也开始在中国兴起，并得到快速发展，标志着中国旅游业的发展已进入高级阶段。

第三节　现代旅游的种类

【经典案例】

丹麦露营协会秘书长安妮 17 岁时在男朋友（也就是现在的丈夫）的劝说下，进行了一次露营旅游，睡在帐篷里，与大自然亲近的经历，深深地吸引了她，也让她从此对露营的热爱一发不可收拾。

随着两个女儿的出生，他们的帐篷也由当初仅够住两个人，变成能住 4 个人。安妮说，他们会在假期带着女儿们去露营，隔两三周就去一次，一般是去家附近的、一两个小时就能到达的营地。孩子在草地上奔跑、玩各种游戏，丈夫打球、骑自行车……如今两个人都从事露营协会的工作，虽然经常出差，但仍然保持每两三周出去露营的习惯。

如今，他们早就不用住帐篷了，家里买了拖挂式房车，两个女儿也都成家了，各自也都买了拖挂式房车，现在一家四口都是露营爱好者。像安妮一家一样，露营在欧洲已成为人们的一种休闲方式。

随着社会的进步和旅游业的发展，现代旅游可谓异彩纷呈，概括而言，主要有以下几种类型。

一、按照旅游目的划分

按照旅游的目的划分，现代旅游主要有以下几种类型。

（一）观光旅游

观光旅游是以参观游览各类人文和自然景观为主要目的的旅游活动。它是初级阶段旅游活动的主要特征，也是大众化旅游时期的主要旅游特征，是旅游活动的主体。观光旅游者的特点是以游览观光为主要目的，对食宿条件等的要求不高，对酒店一般只要求干净、卫生即可，不愿意把钱花在住宿等方面，更热衷于在旅游目的地购物和参观、游览尽可能多的旅游景点和旅游目的地。对景点、景观数量的追求胜于对质量的追求，处处履行节约的原则，因而对旅游产品的价格比较在乎。为了节约旅游费用，通常以参加旅行社组织的团队旅游的形式进行。

（二）商务旅游

商务旅游是以从事各类商务活动为主要旅行目的的旅游类型。商务旅行者对住宿、交通、饮食等的要求较高。

（三）会展旅游

会展旅游是以参加国内外各类会议、展览为主要目的旅游活动。

随着经济的发展，各类会展活动不断增多，从事会展旅游的人数正在迅速扩大，会展旅游在国民经济中的地位不断上升。会展旅游的主要目的地是国内外商业发达的现代化大都市。北京、上海、广州是中国的三大会展城市，其中，中国进出口商品交易会（俗称"广交会"）不仅是"中国第一展"，而且经过30多年的发展，其规模已经超过德国汉诺威通信及技术博览会和汉诺威工业博览会，成为"世界第一展"（见图1-7）。

图1-7　全球最大的会展中心——中国进出口商品交易会琶洲展馆（刘伟　摄）

2010年在中国上海举办的世界博览会，则是最具代表性的会展旅游项目，创下了展会规模、接待旅游者人数和旅游收入等多项世界博览会之最。世界博览会将上海进一步推向了世界，极大地促进了上海旅游业的发展，如图1-8所示。

（四）度假旅游

度假旅游是现代社会人们以休闲、放松、度假为主要目的的一种新形式的旅游活动，是观光旅游的替代产品。随着经济的发展和社会的进步，生活节奏日益加快，人们对生活质量的要求越来越高。同时，人们的收入水平和闲暇时间也越来越多，这就为度假旅游创造了条件。温泉、海滨、沙滩、山地等是传统的度假旅游目的地（见图1-9），近年来，城市附近的乡村、度假村也成了广受欢迎的度假好去处。

图 1-8　上海世界博览会的俄罗斯展馆（刘伟 摄）

图 1-9　中国游客来到北极度假，体验在冰天雪地里荡秋千的快感（刘伟 摄）

　　从本质上讲，度假旅游是为实现人类自身的可持续发展而开展的旅游活动，是旅游活动的高级形式，符合未来旅游业的发展趋势。

　　作为一种新的旅游形式，度假旅游一般具有以下特点。

　　（1）度假旅游的访问地相对固定。度假旅游者到达目的地后，一般活动范围不大，往往局限于度假村及其周围地区。

资料：日本的修学旅游

　　（2）度假旅游更强调休息。观光旅游着意于游山玩水，欣赏异地情调，以开阔视野，增长见识；而度假旅游的目的则主要是在工作紧张之余，寻求消遣，消除疲劳，增进身心健康。

　　（3）度假旅游在一地的停留时间相对较长。度假旅游的目的是为了好好休息，因此，在一地停留的时间较长。而观光旅游者则不然，往往是走马观花式的，有的当天来，当天走。

　　（4）度假旅游者一般不需要导游。

（五）研学旅游

研学旅游是以研修异地的文化、学习特定知识并取得生活体验为主要目的的旅游活动。"研学旅游"一词源自日本，日本的现代研学旅游已有近130年的历史。

研学旅游作为学生素质教育的重要组成部分，可以让学生在旅行的过程中陶冶情操、增长见识，体验不同的自然和人文环境，获得综合素质的提升。

研学旅游在发达国家十分盛行（见图1-10），在中国目前处于初级发展阶段。近年来研学旅游在北京、上海以及沿海经济发达地区已开始盛行。中国政府也十分重视研学旅游的发展，提出逐步推行中小学生研学旅行的思路，鼓励学校组织学生进行寓教于游的课外实践活动，健全学校旅游责任保险制度。将研学旅游作为拓展旅游发展空间的重要举措，比较全面地对研学旅游做出了原则性的规定，涉及中小学研学旅游体系建设、中小学生集体出国旅行规范、研学旅游基地建设、接待体系完善以及优惠政策等。目前，不同学习阶段的研学旅游重点不同：小学阶段以乡土乡情为主，初中阶段以县情市情为主，高中阶段以省情国情为主。

图1-10　牛津大学的工作人员接待来自世界各地的研学旅游者（刘伟　摄）

（六）奖励旅游

奖励旅游是旅行社以及旅游公司等旅游企业为满足国内外企事业单位激励其员工的需要而开发的一种旅游产品类型。现代企业越来越重视员工激励，单一的物质奖励手段渐渐老化，强调员工的精神方面激励对增强企业凝聚力、提高工作积极性大有裨益，奖励旅游应运而生。

奖励旅游是旅游行业的高端产品，只有在国际商务旅行发展到一定阶段时，才可派生出奖励旅游产品。对于企业而言，奖励旅游不仅是一种员工激励方式，也是最受各大跨国公司青睐的市场营销手段之一。各大公司为激励自己的分销商及销售人员更加努力地工作，而热衷于组织奖励旅游活动。国际奖励旅游的目标市场大多是大型国际企业的年度表彰会议。

从某种意义上讲，奖励旅游是商务旅游和消遣旅游的"混血儿"，是旅游活动与管理手段的巧妙结合。这是因为它有着多重的属性，发挥着多种功能。

首先，它具有商务旅游的属性。这项旅游活动的费用不是由旅游者本人支付的，而是由其他人（往往是雇主）支付的；这项旅游的目的是奖励做出卓越贡献的员工，鼓励参与者将来更加努力工作，绩效更加突出。这项旅游活动是由别人设计、安排的，而不是由参与者自由选择，当然，这项旅游活动往往给参与者带来许多意外的、异乎寻常的体验。

其次，它是一项消遣旅游。旅游活动的本身并非为商务或公务活动，而是为了参与者的消遣和享受；旅游的行程是精心设计的，这些行程中往往包括旅游目的地最著名、最独特的旅游吸引物和一些特殊的激动人心的活动；旅游的过程是轻松愉快的，往往与配偶或家人、同事在一起共享旅行之乐。

再次，它是一种管理工具。奖励旅游是用来刺激员工完成工作目标的管理工具之一；奖励旅游尽量使旅游的参与者本人感觉受到尊重，他们的优异业绩得到承认，同时，自己的行动为其他人树立了效仿的榜样；奖励旅游的举办是为了培养一种企业文化，创造一种企业精神，增加企业或组织的凝聚力和员工的忠诚度。

链接

奖励旅游就是吃好、住好？

奖励旅游作为国外行之有效的企业激励手段渐渐被中国企业所认可，但在具体操作上还是认为奖励旅游无非就是吃得好些，住得豪华些。上海东方中旅国际旅行社的总经理助理黄若雄深有体会，她们曾接待过许多国外企业的奖励旅游团，对方非常注重在产品中突出团队精神，每次活动都带有主题，期望达到预期目标。中国企业的类似活动，首先提出的要求是吃得好、住得舒适。正是这种观念上的差异，国外企业或在上海的外资机构都非常重视供应商的选择。经过筛选后，才能进入供应商名单，而这只意味着有提供产品的资格，并不保证一定有业务。谈及奖励旅游的利润，黄若雄并不同意一般人认为的利润高的说法。她认为，每单奖励旅游都有个体差异性，需要一对一的产品策划，如年轻人多的要加入拓展训练的内容，中老年人团要更注重安全性。常常一个团做下来，付出普通团好几倍的精力和财力，利润也不一定高。像西门子等国际知名企业还把奖励旅游做到了员工家属身上，员工太忙没有空休闲，就让他们的家属开心地享受生活。

中国国际旅行社一位总经理表示，计划性差是中国奖励旅游市场最令人头疼的问题。面对国内日益红火的奖励旅游市场，中国国际旅行社相继派出人员参加英国伦敦、西班牙马德里等地举办的专业会奖旅游展会，以学习国外成功经验并加强合作。当对方问及该社明年的奖励旅游计划时，他的回答是："具体不清楚，但肯定会有很多。"令对方大感迷惑。按照国外成熟的市场运作流程，奖励旅游的需求方会提前一年或一年半定下来年的计划，并与专业会奖公司商讨参与人数、规格档次、客户偏好等产品设计上的要素，及早联系相关政府、领事馆、旅游接待单位，确保质量。

中国的会奖产品需求方最多提前 3 个月告知旅行社，由此引发旅游签证难、接待设施无法保证等系列问题。如果是专业性不强的公司操作，接待风险极大。

产品设计薄弱是奖励旅游市场面临的又一难题。上海东方中旅国际旅行社的总经理助理黄若雄认为，随着越来越多的旅行社和咨询公司进入该市场，客户将举行招标会，要求也越来越高，除了选择专业性强的大公司参与竞标外，投标企业的产品创意方案显得至关重要。奖励旅游不同于一般的旅游，客户存在一些认识上的误区。比如，奖励团人数越多，价格就应该越便宜。实际上，由于奖励旅游要求各环节都不能出现差错，会展组织方不得不花费更多的心血迎合客人，包括新颖的产品设计内容、完备的服务保障体系，这些都少不了资金的投入。

专业人员匮乏是当下奖励旅游市场的深层次问题。上海中旅国际旅行社会展与奖励旅游部郑蓓经理介绍，中国的奖励旅游市场才经过短短几年时间，不像新加坡、中国香港等地区很容易招到有着15~20 年专业会奖经验的员工。该细分市场的发育与壮大，都需要专业人士加入进来，共同规范。

（七）体育旅游

体育旅游是以体育为载体，以参加和欣赏国内、国际各类体育赛事为主要目的的旅游活动。

体育与旅游的关系密不可分，正如前任世界旅游组织秘书长弗朗加利与国际奥委会主席罗格在联合声明中所指出的，体育与旅游具有相同的目的：在不同文化、生活方式和传统之间建立起沟通的桥梁，促进各国间的和平与友好，激励青年人，通过减少生活压力为大多数人带来娱乐和享受。

世界各地每年都举办为数众多的各类体育赛事，特别是奥运会、足球世界杯等，作为全世界最大的体育盛会，吸引着成千上万的运动员、教练员、新闻记者、球迷和体育爱好者，带动了当地旅游产业的发展，为主办国和地区创造了巨大的旅游收入（图1-11为北京奥运会主场馆）

图1-11　北京奥运会主场馆鸟巢夜景（刘伟 摄）

（八）宗教旅游

宗教旅游是以宗教为主题的旅游活动。全世界有三大宗教：基督教、佛教和伊斯兰教，信徒达数十亿之众，很多人每年都要赴异国他乡去朝圣或参加各类宗教活动。

（九）生态旅游

"生态旅游"（ecotourism）一词是由世界自然保护联盟生态旅游特别顾问，墨西哥人H. Ceballos Lascurain于1983年首先在文献中使用的。生态旅游应该是旅游者在旅游时真正感觉大自然的真实与美丽，并尽量不破坏这种美好的环境；同时，通过这种形式的旅游提高人们的环保意识，增加环保知识，加强对生态环境的保护，使之在生态上可持续。因此，生态旅游确切地说，就是以自然、生态资源为依托，以生态保护为核心的旅游活动。它的组织者不但要严格地管理好旅游者，使之不要因游览而破坏生态，更应该用丰富的生态和环保知识感染、教育旅游者，使其不但"游"出快乐，也"游"出知识和责任。因此，生态旅游涉及自然环境的教育、解说和管理，生态旅游是实现旅游业可持续发展的途径之一。不能将生态旅游仅仅理解为以森林、山川、河流、海洋等自然景观为参观游览对象的自然旅游（nature tourism）活动，图1-12为香格里拉普达措国家公园 。

资料：传统旅游与生态旅游的比较

图1-12　香格里拉普达措国家公园一景（刘伟 摄）

（十）黑色旅游

黑色旅游是指到"与死亡或苦难相关的地方"的旅游活动。比如，观看古罗马角斗士的表演、中世纪的朝圣以及公众观看死刑，参观奥斯威辛集中营、四川汶川大地震遗址（见图1-13），都是与暴力、死亡或灾难相关的旅游现象。到20世纪，这种现象变得广泛化和多样化，出现了战争旅游、暴力旅游、监狱旅游、大屠杀旅游、墓地旅游等多种旅游形式。

图1-13　四川汶川大地震遗址是"黑色旅游"的代表（刘伟 摄）

虽然"到与死亡或者灾难相关的地方或者吸引物"旅游的现象有着长期的历史并且逐渐发展，但是直到1996年，列农和弗勒才提出黑色旅游（dark tourism）来定义这种旅游现象。2000年，他们合作出版了《黑色旅游：死亡与灾难的吸引力》一书，此后黑色旅游现象引起了学者们广泛的研究以及媒体的注意，成为旅游学界新兴的热点研究领域。

考虑到黑色旅游目的地、吸引物以及经历的广泛化以及多样化，许多学者依据黑色旅游的"黑色的强烈度"将其划分为不同的形式。迈尔斯首次提出了"更黑色旅游(darker tourism)"以及"最黑色旅游(the darkest tourism)"。他指出,与"死亡、灾难和文明衰败"相关的目的地和"死亡、灾难和文明衰败"的真实发生地是不同的。如果去前者参观游览可以很自然地描述为黑色旅游的话,那么到后者的旅途以及朝圣则需要更深厚的情感,那么就应该叫作"更黑色旅游"。而最黑色旅游超越了区分黑色旅游和更黑色旅游的空间差异以及区分黑色旅游和更黑色旅游与历史真实之间的时间差异,网络上的互动电子媒体及其新一代的电视为最黑色旅游的发展开辟了道路,通过这些途径旅游者可以体验到最接近真实的经历,这就是最黑色旅游。

(十一) 博彩旅游

博彩旅游是一种重要的旅游类型。1988 年,美国只有两个州——内华达州和新泽西州允许设立赌场,如今,美国只有夏威夷州和犹他州这两个州没有将博彩合法化。

1993 年是博彩业的一个里程碑,当年走进赌场的美国人人数超过了到现场观看美国职业棒球联盟比赛的人数。如今,去赌场的美国人比去动物园、水族馆、野生动物园的人都要多。而且,这种娱乐潮流还在继续。

1996 年 8 月,法律规定由美国国家博彩影响研究委员会(National Gambling Impact Study Commission,NGISC)对美国博彩业的社会和经济影响进行全面研究,该委员会在 1999 年公布了它的研究报告。报告得出如下结论:"随着它的成长,博彩已经不再只是简单的消磨时间的娱乐:博彩业已经成为很多人的经济支柱,在州甚至地区经济中都起着越来越重要的作用。"

实际上,在世界上很多地方都有博彩业。因赌场而闻名的地区和城市包括拉斯维加斯、摩纳哥、加勒比地区、伦敦、尼斯、澳门和里约热内卢。博彩或博彩业已经成为旅游业中的一支重要力量。

二、按照其他标准划分

此外,按照旅游的组织形式,还可以划分为团队旅游和散客旅游;按旅游的范围,可分为国内旅游和国际旅游;按照旅游对象,可分为工业旅游和乡村旅游;按旅游的方式,可分为自驾车旅游、邮轮旅游和露营旅游等。

(一) 团队旅游与散客旅游

1. 团队旅游

团队旅游是一种集体性质的旅游,通常通过旅行社组织游览活动,其优点如下。

(1)省时方便。旅游者的交通、食宿、游览项目以及导游工作等都由旅行社负责安排,省去旅游者很多事宜,他们不必亲自为此而奔波。

(2)价格便宜。参加旅游团在很多方面能够得到航空公司、旅游饭店、旅游景点等旅游企业的优惠,因而价格便宜得多。

(3)有安全感。很多旅游者在出发前会为购买机票、预订旅馆而发愁,尤其是在旅游旺季以及在旅游设施较为缺乏的国家和地区,旅游者担心不能按时抵达和离开某地,不能顺利地订到旅馆、饭店,因而缺少安全感。参加旅游团队,这一切都由旅行社负责安排,就会减少他们的不安全感,解除其后顾之忧,此外,参加旅游团,由于能够得到旅行社和导游人员的照料,因此,较之于散客旅游,更能保障旅游者的人身和财物安全。

（4）可享受导游服务。参加团体旅游项目，旅游者一般都能享受旅行社提供的导游服务，从而可以使旅游者克服语言障碍，更好地了解旅游地的文化历史、民俗风情以及旅游景点的一些情况，顺利地完成旅游活动。

团队旅游的缺点是缺乏自由度。旅游者在旅游活动中要受到团队较多的限制，而不能随心所欲。旅游日程、项目和时间的安排都由旅行社决定，单个旅游者必须服从，从而限制了个人的意志和爱好。另外，团体旅游日程安排一般比较紧张，有人认为，它是一种"赶鸭子"式的旅游方式，这是很多旅游者所难以接受的。最后，团体旅游参加的旅游者比较多，各人的兴趣、爱好千差万别，在旅游途中，容易发生意见分歧，进而产生矛盾和冲突，如果解决不好，会使整个旅途不愉快。

2. 散客旅游

散客旅游是一种个体旅游，它是相对于团体旅游而言的。通常旅游活动中的一切事宜均由旅游者自行解决（当然某些项目也可以委托旅行社代办），它虽然缺少团体旅游所具有的便利、优惠等条件，但它最大的特点是"自由"。旅游者可以自由地选择游览地，自由地掌握游览时间和游览节奏，自由选择适合自己口味的旅游内容，而不必受团体的限制，如图1-14所示。

图1-14 自由自在的散客旅游者（刘伟 摄）

（二）国内旅游与国际旅游

国内旅游是一国居民在本国境内从事的旅游活动。发展国内旅游对于国内政治的稳定、社会的进步、经济的发展和国内居民生活质量的提高，都有重要意义。此外，它还是发展国际旅游的基础，对国际旅游的发展具有促进和补充作用，国内旅游使旅游者从自己的国家得到精神上的满足，也为他们了解世界做好了准备。

国际旅游是一种跨国旅游活动，分为国际入境旅游和国际出境旅游两种类型。国际旅游是旅游活动发展的高级阶段。发展国际旅游对于满足人民需要、增加汇收入、平衡国际收支、扩大对外交流、增强各国人民之间的友谊、促进各国人民之间的理解、维护世界和平等都具有重要的作用。

国内旅游和国际旅游相互影响，相互促进。一般而言，国内旅游是国际旅游的基础，当国内旅游发展到一定阶段以后，必然会产生国际旅游需求。但对于广大发展中国家而言，旅游业发展的轨迹通常为：国际入境旅游→国内旅游→国际出境旅游。中国改革开放40多年来，正是走过了这样一个旅游发展历程（见图1-15）。

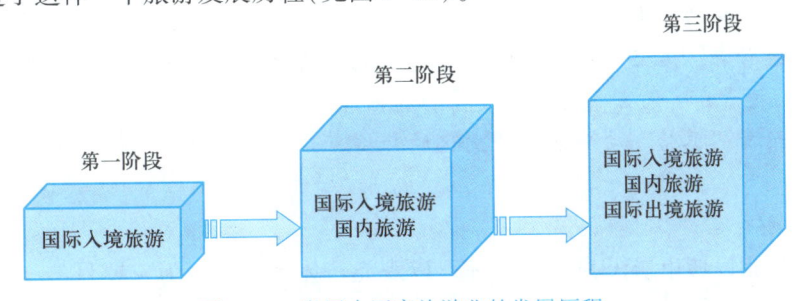

图1-15 发展中国家旅游业的发展历程

（三）工业旅游与乡村旅游

1. 工业旅游

工业旅游是以国内外大型和知名工业企业为参观游览对象的现代旅游活动，其目的是学习考察、增长见识和满足好奇心。而对于作为参观游览对象的知名企业而言，则是进一步扩大其社会影响和知名度、树立良好社会形象、加强企业品牌建设的重要途径。因而受到广大旅游者和企业的欢迎。

链接

"青岛啤酒"的工业旅游

背景：世界一流的青岛啤酒博物馆。

青岛啤酒博物馆于 2003 年 8 月落成，是世界一流、国内唯一的啤酒博物馆。现在，青岛啤酒博物馆已成为国家 AAAA 级旅游景点、国家级重点文物保护单位和首批全国工业旅游示范点，逐步成为青岛旅游的精品项目、山东旅游的亮点、国内工业旅游的明珠。

青岛啤酒公司的工业旅游红红火火，吸引了世界的目光。早在 2007 年 8 月，青岛啤酒公司便与世界旅游组织签订了战略合作协议，成为继微软之后该组织在全球的第二家合作伙伴，这标志着青岛啤酒公司在创建青岛啤酒博物馆之后，工业旅游项目"与世界干杯"战略正式实施，如图 1-16 所示。

图 1-16　青岛啤酒公司的工业旅游项目"与世界干杯"

为了发展工业旅游，青岛啤酒公司专门成立了青岛啤酒文化公司，作为青岛啤酒工业旅游项目的日常经营者。该公司的重要任务就是要把青岛啤酒的文化营销理念转化为旅游者的切身"体验"，把青岛啤酒百年文化中最精彩的内容"说"给旅游者听，"做"给旅游者看，通过让旅游者亲身"体验"去完成企业文化的营销。

2. 乡村旅游

乡村旅游是指以城市居民为旅游主体，以观光、休闲、度假为主要目的，以城郊乡村为目的地的旅游活动(见图 1-17)。主要是城市居民利用周末等闲暇时间,去城郊乡村(通常为 1 小时车程左右)观赏农作物、钓鱼、打牌、玩游戏、娱乐、享受乡村美食和淳朴的民风民俗,以达到彻底放松的目的。

图 1-17 乡村旅游:吐鲁番的葡萄熟了

乡村旅游起源于 1885 年的法国,之后开始得到大规模发展。目前乡村旅游在德国、奥地利、英国、法国、西班牙、美国、日本等发达国家已具有相当的规模,走上了规范化发展的道路。西班牙政府对乡村旅游十分重视,每个大区政府都对乡村旅游立法,从法律上确立乡村旅游的地位。如法律规定,乡村旅馆必须是具有 50 年历史以上的老房子,最多只能提供 10~15 个房间,以防止旅游者数量过多,破坏农村固有的面貌。开业需要申请,经政府审批才发给开业许可证。政府还通过减免税收、补贴、低息投资贷款等对乡村旅游给予特定的支持和帮助。

乡村旅游的类型主要包括观光型、休闲型和乡村文化型。"农家乐"是中国最具代表性的乡村旅游形式。最早诞生于成都(20 世纪 80 年代),来农家的客人多是成都市民,旅游的主要目的是休息、娱乐与餐饮。经过多年的发展,成都的农家乐接待户已多达上万家。其旅游产品已由单调的"住农家屋、吃农家饭、干农家活、享农家乐"为内容的"农家乐",逐步向休闲、度假、养生、会议等的多功能产品过渡,并形成了农家园林型、观光果园型、景区旅舍型、花园客栈型、养殖科普型、农事体验型和川西民居型等几大类经营特色,经营模式也由一家一户经营向会所、山庄和乡村酒店发展,同时,成都的乡村旅游产品也在向主题化方向发展。

陕西礼泉县袁家庄村的乡村旅游则是中国乡村旅游的典范。该村位于礼泉县昭陵(唐李世民陵墓)旁,村委会利用传统关中文化和美食,发展旅游业,每年收入 10 多亿元,成为全国闻名的靠发展乡村旅游致富的典范。

(四) 露营旅游与邮轮旅游

1. 露营旅游

露营旅游是指不依赖固定房屋等人工设施,以自带设备在野外生活等为目的的自由活动方式,它集观光、健身、休闲、娱乐、体育竞技于一体,目前已成为社会大众积极参与的时尚旅游休闲消费行为(见图 1-18)。近年来,露营旅游在世界各地逐渐盛行,在欧美一些国家,露营甚至已成为人们日常生活中的一部分。据悉，欧洲拥有6 000多个标准的露营地，每年夏季这些露营地都处于爆满状态，而在美国，1/3的旅游住宿设施，1/3的旅游时间以及1/3的旅游地是以露营形式存在的，每年露营人数超过3 000万人次，单露营地年收入就超过200亿美元。

图1-18　露营旅游目的地：房车带户外烧烤，车内电视、洗手间、
冲凉房、微波炉以及地热设施等一应俱全（刘伟　摄）

露营旅游具有如下特点。

（1）空间范围广。依托发达的高速公路网的密集型的公路群，在私家车发展迅速、自驾车日益发达的地区，露营旅游能抵达到较远的距离。

（2）产品需求多元。丰富的旅游资源（如山地、森林、滨海、湖泊包括河湖水库，以及草地、沙漠、古村落、果园、特色乡村等）都是理想的露营旅游胜地，多样化的自然背景是露营旅游的重要优势，能满足不同爱好群体的不同需求，各风景名胜区、森林公园、自然保护区等，由于风景宜人，观光资源丰富，将成为最受露营者欢迎的地区。

（3）露营活动形式多样。在追求自主化、个性化的前提下，普遍性活动也依然受到欢迎，如文娱表演、竞技比赛、地方民俗、篝火晚会、自助野炊等。

（4）露营旅游营地设施有一定的要求。在安全的前提下，有良好的设施配置，如个人卫生设施、各类租用设备、日用品、药品、服务设施等服务质量优良的露营地才会获得旅游者的青睐。

2. 邮轮旅游

电影《泰坦尼克号》在向人们展现友爱等人性之美的同时，也尽显了海上旅行的浪漫与惊喜。享受邮轮上的浪漫生活，已经成为许多人的梦想。

邮轮在国外已经有100多年的历史。19世纪末20世纪初，由于飞机长途旅行还不盛行，一些人开始登上邮轮漂洋过海，邮轮旅游开始发展。等到飞机旅游盛行的时候，已有一些有钱有闲的贵族喜欢上这种休闲的邮轮旅行方式了。因此，邮轮越造越豪华，并逐步成为专业的旅游方式。

现代邮轮被誉为"移动的海上度假村"（见图1-19），它既是一种豪华的旅游交通工具，也是一种具有娱乐功能的豪华旅游住宿设施，同时，本身也是一种对旅游者具有强大吸引力的旅游景观。另外，参加邮轮旅游的旅游者不仅可以享用邮轮上豪华的游乐设施，还可以，在邮轮旅游沿途停靠港下船,在邮轮所经国家沿海城市观光、购物,从而丰富旅游生活。邮轮旅游作为一种豪华的休闲度假旅游形式,以其豪华性、娱乐性、休闲性和新颖性,受到世界各国高端旅游消费者的青睐。

图 1-19 现代邮轮被誉为"移动的海上度假村"
(图为"诺唯真喜悦号"邮轮)

邮轮的旅游者输送量巨大,每艘邮轮每次可以运载相当于 6 架波音 747 飞机总容客量的旅客(皇家加勒比公司的"海上绿洲"号豪华邮轮可载客 5 400 名,有 20 层楼高,大小如 4 个足球场)。发展邮轮经济无疑对于促进一个地区(城市)旅游业的发展和转型升级具有重要意义,21世纪,邮轮经济将得到蓬勃发展。中国很多省、市已经充分认识到邮轮经济的重要作用,纷纷投巨资修建国际邮轮码头和邮轮城,目前国内已建和在建的邮轮码头(城)包括上海邮轮码头(母港)、厦门国际邮轮城、香港启德邮轮码头、广州南沙邮轮码头、深圳太子港邮轮码头以及天津、青岛、海口、大连、宁波等邮轮码头。据中国交通运输协会邮轮游艇分会的专题调查,在中国邮轮市场中,未来几年内最主要的消费群体,一是中青年人,这个年龄层的人在经济上完全独立自主或趋向于独立自主,在生活上追求更高的品质;二是大型企业的大型商务活动、员工奖励、客户联谊活动正在选择邮轮旅游作为新的活动方式;三是大型社团,其传统的大型会议、大型活动正在失去吸引力,正在选择新的方式。这三部分将是中国邮轮客源的中坚力量。

链接

国际知名邮轮公司

1. 美国嘉年华邮轮公司

嘉年华邮轮公司成立于 1972 年,拥有 32 条豪华邮轮服务于全球各地,雇用了大约 3 500名员工在岸上工作,大部分员工在公司总部迈阿密工作。现在嘉年华邮轮公司已经发展成为全球第一的超级豪华邮轮公司。"快乐之舟"是嘉年华邮轮公司带给旅游者的真正含义,嘉年华邮轮公司的服务对象主要是年轻的乘客和会员。

2. 美国皇家加勒比国际邮轮公司

美国皇家加勒比国际邮轮公司成立于 1969 年。公司在 1970 年投入了第一条邮轮"挪威歌曲"号。在 20 世纪 80 年代末之前公司的主要市场是加勒比市场，航线主要是百慕大、墨西哥的里维夏威夷。

1997 年，皇家加勒比国际邮轮公司收购了名人邮轮公司，把名人邮轮公司作为本公司旗下的品牌，成为全球最大和最豪华邮轮公司之一，公司邮轮服务的对象主要是有一定经济实力的中产阶级。皇家加勒比国际邮轮公司每年的营业额达 40 亿美元。

目前，世界上最大的邮轮——"海洋魅力号"即属于皇家加勒比国际邮轮公司，这艘堪称海上奇观的豪华邮轮长 361 米、宽 66 米，水面高 72 米，可搭载 6 360 名旅游者和 2 100 名员工。"海洋魅力号"与 2009 年 10 月建成的姐妹船"海洋绿洲号"并称世界最具创意的邮轮，将全新的"社区"理念引入邮轮，将邮轮空间划分为中央公署、欢乐城、皇家大道、游泳池和运动区、海上水疗和健身中心、娱乐世界和青少年活动区 7 个主题区域，以满足不同类型旅游者的度假需求。

3. MSC 地中海邮轮

MSC 地中海邮轮总部位于瑞士日内瓦，是船运和物流领域的领军者，是全球第三大邮轮品牌，也是欧洲、南美洲、南非和中东邮轮市场的领军者，拥有领先的当地市场份额及运力部部署。

MSC 地中海邮轮也是全球成长迅速的邮轮品牌，目前共有 19 艘超现代邮轮。MSC 地中海邮轮船队预计将在 2025 年壮大至 23 艘邮轮，到 2030 年还有 6 艘备选造船订单。

∥ 本 章 小 结 ∥

■ 按照世界旅游组织的定义，旅游是人们为了休闲、商务和其他目的，离开他们惯常的环境，到某些地方去以及在那些地方停留的活动。

■ 旅游学是研究人类旅游活动发生、发展的一般规律的科学，是新兴边缘学科，与诸多学科有着密切联系，有其特定的研究内容，包括旅游发展史、旅游者、旅游资源、旅游业及其影响、旅游营销、旅游业发展趋势等。

■ 旅游活动的发展，大体经历了 3 个发展阶段，即古代旅行阶段、近代旅游阶段和现代旅游阶段。改革开放以来，中国的旅游业发展很快，当前已经形成国际入境旅游、国内旅游、国际出境旅游并驾齐驱的发展格局，进入了旅游业发展的高级阶段。

■ 按照旅游目的地划分，现代旅游可分为观光旅游、商务旅行、会展旅游、休闲度假旅游、研学旅游、体育旅游、宗教旅游、生态旅游等类型；按照其他标准，可分为团队旅游与散客旅游、国内旅游与国际旅游、工业旅游与乡村旅游、自驾车旅游、邮轮旅游、露营旅游等。

∥ 复 习 思 考 ∥

1. 什么是旅游？
2. 人类的旅游活动分为哪几个历史阶段？各有什么特点？
3. 现代旅游的主要类型有哪些？如何理解生态旅游？

∥ 课 后 训 练 ∥

以小组为单位，从各种渠道(如出版物、互联网、影视节目或自己的亲身实践等)寻找现代旅游种类的案例，要求每种旅游类型至少有一个案例，并能通过案例分析总结不同旅游类型的特点。

// 拓 展 阅 读 //

中国现代旅游发展的几个重要节点

扫描二维码，了解中国现代旅游发展的几个重要节点。

资料：中国现代旅游发展的几个重要节点

// 本章配套微课 //

露 营 旅 游

关于露营旅游，详细内容请扫描二维码观看。

视频：露营旅游

旅游者要尊重当地的文化和习俗，做文明的旅游者

2

第二章　旅　游　者

　　旅游者是旅游活动的主体。有了旅游者，才有旅游活动，有了旅游活动，才有旅游业的产生，因此，对旅游活动以及旅游业的研究应该从旅游者开始。

通过本章的学习，应该能够：

- 掌握旅游者基本概念。
- 分析旅游者产生的条件。
- 了解旅游者的需求动机。

关键概念：

旅游者　权利　义务　旅游动机

Key Words：

Tourist　Rights　Obligations　Tourist Motives

第一节 旅游者的定义及产生的条件

旅游者是旅游学研究的基本概念。研究旅游者的定义，不仅有重要的理论意义，也有着重要的实际意义。旅游者的定义要涉及旅游活动广度的划分，从而要涉及旅游业范围的划分。在实际工作中，有两个问题最为重要：一是对旅游业发展形势的估计，因为旅游者定义的范围不同，所统计出的旅游者人数和旅游收入也就不同，对旅游业在经济社会发展中的作用的评估也就不同；二是旅游业管理体制的确定，因为旅游者定义不同，旅游业的范围划分也就不同，同时还要涉及旅游业与有关行业的关系问题。

一、旅游者的定义

（一）旅游者

对旅游者下定义应该把握旅游者的以下特征。

异地性：即旅游者必须是离开常住地，去异国他乡参观访问的人。

短暂性：旅游者前往异国他乡进行参观访问具有暂时性的特点，不可导致永久性居留（为此，为了统计方便起见，我们不妨规定最长为1年）。

娱乐性：旅游者外出旅游，主要动机是为了获得精神上的满足。

基于以上认识，国内官方给出的定义是：旅游是指离开惯常居住地、不以谋生为目的，出行6小时、10千米以上的活动。从事这种活动的人，就是旅游者。中国对外公布的旅游统计数据都是以此为口径和依据进行统计的，并统一对外公布，统计成果收录于每年的《中国旅游统计年鉴》中。

同样基于以上认识，我们认为旅游者有广义与狭义之分。狭义的旅游者是指：以休闲、观光、度假为主要目的，暂时离开常住地到异国他乡旅行游览的人。而广义的旅游者则是指基于任何目的，暂时离开常住地到异国他乡以获得精神满足的人。为了统计的方便，不妨规定旅游者在异国他乡连续停留时间不超过12个月。[①]

（二）旅行者、访客与旅游者概念的界定

按照世界旅游组织的定义，"旅行者"（traveler）按照是否离开惯常环境、是否持续停留少于12个月，以及旅行的主要目的是否为从访问地获得报酬，分为"访客"（visitor）和"其他旅行者"；而访客则按照是否在访问地过夜，分为"旅游者"（tourist）和"短途游览者（一日游客，excursionist）"。另外，旅游者根据活动范围，可划分为国际旅游者和国内旅游者，其中，国际旅游者又可根据流向的不同而分为国际入境旅游者和国际出境旅游者。具体如

---

① 本书主编刘伟在1993年在其与朱玉槐等人所著的《旅游学概论》（西北大学出版社，1993）一书中最早提出旅游者是"暂时离开常住地（最少24小时，最多1年），在异国他乡吃、住、行、游、购、娱，从而达到物质上和精神上满足的人"（P34），首次将旅游者界定为在外旅行时间"最少24小时，最多1年"，这与联合国世界旅游组织1995年的定义不谋而合，后者将旅游者界定为"在访问地停留最少1夜，最多不超过1年"。

图 2-1 所示。

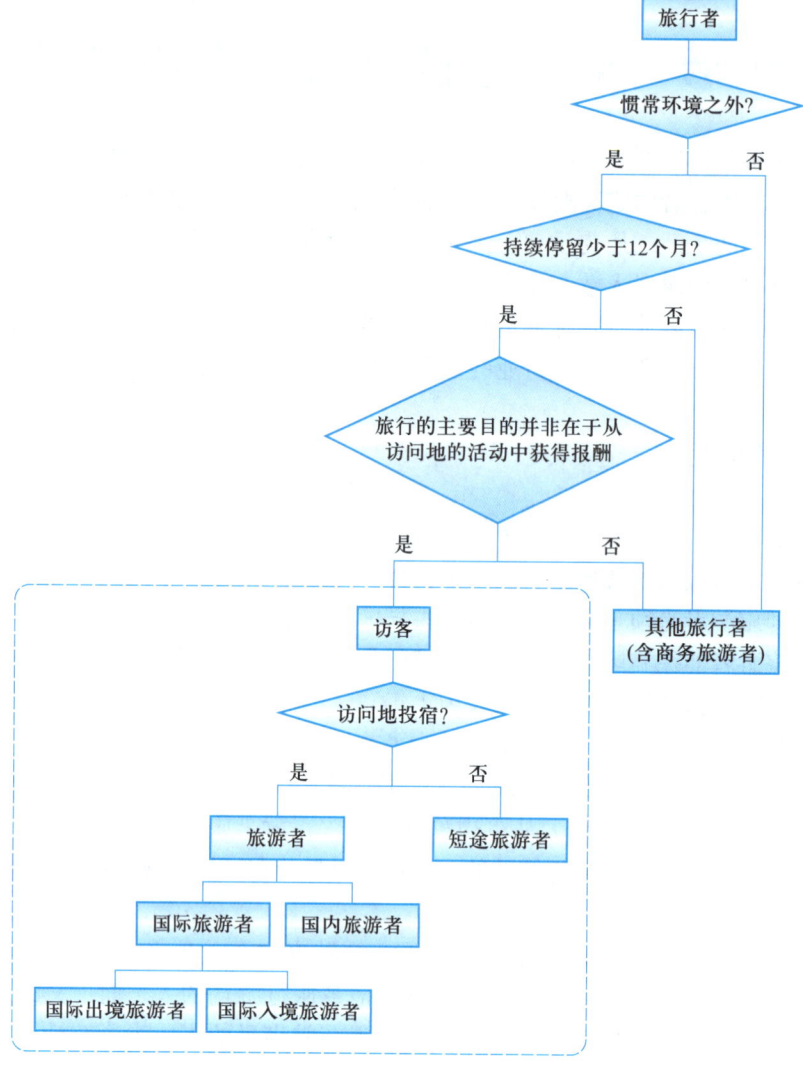

图 2-1　旅游者与其他旅行者

【知识窗】

有关国际组织对旅游者的定义

国际组织对旅游者下的定义中较有影响的有以下两个。

1. 国际联盟的定义

20 世纪上半叶，由于国际旅游的作用日益增长，使国际联盟（The League of Nations）对这一问题发生了特殊兴趣。国际联盟专家统计委员会于 1937 年对"外国旅游者"做出如下定义，即"外国旅游者就是离开自己的常住国到另一个国家访问超过 24 小时的人"，并且确认下列几种人属于旅游者。

（1）出于娱乐、健康和家庭原因而外出旅行的人。

(2) 为出席会议或作为任何种类包括科学、管理、外交、宗教、体育等活动代表而旅行的人。

(3) 为商业原因而旅行的人。

(4) 在航海沿途停靠，即使不超过 24 小时的人。

(5) 其他。

同时，该委员会还确认以下几类人不属于旅游者范围。

(1) 有或没有工作合同去某国或某地区接受某一职业，并从事任何商业活动的人。

(2) 到另一个国家或地区定居的人。

(3) 到国外学习，膳宿在校的学生。

(4) 边境地区居民，户籍属于一个国家但去另一个国家工作的人。

(5) 临时过境而不停留的旅行者，即使超过 24 小时的也不算旅游者。

2. 罗马会议的定义

1963 年在罗马举行的联合国旅行和旅游会议，在国际联盟对旅游者定义的基础上，做了修改和进一步补充，并提出了游客（visitors）、旅游者（tourists）和短途游览者（excursionists）3 种人，并规定旅游者和短途游览者都包括在游客之内。

罗马会议规定，"游客"是"除为获得报酬和从事某项职业以外，基于任何原因到一个非常住国去访问的人。"游客包括：

(1) 旅游者。到一个国家去暂时逗留至少 24 小时的游客。其旅行目的是为了消闲（如从事娱乐、度假、宗教和体育运动等）、健康、研究、工商业务、探亲、出差和开会等。

(2) 短途游览者。指到一个国家去暂时逗留不足 24 小时者（包括乘游船在海上旅行的人）。

1967 年，联合国统计委员会召集的专家统计小组采纳了 1963 年罗马会议的定义，1968 年该委员会正式通过了这一定义。同年，国际官方旅游组织联合会也通过了罗马定义。

二、旅游者产生的条件

旅游者的产生需要一定的社会经济条件。

（一）可自由支配的收入水平

旅游活动是一种经济支出活动，旅游活动要建立在某些经济关系的基础上。从经济角度讲，旅游活动的过程就是旅游者在食、住、行、游、购、娱各环节上发生各种经济关系的过程。在现代市场经济条件下，旅游者的需求及其实现过程要受一定经济条件的限制。旅游者的个人可自由支配收入水平是旅游者产生和旅游需求得以实现的重要条件。

可自由支配的收入是指扣除全部税收及社会消费（健康人寿保险、老年退休金和失业补贴的预支等）以及生活之必需消费部分（衣、食、住、行等）之后余下的收入。旅游支付就是从此产生的，但基本生活费用的数量标准则依国家不同而异，所以对可自由支付水平也就存在着不同的认识。

旅游者的可自由支配收入水平可以通过恩格尔系数进行相对衡量。

恩格尔系数是一个家庭或个人收入中用于食物支出的比例，系数越低，则表明可自由支配收入水平越高，形成的旅游者越多，旅游者在旅游中所跨越的距离越远，花费总量越大，反之则成相反方向变化。根据联合国粮农组织提出的标准，恩格尔系数在59%以上为贫困，50%~59%为温饱，40%~50%为小康，30%~40%为富裕，低于30%为最富裕。2019年，中国居民的恩格尔系数已下降至28.2%，降到了30%以内，已经达到了发达国家的水平（通常在20%~30%），根据旅游业发展的客观规律，此时已具备产生大量旅游者的经济条件，中国的国内旅游和出境旅游的井喷式发展就是很好的证明。

衡量人们收入水平的另一个指标是人均国内生产总值（GDP）。根据各国旅游的发展规律，通常一个国家人均GDP超过1 000美元时，便开始产生出境旅游消费的动机；人均GDP超过3 000美元时，出境旅游会有较大的井喷。2010年，中国GDP已经超过日本，成为世界第二大经济体，人均GDP超过4 000美元，达到4 382美元。而到了2019年，中国人均GDP已超过1万美元，达到10 800美元，出境游对于许多中国公民来说，已成为家常便饭。

（二）闲暇时间

人们的时间可分为4类：工作时间、生理上需要调剂的时间、家务和社会交往时间、闲暇时间。闲暇时间是指"个人完成工作和满足生活要求之后，完全由他本身支配的一段时间"（联合国《消遣宪章》）。

闲暇时间按时间长短可分为如下3种。

（1）每日工作之后的闲暇时间。

（2）周末闲暇时间。

（3）假日闲暇时间。

时间长短不同，使用也就不同。第一种只能用于诸如看电影、电视、闲谈等时间不长的活动项目上；第二种可以用于近距离旅游度假；第三种一般是指长于周末的闲暇时间，这种时间可用于中长距离旅游。显然，对闲暇时间的研究重点应放在第二种和第三种闲暇时间上。不论是国内旅游，还是国际旅游都需要有第二种和第三种闲暇时间，闲暇时间是旅游者产生的必要条件。

近年来，中国出现的火爆异常的"黄金周"旅游（春节、"十一"等）现象，就是人们对闲暇时间的利用。"黄金周"旅游已经取得了显著的经济效益和社会效益。2019年，在"十一"假期期间，全国共接待旅游者人数高达7.82亿人次，旅游收入达6 494亿元，有力地带动了铁路、民航、交通、商业、餐饮等行业的发展，使"黄金周"旅游成为假日经济中的龙头和亮点。

一个国家闲暇时间的多少与该国经济发展水平有关，如美国、日本等发达资本主义国家每周工作时间一般是35小时，每周两个闲暇日。在此值得一提的是，自从1936年以后，西方各国都推行带薪休假制度。除周末和法定假日以外，西方发达国家公民一般享有20天左右的带薪休假时间，而且，西方国家对公民的休闲权利有严格的法律保障。2011年，法国巴黎13区的一些超市、商铺就因在星期天照常营业，违反了自1906年以来"商店周末不得开门营业"的法律，因而遭到法国劳动监察部门的调查，并收到当地政府的警告函，如再在周末营业将面临罚款。

中国自2008年起开始实行《职工带薪年休假条例》，按照该条例，职工累计工作已满1年不满10年的，年休假5天；已满10年，不满20年的，年休假10天；已满20年的，年休假

15 天。一些地方政府甚至明确规定："对于职工应休未休的年休假天数，单位应按照该职工日工资收入的 300% 支付报酬"。另外，《中华人民共和国劳动法》也规定了职工享受法定的休假权，国务院颁布了节假日调整方案和职工带薪年假规定，但是实行起来仍然困难重重（尤其是法定节日加班支付 3 倍工资、假日加班支付双倍工资和带薪休假制的执行），成为中国实施国民休闲旅游计划的最大障碍，以及旅游"黄金周"诸多问题的主要成因之一。

以上我们分析了个人可自由支配的收入和闲暇时间，这是旅游者产生的客观条件。这是两个条件，只有同时具备时，才能产生旅游者，否则只具其一，不具其二，那就只能是潜在的旅游者。旅游者除具备产生的客观条件之外，还需要有主观条件，这里所说的主观条件就是旅游动机和旅游需求。

资料：法国人的带薪休假

第二节　旅游者的旅游动机

个人可自由支配的收入和闲暇时间是旅游者产生的客观条件，只有同时具备这两个条件，才能产生旅游者，只具备其中一个条件的，只能是潜在的旅游者。旅游者的产生除以上客观条件以外，还需要主观条件，即旅游动机和旅游需求。

一、旅游动机

心理学研究表明，人的动机和行为是相互联系着的，有什么样的动机，就有什么样的行为。所谓动机，是指推动和维持人们进行某种活动的内部原因和实质动力。动机是需要的具体化，是需要和行为的中介，动机转化为行为后，通过最终结果来满足动机的需要。

旅游动机是推动人们从事旅游活动的内在原因。关于旅游动机的形成原因，西方学者认为，人天生具有好奇心，寻求新的感受驱使旅游者走向国内各方和世界各地，了解各方面的知识，得到新的经历，亲临其境地接触各地人民，欣赏多种多样的自然风光，体验异地文化，考察不同社会制度等，从而成为人们外出旅游的原始动力，当人们具备了外出旅游的支付水平和闲暇时间条件后，旅游就是一件必然的事情了。

二、旅游动机的分类

旅游动机虽然千差万别，但大致可分为以下几种类型。

1. 观光型旅游动机

有这一类旅游动机者以观赏自然景色为目的，对自然风景有着浓厚兴趣，他们都愿意去具有独特山水风光的名胜区。

2. 度假型旅游动机

这是指以外出度假的方式，在工作、学习后以轻松头脑和保健、娱乐为目的的旅游动机。随着经济、社会的发展和进步，从事度假旅游的人数在旅游者中所占比例将日益提高，以休闲、放松和享受为目的的度假旅游将取代传统的走马观花式的观光旅游。

3. 文化型旅游动机

由于人们所处环境的影响，对社会的接触面有限，而通过旅游可以扩大知识面，特别是增加一些直接的感性认识。例如，参观一些古迹、博物馆，体察某地的风俗民情等都可以达到这种效果。

4. 社会关系型旅游动机

有这类旅游动机者以探亲访友为目的，或想通过旅游逃避日常社会关系，摆脱日常事务，同时在旅游中广交益友者。

5. 宗教型旅游动机

有这类旅游动机者以到宗教圣地朝圣为主要目的，如伊斯兰教信徒去麦加朝圣；中国青海、西藏等地的佛教徒爬行去拉萨布达拉宫朝圣等，均属此类。另外，中国的九华山、峨眉山、普陀山、五台山等佛教名山，也是吸引众多香客与广大旅游者朝圣和观光的景点。

6. 经济型旅游动机

有这类旅游动机者以从事各种商业经济活动为主要目的。随着现代经济的发展，各国、各地区间的经济往来日益加强，商务旅游者也将日益增多。

7. 会议型旅游动机

有这类旅游动机者以参加国际内各种会议、会展为主要目的，同时去当地各旅游景点参观旅游。

8. 特种旅游动机

有这一类旅游动机者以追求刺激、浪漫、挑战自我为目的进行各种形式的旅游活动，如野营、漂流、登山、自驾车旅行等均属此类。

9. 休闲型旅游动机

有一种特殊的旅游者，外出旅游，不是为了观光，也不是为了度假，就是为了放松，逃离日常的生活环境和工作压力，独自或与友人一起去到一个环境优美的地方，在河边、湖边或安静的村庄住上一段时间，看看天空，晒晒太阳，工作电话一律不接，目的就是缓解精神压力。随着社会的发展，工作和生活节奏的加快，这部分旅游者的数量在不断扩大。

以上几种旅游动机基本上概括了旅游者全部动机。对于旅游者来讲，几种旅游动机会以各种组合方式形成一种综合动机。例如，去承德避暑山庄的旅游者，既为了避暑，也是为了欣赏那里的自然景色，还可能是为了了解历史文化知识。

第三节　旅游者的权利和义务

旅游者在异国他乡从事旅游活动，享有一定的权利，同时也承担一定的义务。对此，有关国际组织及中国政府有不同的规定，作为旅游者，应该对此有清醒的了解。

一、有关国际组织确定的旅游者的权利和义务

随着旅游在各国人民生活中的重要性的提高和它对各国的社会、经济、文化、教育领域

所产生的直接和积极的影响的不断扩大，世界旅游组织第六次一般性全体大会于1985年9月17~26日在保加利亚首都索菲亚召开。这次大会在回顾了《联合国宪章》《马尼拉世界旅游宣言》《世界人权宣言》和《国际经济、社会和文化权利公约》等的精神以后庄严重申：正如人们有工作的权利一样，每个人的基本权利自然也包括在居住国和海外享有休息、娱乐和带薪假期的权利，以及享受旅游带来的好处的权利。

根据大会所提出的《旅游权利法案和旅游者守则》，旅游者在旅游活动中的权利和义务如下：

（一）旅游者的权利

（1）世界各国承认，每个人有休息和娱乐的权利，有合理限定工时的权利，定期带薪休假的权利，并在法律范围内不加限制地自由往来的权利。

（2）旅游者在本国或外国，应能自由地进入旅游景点和旅游地；在过境地和逗留地，除现有规定和限制之外，应能自由往来。

（3）在进入旅游景点、旅游地时，以及在过境地和在某地逗留时，旅游者应该在以下方面受益。

① 官方旅游机构和旅游服务供给商向旅游者客观、准确和完整地提供关于他们在旅行和逗留期间所有条件和设施的信息（见图2-2）。

② 旅游者人身和财产的安全，以及保护消费者的权利。

③ 令人满意的公共卫生，尤其在住宿、食品和交通等方面，并提供关于如何有效地预防传染病和事故的信息以及可以随时使用健康服务设施。

④ 能够使用迅速、有效的国内或国际公共通信设施。

⑤ 为保护旅游者权利所必要的行政和法律程序及保证。

⑥ 有权进行宗教活动，并为此目标使用现有的设施。

⑦ 有关政府放宽对旅游者的行政和金融管理。

（4）每个人都有行使自己休息和娱乐的权利，这是为了在最佳条件下享受旅游带来的益处，并在可能和法律的范围内使之与其他人相联系。

图 2-2　美国尼亚加拉游客问讯中心的宣传资料（刘伟　摄）

（二）旅游者的义务

旅游者应通过他们的行为，在国家和国际范围内促进各国人民的理解和友好关系，从而对持久的和平做出贡献。

（1）旅游者必须尊重过境地和逗留地在政治、社会、道义和宗教方面已确立的秩序，并遵守所实行的条法和规定。

（2）对东道国的习俗、信仰和行为显示出最大的理解，并对其自然和文化遗产显示出最大的尊重（见图2-3）。

图 2-3　旅游者应遵循的行为守则

（3）不过分强调存在于旅游者和当地人之间的经济、社会和文化差异。

（4）对东道国的文化应持接受的态度，因为这是构成人类共同遗产的一个部分。

（5）不能从事娼妓活动而剥削他人。

（6）不能买卖、携带和使用麻醉品和其他被禁毒品。

二、中国政府规定的旅游者的权利和义务

依据《中华人民共和国旅游法》（以下简称《旅游法》）的相关规定和精神，原国家旅游局于2013年9月10发布了《旅游者的主要权利和义务指南》，提出旅游者享有如下权利和义务。

（一）旅游者的主要权利

1. 知悉真情权

旅游者有权知悉其购买的旅游产品和服务的真实情况。

旅游者有权就包价旅游合同中的行程安排、成团最低人数、服务项目的具体内容和标准、自由活动时间安排、旅行社责任减免信息，以及旅游者应当注意的旅游目的地相关法律、法规和风俗习惯、宗教禁忌，依照中国法律不宜参加的活动等内容，要求旅行社作详细说明，并有权要求旅行社在旅游行程开始前提供旅游行程单。

2. 拒绝强制交易权

旅游者有权自主选择旅游产品和服务，有权拒绝旅游经营者的强制交易行为。

旅行社未与旅游者协商一致或未经旅游者要求，指定购物场所、安排旅游者参加另行付费项目，以及旅行社的导游、领队强迫或者变相强迫旅游者购物、参加另行付费项目的，旅游者有权拒绝，也可以在旅游行程结束后30日内，要求旅行社为其办理退货并先行垫付退货货款、退还另行付费项目的费用。

3. 合同转让权

除旅行社有正当的拒绝理由外，旅游者有权在旅游行程开始前，将包价旅游合同中自身的权利、义务转让给第三人，因此增加的费用由旅游者和第三人承担。

4. 合同解除权

包价旅游合同订立后，因未达到约定人数不能出团时，旅游者不同意组团社委托其他旅行社履行合同的，有权解除合同，并要求退还已收取的全部费用。

旅游行程结束前，旅游者解除合同的，组团社应当在扣除必要的费用后，将余款退还旅游者。

因不可抗力或者旅行社、履行辅助人已尽合理注意义务仍不能避免的事件，导致旅游合同不能继续履行，旅行社和旅游者均可以解除合同；导致合同不能完全履行，旅游者不同意旅行社变更合同的，有权解除合同；合同解除的，旅游者有权获得扣除组团社已向地接社或者履行辅助人支付且不可退还的费用后的余款。

5. 损害赔偿请求权

旅游者有权要求旅游经营者按照约定提供产品和服务。旅游者人身、财产受到损害的，有依法获得赔偿的权利。

景区、住宿经营者将其部分经营项目或者场地交由他人从事住宿、餐饮、购物、游览、娱乐、旅游交通等经营的，旅游者有权要求景区、住宿经营者对实际经营者给旅游者造成的损害承担连带责任。

旅行社具备履行条件，经旅游者要求仍拒绝履行合同，造成旅游者人身损害、滞留等严重后果的，旅游者还可以要求旅行社支付旅游费用 1 倍以上 3 倍以下的赔偿金。

6. 受尊重权

旅游者的人格尊严、民族风俗习惯和宗教信仰应当得到尊重；旅游者有权要求旅游经营者对其在经营活动中知悉的旅游者个人信息予以保密。

7. 安全保障权

旅游者有权要求旅游经营者保证其提供的商品和服务符合保障人身、财产安全的要求。

旅游者有权要求为其提供服务的旅游经营者就正确使用相关设施设备的方法、必要的安全防范和应急措施、未向旅游者开放的经营服务场所和设施设备、不适宜参加相关活动的群体等事项，以明示的方式事先向其作出说明或者警示。

8. 救助请求权

旅游者在人身、财产安全遇有危险时，有权请求旅游经营者、当地政府和相关机构进行及时救助；中国出境旅游者在境外陷于困境时，有权请求中国驻当地机构在其职责范围内给予协助和保护。

9. 协助返程请求权

包价旅游合同在旅游行程中被解除的，旅游者有权要求旅行社协助旅游者返回出发地或者旅游者指定的合理地点，由于旅行社或者履行辅助人的原因导致合同解除的，旅游者有权要求旅行社承担返程费用。

10. 投诉举报权

旅游者发现旅游经营者有违法行为的，有权向旅游、工商、价格、交通、质监、卫生等相关主管部门举报；旅游者与旅游经营者发生纠纷的，有权向相关主管部门或旅游投诉受理机构投诉、申请调解，也可以向人民法院提起诉讼。

（二）旅游者的主要义务

1. 文明旅游义务

旅游者在旅游活动中应当遵守社会公共秩序和社会公德，尊重当地的风俗习惯、文化传统和宗教信仰，爱护旅游资源，保护生态环境，遵守旅游文明行为规范。

2. 不损害他人合法权益的义务

旅游者在旅游活动中或者在解决纠纷时，不得损害当地居民的合法权益，不得干扰他人的旅游活动，不得损害旅游经营者和旅游从业人员的合法权益；造成损害的，依法承担赔偿责任。

3. 个人健康信息告知义务

旅游者购买、接受旅游服务时，应当向旅游经营者如实告知与旅游活动相关的个人健康信息，审慎选择参加旅游行程或旅游项目。

4. 安全配合义务

旅游者应当遵守旅游活动中的安全警示规定，不得携带危害公共安全的物品。

旅游者对国家应对重大突发事件暂时限制旅游活动的措施以及有关部门、机构或者旅游经营者采取的安全防范和应急处置措施，应当予以配合；违反安全警示规定，或者对国家应对重大突发事件暂时限制旅游活动的措施、安全防范和应急处置措施不予配合的，依法承担相应责任；接受相关组织或者机构的救助后，应当支付应由个人承担的费用。

5. 遵守出入境管理义务

出境旅游者不得在境外非法滞留，入境旅游者不得在境内非法滞留；随团出、入境的旅游者不得擅自分团、脱团。

第四节　旅游者的素质修养

【经典案例】

"在某国，每天用过早餐后，旅游者不会把餐盘和废弃物堆在桌子上，而是主动扔到垃圾桶里；拥挤的景点很少会发生人为的冲突，因为每个人都会把'打扰了'和'对不起'挂在嘴边，甚至没有碰到对方，认为自己挡了对方的路都会道歉不止；景区有些文物景观没有防护措施，但很少有人去摸、去损坏、去刻'到此一游'……"

旅游活动是旅游者在不同国家和地区之间的流动，不仅是一种经济现象，而且是一种社会和文化现象。旅游活动和旅游行为不仅会影响旅游目的地国家和地区的文化，同时，也会反映旅游者的素质，体现旅游客源地国家和地区的文化和文明程度，因此，发展旅游业必须加强对旅游者的文明、礼貌教育，不断提高旅游者的素质。

一、旅游者的不文明行为

近年来，中国出境旅游的发展十分迅猛，这一方面反映了中国的经济发展水平，扩大了中国的国际影响，值得国人自豪，但同时极个别旅游者在国外旅游目的地的不文明行为，却有损国格和人格，与中国五千年文明古国的文化背景格格不入，常见的不文明行为有如下几种。

1. 不修边幅，行为不检

例如，夏天光着臂膀招摇过市；在自助餐厅，吃饱之后，还带走餐厅的食物。

2. 高声喧哗，旁若无人

例如，在酒店大堂高声呼唤和交谈；在餐厅里面，大声轮番敬酒，猜拳行令；在不打折的商店高声讲价；在其他公共场所三五成群，大声喧哗。

3. 争先恐后，不自觉排队

例如，办理入境手续时，总有人从"蛇形"通道的栏杆下钻来钻去，找熟人插队；在购物和旅游景点拍照时争先恐后，不自觉排队的现象也很常见。

4. 乱扔垃圾，随地吐痰

例如，随地吐痰、乱抛垃圾、随地吐口香糖会触犯卫生条例；有的甚至随地小便；一些旅游者乱扔垃圾，使名山大川变成了垃圾场，很多景区不得不请志愿者或专业捡实垃圾人捡拾垃圾，如图 2-4 所示。

5. 大摇大摆，扎堆吸烟

例如，虽然导游三令五申，不能认为在户外就可以吸烟，而且特别强调，到处都有监控的探头，违规者罚款上千元人民币，但是，在禁烟区内吸烟者有之；叼着香烟大摇大摆者有之；三五成群，扎堆吸烟，弄得烟雾缭绕、满地烟蒂者有之。

6. 不遵守公共秩序，爱占小便宜

例如，在机场禁区办手续和进行安检的时候，践踏黄线；在飞机上，抢夺行李箱空位；不听空乘人员的指示摆放手提行李；和空乘人员争吵，导致航班延误，甚至被驱逐离开飞机；顺手牵羊，偷走飞机厕所的牙膏、剃须水、纸巾，或偷走酒店的毛巾、烟灰缸。

7. 在风景地点乱刻乱涂，损毁文物。

例如在景点、文物上乱刻"某某到此一游"字句。

8. 不爱护环境和公共设施，践踏草坪如入无人之境。

例如，在一些明确告知"不得入内"的地方，一些旅游者照样进入，游览和拍照。

上述行为，除了第 1 类之外，都可能触犯当地

图 2-4　在风景区和名山大川
捡拾垃圾的"蜘蛛人"

法律、公园管理规定和公共交通工具条例(见图2-5)。

二、提升旅游者文明旅游行为的途径

1. 做好文明教育

公民素质的提高必须从教育入手，从学校抓起，从家庭抓起，把公德建设、文明建设作为重要的教学内容。文明是一种习惯，而习惯则要从小养成。因此，对青少年来说，尤其要重视对其进行养成教育，把怎样做人、怎样与人和自然相处，自强、自爱、自律作为养成训练的重要内容，使其养成自觉遵守社会道德和行为规范等良好的道德品质与行为习惯。儿童、青少年的文明行为，反过来会影响和教育

图2-5　美国黄石国家公园：旅游者如违反规定，离开人行步道，不仅不安全，而且可能违反当地法律(刘伟　摄)

其父母和其他成年人的行为举止，从而使全社会公民的文明素质得以提高，只有这样，旅游者的素质才能得到根本保障，否则，平时没有养成良好的习惯，而要求其在旅游时表现出良好的素质，显然是不可能的。

2. 加强旅行社管理

旅行社要通过领队和导游，加强对旅游者的管理。

（1）出游前，对旅游者进行文明旅游行为培训。

无论是国内游还是境外游，旅行社在组团出游之前，都要专门进行行前告知或培训。告知内容主要应包括目的地的法律法规、风俗习惯、礼仪规范、民族禁忌及行为方式等。告知方式要多样化和生动化，可包括举办旅行社出团说明会，举办文明礼仪培训，进行目的地法律法规和文化习俗、民族禁忌的专题讲座，播放专门的文明礼仪教育片等。必要时还可以组织文明旅游考试，签订相关"文明旅游承诺书"。

（2）加强对旅行社导游和领队的管理。

加强旅行社管理是文明旅游建设的重要环节和内容，而旅行社管理中又必须以加强导游管理和领队管理为重点。

要进一步把文明旅游建设中专门针对旅行社、导游和领队等人员的相关规定及措施形成制度，进行相关考核，纳入日常管理。要抓好旅游企业文明规范服务工作，在旅游过程中，旅行社、导游和领队要有意识地及时提醒和制止旅游者的不文明行为。要抓好导游和领队文明示范工作，建立相关奖惩制度，对旅游行为中做得好的旅行社、导游、领队典型要进行宣传、表彰和进行物质奖励。要抓好文明旅游的监督和考核工作，对不履行职责、造成不良影响的旅游企业和有关人员，要进行通报批评，对出现严重问题的旅行社和旅游从业人员要取消其从业资格。

3. 加强景区管理，培养文明意识

景区是旅游者的旅游目的地，加强景区管理是约束旅游者行为、培养文明旅游意识的重要场所。

（1）旅游景区可以适当的形式设置引人注目的标语牌、宣传画和公益广告，使旅游文明

行为潜移默化、深入人心。在印制的门票和导游图上加印提醒旅游者文明行为的提示语句，使旅游者一进入景区就开始接受旅游文明教育和提示。

（2）景区内的各种指示牌、垃圾桶以及厕所等的设置要方便、科学、合理，设计要有美感、有艺术性（见图2-6）。要创造温馨美好的旅游环境，让旅游者身在其中感受文明的氛围，使文明旅游成为旅游者的自觉行动和行为规范。

4. 加强公众宣传，曝光不文明旅游行为

充分利用报刊、广播、电视、网络、宣传栏等大众传媒以及电视宣传片、文学创作、卡通、漫画、摄影、话剧、公益歌曲、公益广告等艺术形式，进行文明旅游宣传，同时揭露不良习惯，曝光不文明行为，促进全体公民文明素质的提高。例如，可由官方机构专门制作统一的文明旅游宣传片、宣传画册和宣传歌曲，在飞机、火车、汽车、轮船等交通工具和各旅行社及景区景点滚动播出；举办文明旅游征文、演讲、摄影和短片大赛等活动；定期开展问卷调查活动、青年志愿者劝导活动。

图2-6　河南栾川县 AAAA 级景区老君山的指示牌，体现了老君山道教文化的景区特色（刘伟　摄）

5. 培育旅游者的国民意识

在文明旅游建设中，必须全面培育国民意识。在出境游中，到了旅游目的地国的时候，每个旅游者都在一定程度上代表了自己国家的形象，都是国家的"形象大使"，自己的一言一行，在很大程度上影响甚至改变着目的地国家的人民对中国的看法，因此，每个旅游者都有义务在"以热爱祖国为荣、以危害祖国为耻"思想的指导下，树立国民意识，尊重他国的法律法规、风俗习惯，主动维护旅游客源国的国际形象。

6. 建立长效机制，强化惩罚措施

建立长效机制，一方面要对旅游者加强宣传教育，另一方面要有惩罚措施。有些陋习单靠教育是不能改变的，必须有罚款和硬性的制裁。对有令不行、有禁不止、多次犯规的旅游者要给予处罚，有效制止其不文明行为。新加坡、韩国对不文明行为的惩罚帮助其国民形成了良好的习惯，值得借鉴。

三、中国公民旅游文明行为公约

资料：中国政府出台"黑名单"制度

为提高公民文明素质，塑造中国公民良好的国际形象，中央文明办、原国家旅游局联合颁布了《中国公民出境旅游文明行为指南》和《中国公民国内旅游文明行为公约》。

（一）《中国公民出境旅游文明行为指南》

中华人民共和国外交部领事司谨提醒每位公民出境旅游时要努力践行《中国公民出境旅游文明行为指南》，倡导文明旅游行为，其内容如下。

中国公民，出境旅游，注重礼仪，保持尊严。

讲究卫生，爱护环境；衣着得体，请勿喧哗。

尊老爱幼，助人为乐；女士优先，礼貌谦让。

出行办事，遵守时间；排队有序，不越黄线。

文明住宿，不损用品；安静用餐，请勿浪费。

健康娱乐，有益身心；赌博色情，坚决拒绝。

参观游览，遵守规定；习俗禁忌，切勿冒犯。

遇有疑难，问使领馆；文明出行，一路平安。

（二）《中国公民国内旅游文明行为公约》

由中央文明办、原国家旅游局颁布的《中国公民国内旅游文明行为公约》的内容如下：

营造文明、和谐的旅游环境，关系到每位旅游者的切身利益。做文明旅游者是我们大家的义务，请遵守以下公约。

（1）维护环境卫生。不随地吐痰和吐口香糖，不乱扔废弃物，不在禁烟场所吸烟。

（2）遵守公共秩序。不喧哗吵闹，排队遵守秩序，不并行挡道，不在公众场所高声交谈。

（3）保护生态环境。不踩踏绿地，不摘折花木和果实，不追捉、投打、乱喂动物。

（4）保护文物古迹。不在文物古迹上涂刻，不攀爬触摸文物，拍照摄像遵守规定。

（5）爱惜公共设施。不污损客房用品，不损坏公用设施，不贪占小便宜，节约用水用电，用餐不浪费。

（6）尊重别人权利。不强行和外宾合影，不对着别人打喷嚏，不长期占用公共设施，尊重服务人员的劳动，尊重各民族的宗教习俗。

（7）讲究以礼待人。衣着整洁得体，不在公共场所袒胸赤膊；礼让老幼病残，礼让女士；不讲粗话。

（8）提倡健康娱乐。抵制封建迷信活动，拒绝黄、赌、毒。

// 本 章 小 结 //

■ 旅游者是指任何以休闲、娱乐、观光、度假等为主要目的，离开常住地到其他地区，其连续停留时间不超过 12 个月，并且在异地的主要目的不是通过所从事的活动获取报酬的人。旅游者可分为过夜旅游者和一日游游客。

■ 旅游者的产生除了旅游愿望以外，还需要一定的可自由支配的收入水平和闲暇时间。

■ 旅游动机是推动人们从事旅游活动的内在原因。旅游者的旅游动机分为观光型、度假型、商务型、文化型、社会关系型、宗教型、探险型等。

■ 社会中每位公民都有外出旅游的权利，但旅游者外出旅游也要担负一定的义务，遵守基本的行为准则，包括：尊重旅游地文化，保护旅游资源和环境，旅游活动中要恪守文明旅游准则。此外，旅游活动的组织者也要利用各种时机、通过各种形式对旅游者进行文明宣传和教育。

// 复 习 思 考 //

1. 什么样的人属于"旅游者"？

2. 旅游者产生的条件有哪些？

3. 旅游者的动机有哪些类型？

4. 在现代社会，旅游者有哪些基本的权利和义务？

5. 旅游者常见的不文明行为有哪些？如何对其不文明行为加以管理？

// 课后训练 //

实际参加一次旅游活动，观察旅游者都有哪些不文明行为，写出调查报告，并提出相应的管理措施。

// 拓展阅读 //

中国"文明旅游形象符号"

2021 年 5 月 19 日，文化和旅游部在湖北省武汉市"中国旅游日"主会场活动中正式揭晓文明旅游形象标识——"文明旅游之花"（见图 2-7）。

图 2-7　文明旅游形象标识——"文明旅游之花"

文明旅游形象标识以核心主题汉字"文"和"旅"创意设计，通过圆润的色块和绚丽的色彩，巧妙地将"文""旅"二字融为一体，"文"如人形文明友善，"旅"似花朵和浪花，绽放激情，整体又如一棵枝繁叶茂的参天大树，展现出新时代美丽中国欣欣向荣、美好生活蒸蒸日上，寓意着文明旅游蔚然成风，必将如花似锦、根深叶茂。

// 本章配套微课 //

文 明 旅 游

扫描二维码，了解文明旅游的相关内容。

视频：文明旅游

野生动物也是旅游者喜爱的旅游资源
（本书作者在印度尼西亚科莫多岛与有 4 000 多万年进化历史的"科摩多龙"亲密接触　Peter 摄）

第三章　旅游资源及其开发

　　旅游资源是旅游业赖以生存的基础，合理开发旅游资源是发展旅游业的前提条件，同时，对实现旅游业可持续发展也具有重要意义，本章将讲述旅游资源及其开发的原则。

通过本章的学习，应该能够：
- 了解旅游资源及其分类。
- 学会对旅游资源进行评价。
- 掌握旅游资源开发的原则。
- 认识"红色旅游"资源开发的意义。
- 注重旅游资源开发中的社会效益，增强旅游者的爱国思想和高尚的道德情操。

关键概念：

旅游资源　旅游景区　开发　评价

Key Words：

Tourist Attraction　Tourist Spots　Development　Appraisal

【经典案例】

　　"我对将要去旅游的地方会有两点期待。第一，就是这个地方得保持它独一无二的核心竞争力。现在好多景区变得越来越趋同，就像城市的打造。我到过好多城市，特别是那种中小城市，很喜欢介绍自己是"小上海""小香港"。我特别不喜欢这种定位，那你自己是谁？就像现在好多地方都说我们打造了什么什么，都是在仿效别人。所以我认为一个地方的核心竞争力，就是它的独一无二、不可复制。第二，不能过度开发。现在太多地方由于过度开发而失去了持续性。坦率地说，10 年前，我很喜欢去丽江，大概五六年前就不大去了，再去云南，我会去腾冲这些地方，丽江的商业化速度让我惊讶。所以说任何发展旅游的地方都不能太过于商业化。"

——某旅游者

第一节　旅游资源及其特点

　　旅游资源是旅游业建立和发展的前提，旅游资源的数量、品级以及旅游资源的组合状况等，对一国一地旅游业的发展又有着直接的影响。世界上旅游业发达的国家都是得益于丰富的、具有较大特色的旅游资源。

一、旅游资源

　　旅游资源又称为"旅游吸引物"（tourist attraction）（见图 3-1）。凡是能激发旅游者旅游动机，吸引旅游者前来观光、游览，满足其生理和心理需求的一切自然和人文因素，都可称之为旅游资源。

　　旅游资源是发展旅游业的基础和凭借，它能够被旅游业利用，并且在通常情况下能够产生社会效益、环境效益和经济效益。

　　旅游业是借助于旅游资源而建立和发展的，旅游业服务的对象是旅游者，而旅游者的旅游活动又是由旅游资源所引起的，没有旅游资源就没有旅游者的旅游活动，没有旅游者的旅游活动，也就没有旅游业的服务对象，从这个意义上说，没有旅游资源也就没有旅游业。

二、旅游资源的特点

　　旅游资源作为旅游业的凭借和旅游者参观游览的对象物，具有以下基本特点。

1. 旅游资源具有垄断性的特点

　　旅游资源，特别是自然旅游资源，大都是天然形成的，是大自然所赋予的，如西班牙的金色海滩、美国和加拿大所共同拥有的尼亚加拉大瀑布、瑞士的日内瓦湖、中国桂林的山水

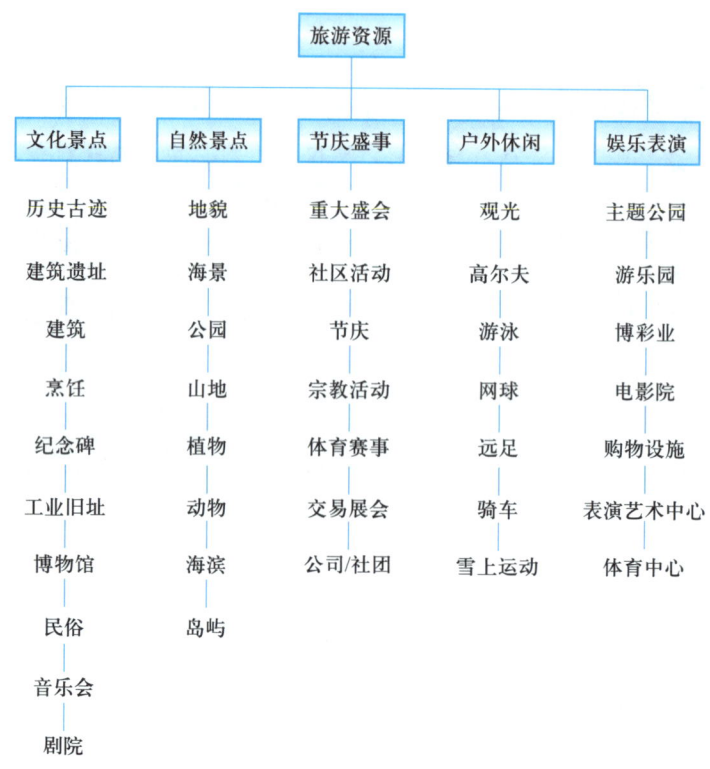

图 3-1　旅游资源概览

等。许多旅游资源为某一国一地所独有，而其他国家和地区却不能同时具有。就文化资源来讲，也是如此，中国的长城、兵马俑，埃及的金字塔等无一不具有垄断性的特点。

2. 旅游资源是可以创造的

由于自然、历史等方面的原因，一个国家或地区可能缺少旅游资源。对旅游资源较为贫乏、旅游资源品级不高、对旅游者缺乏吸引力的国家和地区来说，建立和发展旅游业当然会受到限制。但旅游资源也是可以创造的，通过创造旅游资源，同样可以吸引旅游者，发展旅游业。如中国的深圳，本来也没有什么旅游资源，为了发展旅游业，企业投资兴建了"锦绣中华""民俗村""世界之窗""欢乐谷"等大型人文景观，使深圳旅游业在全国一炮打响，成为国内著名旅游城市，如图 3-2 所示。

3. 旅游资源是发展变化的

随着经济社会的发展和旅游业的发展，可被利用作为旅游者对象物的旅游资源的数量是不断增加的。科学技术的进步，增强了人们认识自然界和利用自然界的能力，不断开拓了旅游资源的领域，从而使旅游资源不断增多。如南极，终年冰封，气温寒冷，在过去交通条件很差的情况下，一般旅游者难于抵达，只有极少量的探险家才有可能抵达，随着交通条件的变化，去南极已经变得相对容易了，如今，南极已成为世界各地旅游者向往的旅游目的地。

随着人类社会的发展，人们在社会领域中活动范围的增加和活动内容的增多，也必然会促使人们拓宽旅游资源的领域，从而使旅游资源不断增多。例如，放风筝是许多地方的传统活动，但在过去也只限于作为少数人的一种消闲和娱乐活动，并没有把放风筝与旅游联系起来。山东省潍坊市在春季有放风筝的传统，在中国旅游开始发展的大环境下，潍坊市每年举行一次风筝节，吸引各国的风筝爱好者前来参加。这样，放风筝这项活动已成为潍坊市的一项旅游资源，如图 3-3 所示。

图 3-2　深圳世界之窗

图 3-3　潍坊风筝节放飞的风筝

4. 旅游资源具有生命周期

旅游资源具有生命周期，特别是各类人造景观。在一定历史时期和社会条件下，某一旅游资源可能对旅游者具有广泛的吸引力，而随着时间的推移，如果没有创新，没有变化，就会逐渐丧失其吸引力，失去旅游资源的效用。如广州的"东方乐园"，20 世纪 80 年代在国内红极一时，火爆异常，但进入 90 年代以后，随着国内人造景观的不断涌现，人们对各类没有特色的"乐园"逐渐丧失了兴趣，到 2003 年，它终于"寿终正寝"了。另外，因为一直以来广州缺乏拳头旅游产品，被戏称为"只有星星，没有月亮"，于是，有关方面开始实施"造月工程"。90 年代初，广州出现了一大人造景观——"世界大观"，被政府和媒体誉为广州旅游的"月亮"。当时也是火爆异常，游人如织，着实让政府和广州旅游界兴奋了一阵子。但其轰动效应也只是昙花一现，两三年之后，便进入萧条期，从此每况愈下，直到 2004 年被拍卖改做其他用途。

5. 旅游资源在分布上具有地域性

不同的地区，会形成不同特色的旅游资源，无论是自然资源，还是人文旅游资源，均是如此。海南岛不可能有冰雪资源，同样，哈尔滨也不能见到椰林，如此等等。同样，社会人文方面的旅游资源在分布上也有地域性，因为地域不同，人们的劳动方式、生活条件也就不同，使得人们的生活习惯也就不同。草原上的居民，擅长骑马，喜欢喝奶茶，而海边的渔民，则擅长驾帆，喜欢吃鱼虾。云南西双版纳的居民住的是竹楼，而内蒙古草原上的居民则住的是蒙古包。如果这些民间习俗作为旅游资源，那么，它们当然会带上浓郁的地域色彩。扫描二维码，欣赏甘肃南部扎尕那藏民晾晒青稞的独特方式。

图片：藏民晾晒青稞的独特方式

第二节　旅游资源的分类

旅游资源依其性质不同，可划分为自然旅游资源和人文旅游资源。自然旅游资源是自然界所赋予的、经过开发利用成为旅游者的吸引物的各种资源。人文旅游资源是人类社会活动的成果，经开发利用成为旅游者的吸引物的各种资源。

一、自然旅游资源

自然旅游资源有以下几种类型。

（一）地貌风景资源

地貌是构成自然景观的基本条件，是自然景观存在的地域基础。作为旅游资源的地貌类别主要有如下几类。

1. 山地

在地理学上把山岳和丘陵通称为山，山体包括的整个隆起范围及直接坡积的外围，通称为山地。而山峰则往往位于群山之中，以峻峭险要为特征，是旅游者俯视山峦、观看云海和日出的理想境地。山地和山峰都是重要的自然旅游资源。中国是多山国家，有许多名山风景胜地，如五岳(恒山、华山、衡山、泰山、嵩山)以及庐山、黄山等，都是驰名中外的旅游资源，而世界屋脊——珠穆朗玛峰更是让旅游者神往(见图3-4)。

丹霞地貌是一种奇特的山地旅游资源，广东的丹霞山、甘肃张掖的七彩丹霞、青海大柴旦水上雅丹等都是奇特的丹霞地貌，十分适合发展旅游业。

2. 峡谷

峡谷是陡峭的两坡相夹而成的谷地。有的峡谷笔直、气势磅礴；有的峡谷弯曲，显

图3-4　世界屋脊——珠穆朗玛峰(刘伟 摄)

得险峻和神秘。中国的长江三峡(瞿塘峡、巫峡、西陵峡)、黄河壶口的龙门峡,北美洲的科罗拉多大峡谷(见图3-5)等都是有名的峡谷,每年慕名而至的旅游者络绎不绝。

图片:"人间仙境"扎尕那

图片:甘肃张掖"七彩丹霞"

图 3-5　闻名于世的美国科罗拉多大峡谷(刘伟 摄)

图片:敦煌鸣沙山

3. 沙漠

人们会像喜欢海洋一样喜欢沙漠,非洲的撒哈拉沙漠和中国的塔克拉玛干大沙漠都是旅游者向往的旅游目的地。敦煌鸣沙山与充满诗情画意的月牙泉更是吸引旅游者前往,扫描二维码欣赏相关图片。

图片:敦煌鸣沙山月牙泉

(二) 水文风景资源

水文是自然地理环境的重要组成部分,也是自然界中最活跃的物质之一。水文主要有以下几种类别。

1. 河流

例如,中国的长江、黄河(见图3-6),欧洲的多瑙河、莱茵河、塞纳河以及美

图片:青海湖风光

国的密西西比河等都是重要的旅游资源。

2. 湖泊

湖泊多具有瑰丽晶莹、幽美静谧的特点,是可利用的极好的旅游资源。中国有大小湖泊约2万个,大小和景色各异。江苏的太湖、浙江的西湖、青海的青海湖和翡翠盐湖、昆明的滇池等,都是旅游胜地。日本的琵琶湖、瑞士的日内瓦湖、匈牙利的巴拉顿湖、俄罗斯的贝加尔湖等都是著称于世的旅游资源。

3. 瀑布

瀑布大都是山水结合的,它们飞泻于千仞,极其壮观。中国的贵州黄果树

图 3-6　黄河上特有的旅游交通工具:羊皮筏子(刘伟 摄)

瀑布（见图 3-7）、庐山瀑布等，被历代所传颂，十分壮观。赞比亚的维多利亚瀑布，北美洲的尼亚加拉瀑布，南美洲的伊瓜苏瀑布等都是极其宏伟壮丽的。世界各国都设法利用瀑布来发展旅游业。

4. 海洋与海滩

利用海洋、海滩发展旅游业是许多国家开发旅游资源的重点。中国有漫长的海岸线，有众多的岛屿，海洋与海滩资源十分丰富，大连、青岛、普陀山、厦门、三亚等地都有极好的海滩，也都是旅游胜地。世界上作为旅游胜地的海滩有西班牙的希洪海滨浴场、美国的夏威夷岛（见图 3-8）、法国的尼斯海滨等。

除以上所述外，水文还有泉、天池等。济南的趵突泉、西安的骊山温泉、杭州的虎跑泉等都很有名。新疆的天山天池、吉林的长白山天池等都是旅游者所向往的旅游地。

5. 溶洞

图 3-7　贵州黄果树瀑布
（刘伟　摄）

溶洞属于喀斯特地貌，是上亿年前大自然的杰作。国内外很多溶洞均规模宏大，气势壮观，洞内钟乳累累，石笋林立，奇石斗秀，清泉潺潺。溶洞也是一种水文地质地貌资源，经过人工开发的溶洞，可以形成人间仙境般的瑰丽景观，是一个地区发展旅游业的重要旅游资源，如图 3-9 所示。

图 3-8　蓝天、白云、椰树、沙滩
——迷人的美国夏威夷海滩（刘伟　摄）

图 3-9　上亿年前形成的奇特的钟乳石造型
是溶洞旅游的核心吸引物（刘伟　摄）

（三）气候风景资源

气候与人们的生产和生活有着极为密切的关系，同时，对旅游活动和旅游业的发展也有着极为密切的联系。认识气候特征，了解气候的变化及其规律，对发展旅游业十分重要。

中国有多种多样的气候资源，为发展多种旅游活动提供了有利条件。北方的冬季"千里冰封，万里雪飘"，是开展滑冰、滑雪、冬猎的大好时机（见图 3-10）。在东北地区的哈尔滨、佳木斯、吉林等城市所制作的冰灯，具有特殊的魅力，每年都吸引大量的中外旅游者前往观赏。南方的冬季，特别是广东、广西、海南气候温和，花草树木繁茂，是北方人避寒的好地方。在夏季，北方许多地方气候凉爽，又成为南方人的避暑胜地。

图片：青海翡翠盐湖

图片：俄罗斯贝加尔湖的冬天

图片：青海大柴旦水上雅丹1

图片：青海大柴旦水上雅丹2

图 3-10　到地球大陆北端的城市——俄罗斯的摩尔曼斯克体验雪地摩托（刘伟 摄）

（四）动、植物资源

动、植物资源既可单独作为旅游资源，也可与特定的地貌、环境结合起来作为旅游资源。

中国广州番禺的长隆野生动物园，就是利用动植物资源发展旅游业的成功范例。另外，非洲的原始森林，澳大利亚的考拉、袋鼠，中国的大熊猫、金丝猴等都是旅游者所喜爱的动、植物旅游资源，图 3-11 为黑翅长脚鹬。

另外，中国许多城市都各有市花，如南京的梅花、昆明的山茶花、漳州的水仙花、广州的木棉花、济南的荷花、杭州的桂花、开封的菊花、西安的石榴花、兰州的玫瑰花、丹东的杜鹃花等，很多城市都利用这些花卉大力发展旅游业。去大连观槐、无锡赏梅、洛阳看牡丹等都已成为一种旅游时尚，成为当地一项重要的旅游活动。

利用树木、森林发展旅游是较为普遍的。很多国家都建立了森林公园，供人们游览、休息、疗养，如中国的张家界国家森林公园等。

图 3-11　珍稀的黑翅长脚鹬（李海傑 摄）

中国西部、北部有大面积的草原，草原有与其他自然景观不同的特殊韵味，其广阔无垠，视野宽广，使人心胸开朗。随着季节的不同，草原在变换着颜色，春夏为碧绿，秋冬为金黄，形成迥然不同的自然景观。"天苍苍、野茫茫，风吹草低见牛羊"不仅是民歌中的佳句，也是很多旅游者前往草原的动力。

二、人文旅游资源

人文旅游资源又可分为以下几种类型。

（一）古代陵墓与文化遗址

1. 古文化遗址

古文化遗址包括古人类遗址和古建筑遗址。在中国许多地方发现了古人类遗址，如云南元谋的距今170万年旧石器时代的早期"猿人"——"元谋人"；陕西蓝田的距今70万~115万年的"蓝田人"；北京周口店的距今20万~70万年的"北京人"以及陕西大荔县的距今10万~20万年的"大荔猿人"等，现都已在发现地修建了博物馆，供人们参观。西安的半坡遗址是典型的母系氏族社会代表的聚落遗址。另外，还有位于秘鲁大山之中的联合国教科文组织自然和文化双遗产：马丘比丘古文化遗址。

2. 古代陵墓

陵墓的种类有很多，其中，帝王陵墓一般建筑规模都比较大，造型宏伟，是重要的旅游资源。中国是世界文明古国，有悠久的历史，帝王陵墓资源十分丰富，仅在西安附近就有72座帝王陵墓，包括黄陵县的黄帝陵、临潼的秦始皇陵、乾县的李治和武则天合葬墓——乾陵、礼泉县唐太宗李世民墓——昭陵等。这些世界级的古陵墓资源是中国旅游资源的重要组成部分。

国外著名的陵墓有埃及的金字塔，其中最大者是建于公元前27世纪的法老胡夫和法老哈夫的金字塔（墓），此外，还有建于300多年前的印度泰姬陵（见图3-12）等，它们都吸引了大量的旅游者。

图3-12　印度泰姬陵（刘伟　摄）

（二）古代建筑

在古建筑、石碑和雕刻中，可被利用的旅游资源是极其丰富的，主要有以下 6 种。

1. 宫殿

宫殿分布比较广泛，各国古代建都之地大都有宫殿。由于历史久远，许多宫殿的地面建筑已荡然无存，只剩下了遗址。但仍有一些保存完好的宫殿，如北京的故宫，规模宏大，由大小数十个院落组成，房屋 9 000 多间，建筑面积 15 万平方米，是中国现存最大、最完整的古建筑群，现在不仅是北京，也是中国的重点旅游景点之一。在国外，英国伦敦的白金汉宫、法国巴黎的凡尔赛宫、俄罗斯圣彼得堡的冬宫等，都著称于世。

2. 寺庙

寺庙是宗教建筑，反映一个国家在一定历史时期的建筑文化和建筑艺术。寺庙不仅是宗教建筑，同时也是重要的旅游资源，不仅吸引国内外众多的香客和朝圣者，也吸引来自世界各地成千上万的观光旅游者，如杭州的灵隐寺、西安的大雁塔（大慈恩寺）等几乎是到杭州和西安旅游的必至之地。而西藏的布达拉宫则是藏传佛教寺庙与宫殿相结合的建筑类型中最杰出的代表，在中国乃至世界上都是绝无仅有的，不仅具有极高的宗教价值、文化价值、建筑艺术价值，而且具有极高的旅游观光价值。

3. 塔

塔不仅分布极广，而且造型各异。塔有的与宗教相联系，与庙相结合；有的与墓地相结合；有的是作为一城一地的标志而建造；有的却是一种纪念物，等等。著名的有西安的大雁塔（建于唐代，是唐玄奘自印度返回后译经藏经的地方）、杭州的六和塔、延安的宝塔（延安的象征），以及法国巴黎埃菲尔铁塔、缅甸的大金塔（见图 3-13）等。

图 3-13　缅甸仰光大金塔（刘伟 摄）

4. 碑石

碑石反映一个国家的雕刻艺术、书法艺术和思想文化，也是旅游者参观游览的对象。在国外也有著名的碑石，但是中国的碑石就更为丰富和多样，这不仅因为中国是世界上古老的国家，历史悠久，同时，也因为中国的文字和书法更适合在石面上雕刻。西安碑林是中国碑石精华荟萃之处，建于 900 多年前，藏有汉代以来的各种名贵碑石 1 700 多种，唐代书法家颜真卿的《颜家庙碑》、柳公权的《玄秘塔碑》、欧阳询的《皇甫诞碑》等名碑都在此收藏，每年都吸引大量国内、外旅游者观赏。

5. 石窟

石窟大都与宗教相联系，同时，也反映着不同民族不同历史时期的文化和艺术成就。中国的石窟有很多，其中有的石窟规模很大，并有着极高的历史价值和艺术价值。如山西大同的云冈石窟、甘肃敦煌的莫高窟、河南洛阳的龙门石窟、甘肃天水的麦积山石窟等，都是世界罕见的艺术精华。图3-14为甘肃武威的天梯山石窟。

图3-14　甘肃武威天梯山石窟

6. 亭台楼阁

亭台楼阁这种建筑在中国是极为普遍的，它们的造型精巧奇特，往往使观赏者流连忘返。武汉长江畔的黄鹤楼、岳阳洞庭湖畔的岳阳楼、成都的望江楼、西安市中心的钟楼等都是驰名中外。此外，南京的雨花台、山东蓬莱市的蓬莱阁等都有很大的历史和艺术价值，是旅游者参观游览的对象。

（三）伟大工程

世界上有许多伟大的工程，这些工程分别有经济、军事、历史、艺术、科学等巨大价值，同时也有很高的旅游价值，如中国古代的长城以及现代的长江三峡大坝工程等。

（四）民俗民情

民俗民情是不同地方、不同民族在长期的生产和生活中形成的特殊风俗习惯，是重要的旅游吸引物。

1. 民族风情

各个民族大都有其特有的风俗民情，如宗教仪式、婚丧嫁娶、待客礼仪、服饰等很多都是不同的（见图3-15）。

2. 文化艺术

文化艺术上的区别，有的是因民族而异，有的是因地区而异，不同民族有不同的歌舞，如中国维吾尔族歌舞就与朝鲜族歌舞不同，苗族的歌舞又与高山族的歌舞不同等。在中国不同地区大都有本地区的地方戏，如河南的豫剧、山西的晋剧、陕西的秦腔、河北的河北梆子等。国家与国家之间在文化艺术上的区分就更加明显，图3-16为缅甸艺人用鼻孔吹奏笛子。

图片：缅甸最后的纹面人

图3-15 印度尼西亚巴厘岛居民独特的服饰和生活习俗也是当地独特的旅游资源（刘伟 摄）

图3-16 用鼻子吹奏笛子是缅甸民俗文化中的传统技艺，吸引了很多旅游者观赏（刘伟 摄）

3. 建筑形式

由于生活地域不同，气候条件不同，宗教信仰不同，生活习惯不同，经济条件不同等，形成各地、各民族不同的建筑风格，如蒙古族的蒙古包、陕北的窑洞（见图3-17）、傣族的竹楼、北京的四合院等。

图3-17 陕北窑洞（刘伟 摄）

4. 节庆活动

例如，藏族的浴佛节、苗族的"赶秋"、彝族的火把节、傣族的泼水节、苗族的姊妹节（见图3-18）以及世界各地的音乐节等都是当地发展旅游业重要的旅游资源。

65

图 3-18　贵州黔东南苗族的姊妹节（刘伟 摄）

5. 美食文化

不同的饮食、服饰也可以成为旅游吸引物，如西安的回民街已经成为去西安的必游之地，吸引着成千上万的国内外旅游者前去品尝西安美食。

（五）城镇风貌和纪念地

1. 城镇风貌

城市有多种多样，有的是一国首都，有的是风景胜地；有的是闻名古都，有的则是现代都市。各国的都城，大都是各国城市建筑中的重点，也都是各该国旅游最发达的城市之一。如中国的北京、法国的巴黎、英国的伦敦、意大利的罗马、日本的东京、埃及的开罗等。西安是中国的古都之一，以所拥有的极其丰富的文物古迹而著称于世。桂林则是一座风景城市，"桂林山水甲天下"一直被世人传颂。深圳则是一座新兴的现代化城市，是中国对外开放的最重要的窗口，充满着现代化的气息。西安、桂林和深圳有着迥然不同的城市风貌，它们虽然都拥有丰富的旅游资源，但又是完全不同类型的旅游资源。而上海，则是中国最具现代化的城市（见图 3-19）。

图 3-19　迈向现代化的国际大都市——上海（刘伟 摄）

2. 纪念地

世界上有各种各样的纪念地，有的是历史上的革命纪念地，有的是名人诞生地，有的是军事上的主战场，有的则是曾经的自然灾害发生地，这些都可能成为重要的旅游资源。

近年来，在中国蓬勃发展的"红色旅游"，就是利用革命纪念地来发展旅游的典范。

"5.12"大地震给汶川人民造成惨重的生命、财产损失。地震发生后，人们不仅进行了史无前例的抗震救灾工作，又在全国人民的大力支持下，开始了恢复和重建。经过仅1年的建设，一个崭新的汶川又重新展现在人们的眼前，重建后的汶川不仅恢复了往日的生机，而且以崭新的面貌和大地震旅游纪念地的形象，迎接国内外旅游者缅怀和参观，成为当地发展旅游业独特的资源（见图3-20）。

图3-20　名为"裂缝"的"5.12"汶川大地震纪念馆已成为当地发展旅游业重要的资源

（六）人造景观

为了吸引旅游者，发展旅游业，很多地方开发了人文景观，其中最具代表性的是著名导演张艺谋导演的以"印象·刘三姐"（位于桂林阳朔，前世界旅游组织秘书长观后感叹道：从世界上任何一个地方前来观看都是值得的！）为代表的"印象"系列旅游景观，取得了良好的经济效益和社会效益。

（七）宗教文化

各种宗教仪式、建筑、服饰等都是吸引旅游者的旅游资源。

第三节　旅游景区

旅游景区是指具有吸引旅游者前往游览的吸引物和明确划定的区域范围，能满足旅游者参观、游览、度假、娱乐、求知等旅游需求，并能提供必要的附属设施和服务的旅游经营场所。

一、旅游景区的特征

旅游景区具有以下几个方面的基本特征。

1. 具有旅游活动的吸引物

旅游活动的吸引物也称为景观，是对旅游资源开发利用的结果，是旅游景区的核心，也是构成旅游景区文化内涵和特殊活动的基本要素。不论是以各种自然风光为主体的景区，还是以人文为主体的景区，都必须具有对旅游者有较强吸引力的吸引物，并以这种吸引物的文化内涵和活动内容而区别于其他不同的旅游景区。

2. 具有明确划定的地域范围

通常旅游景区的规模大小差别很大，但它们不论大小都有一个相对明确划定的地域范围。对旅游景区地域范围的划定，主要以景区的主体吸引物为标准，即每一个旅游景点都有多个不同特色的主体吸引物，并以此为核心组合成一个旅游景区。因此，任何旅游景区的开发都是在划定的地域范围内进行规划设计、开发建设和经营管理的。

3. 具有满足旅游者需求的综合性服务设施和条件

旅游活动是一项包含食、住、行、游、购、娱六大要素的综合性活动，必须有相应的基础设施和接待设施与之配套，必须提供综合性的旅游服务以满足旅游者的各种需求，才能成为一个名副其实的旅游景区。这是现代旅游景区与一般风景名胜区、自然保护区的根本区别，也是区别旅游景区与旅游资源的关键所在。

4. 是专门的旅游经营场所

从旅游经济的角度看，任何旅游景区都是为了实现既定目标和效益，按照国家有关法律规定依法成立的经济实体，设置有专门的经营管理机构，具体负责旅游景区的经营或管理。这也是旅游景区与旅游资源的明显区别之一。

二、旅游景区的类型

（一）国家公园

国家公园（national park）的概念源自美国，之后，即被许多国家所使用。尽管各自的确切含义不尽相同，但基本意思都是指自然保护区与公园相结合的一种形式，其后又在美国等一些国家演变为包括国家博物馆在内的一种中央政府对景区成本与管理兜底买单的管理体系。

例如，美国国家公园管理局于1916年8月25日根据美国国会的相关法案成立，隶属于美国内政部，主要负责美国境内的国家公园、国家历史遗迹、历史公园等自然及历史保护遗产。

世界上第一家国家公园是美国的黄石国家公园（Yellowstone National Park）。黄石国家公园坐落于美国怀俄明州、蒙大拿州和爱达荷州的交界处，于1872年建立。黄石国家公园占地面积约为8 983平方千米，其中包括湖泊、峡谷、河流和山脉。公园里有灰熊、狼、美洲野牛和加拿大马鹿的栖息地（见图3-21）。

图3-21　本书作者在黄石公园等候拍摄野牛和灰熊（Peter 摄）

目前，全世界200个国家共有1万多个国家公园。中国在2013年提出建立国家公园体制，2014年启动试点工作，2017年正式公布了三江源、东北虎豹、大熊猫等10个国家公园体制试点区。国家公园建设将生态保护放在第一位。2018年，国家公园管理局宣告成立。

就体制而言，中国的国家公园基本建立起分级管理架构，并形成了以东北虎豹国家公园为代表的中央直管模式，以大熊猫和祁连山国家公园为代表的中央和省级政府共同管理模式，以三江源和海南热带雨林国家公园为代表的中央委托省级政府管理模式。

（二）风景名胜区

凡是具有观赏、文化或科学价值，自然景物、人文景物比较集中，环境优美，具有一定规模和范围，可供人们游览、休息或进行科学、文化活动的地区，都属于风景名胜区（见图3-22）。

资料：国家公园发展之路应如何修筑

图3-22 尼亚加拉瀑布景区

在中国，风景名胜区按其景物的观赏、文化、科学价值和环境质量、规模大小、游览条件等，划分为三级：市、县级风景名胜区，由市、县主管部门组织有关部门提出风景名胜资源调查评价报告，报市、县人民政府审定公布，并报省级主管部门备案；省级风景名胜区，由市、县人民政府提出风景名胜资源调查评价报告，报省、自治区、直辖市人民政府审定公布，并报住房和城乡建设部备案；国家重点风景名胜区，由省、自治区、直辖市人民政府提出风景名胜资源调查评价报告，报国务院审定公布。

截至2021年，中国共有各级风景名胜区1 000余处，其中国家级200多处（国务院批准的国家重点风景名胜区面积大多在100~300平方千米），省级风景名胜区近1 000处，两者总面积约占中国陆地总面积的2%。另外，泰山、黄山、武夷山、九寨沟以及西湖等近20处风景名胜区已被联合国教科文组织批准列入《世界遗产名录》。

（三）旅游度假区

旅游度假区是以满足旅游者休闲度假需求为主要功能的高档旅游景区。其主要特征是：对环境质量要求较高，区位条件好，服务档次及水平高，旅游活动项目的休闲、康体特征明显。

度假区的服务项目主要满足旅游者消闲、健身的需求，以丰富假期生活，使身心健康、精神愉快、感受深刻为目的。度假区的项目包括娱乐类，如划船、垂钓、歌舞、棋牌、观看文艺演出等，体育类，有游泳、高尔夫球、网球、门球、保龄球、壁球、骑马、射箭、射击、潜水、滑板、冲浪、滑雪、滑冰等，健身类，有健身房、桑拿、按摩、气功和医疗保健等。度假区众多的项目中，高尔夫球、网球、游泳和健身是主要项目。

资料：中国国家级旅游度假区

1992年，国务院批准了大连金石滩、青岛石老人、苏州太湖、无锡太湖、上海横沙岛、杭州之江、福建武夷山、福建帽州岛、广州南湖、北海银滩、昆明滇池、三亚亚龙湾12家国家旅游度假区。随后，连同各地经省（市、区）人民政府批准建立的100多家省级旅游度假区在内，中国已有120家国家和省级旅游度假区，其中约三分之一为海滨度假区，三分之一为内湖度假区，其余三分之一为山地、温泉、江河、森林、人文景观、冰雪旅游等度假区，形成了为多层次的、适应国际国内不同需求档次的旅游度假区。截至2023年1月，中国共有国家级旅游度假区60家。

（四）森林公园

森林公园是指森林景观优美，自然景观和人文景观集中，具有一定规模，可供人们游览、休息或进行科学、文化、教育活动的场所。中国第一个国家森林公园是1982年建立的张家界国家森林公园，第一家民营国家森林公园是广东东莞观音山国家森林公园。森林公园逐渐成为人们休闲度假、游览观光、回归自然的重要目的地。

（五）自然保护区

自然保护区是指对有代表性的自然生态系统、珍稀濒危野生动植物物种的天然集中分布区、有特殊意义的自然遗迹等保护对象所在的陆地、陆地水体或者海域，依法划出一定面积予以特殊保护和管理的区域，主要供技术研究用，也可在不违反自然生态保护原则下局部开放为观光游览场所。

自然保护区一般分为国家级自然保护区和地方级自然保护区。中国于1956年在广东肇庆设立第一个自然保护区——鼎湖山自然保护区。到2017年为止，中国已设立国家级自然保护区近300处。图3-23为珠穆朗玛国家级自然保护区。

资料：游客不能擅自前往珠峰登山大本营

图3-23 珠穆朗玛国家级自然保护区（刘伟 摄）

自然保护区通常分为核心区、缓冲区和实验区。核心区是指自然保护区内保存完好的天然状态的生态系统以及珍稀、濒危动植物的集中分布地，除特别批准，核心区内禁止任何单位和个人进入，也不允许进入从事科学研究活动。缓冲区位于核心区外围，只准进入从事科学研究、观测活动。缓冲区外围划为实验区，可以进入从事科学试验、教学实习、参观考察、旅游以及驯化、繁殖珍稀、濒危野生动植物等活动。

（六）　地质公园

地质公园是指具有特殊地质意义，珍奇或秀丽景观特征的自然保护区。这些特征是该地区地质历史、地质事件和形成过程的典型代表。

为了更好地带动地方经济，积极地保护地质遗产，联合国教科文组织常务委员会第156次会议（1999 年 4 月 15 日，巴黎）提出了创建世界地质公园计划。目标是每年建立 20 个，全球共创建 500 个，并建立全球地质遗迹保护网络体系。

中国河南焦作的云台山、广东的丹霞山、云南的石林等多个地质遗址已被列入世界地质公园。

除了世界地质公园以外，中国政府还制定了国家地质公园评选办法等系列文件。2000 年 3 月，云南的石林等 11 个地质遗址被授予首批国家地质公园称号。图 3-24 为新疆可可托海国家地质公园 。

图 3-24　新疆可可托海国家地质公园（刘伟 摄）

（七）　水利风景区

水利风景区是指利用水域、水工程及水文化景观开展旅游、娱乐、度假或进行科学、文化、教育活动的场所。主要包括江、河、湖、库、渠、池等天然或人工形成的具有旅游价值的水域及所属岛屿、滩、岸地、堤防、水利枢纽、渠闸、水电站等工程建筑，水文化遗迹等景观，区内的自然景观、水文景观等。

按照水利景观的功能、文化和科学价值、环境质量、规模大小等因素，中国将水利旅游区划分为三级，即国家级、省级、县级水利旅游区。

（八）　旅游主题公园

旅游主题公园（tourism theme park）是为了满足旅游者多样化休闲娱乐需求而建造的一种

具有创意性和丰富活动内容的人造旅游目的地形态。通过人为创造或移植一个当地不存在的自然或人文景观，或将反映一定主题的现代化游乐设施集中在公园里，再现特别的环境和气氛，让旅游者参观、感受和参与，达到增长见识和娱乐的目的。如中国深圳的世界之窗、锦绣中华、欢乐谷、西安的大唐芙蓉园，以及迪士尼、环球影城等都属于旅游主题公园。

主题公园按内容可以分为以下几种。

（1）演绎生命发展史、展望未来、探索宇宙奥秘、科学幻想、表现童话世界和神话世界的主题公园。

（2）表现历史文化和民俗风情的写实性主题公园。

（3）表现世界各地名胜的主题公园。

（4）表现自然界生态环境、野生动植物、海洋生态为主的仿生性主题公园。

（5）以文学影视为主题，再现作品情节和场景的示意性主题公园。

（6）各类游乐园和游乐场。

（九）国家文物保护单位

具有重要历史、文化、艺术和科学价值，且在国内外具有重要影响和较高知名度的文物遗址和国家文物保护单位，一般都具有较高的旅游价值。作为人类共同的遗产，也可成为旅游景区（独立的旅游景区，或成为旅游景区的组成部分）。例如，

图3-25　世界第八大奇迹：陕西临潼秦始皇陵及兵马俑坑

北京的天安门、故宫，西安的秦始皇兵马俑（见图3-25）等都是中国驰名国内外的旅游景区。

第四节　旅游资源的开发

旅游资源的开发是指以自然界和社会界客观存在的各种资源，通过一定的经济、技术手段，使之可以为旅游业所利用，并对旅游者形成吸引力的过程。

一、旅游资源开发的基本条件

旅游资源开发是对自然界和社会界客观存在的各种资源，通过一定的经济技术手段，使之可以为旅游业所利用，并对旅游者形成吸引力的过程。

旅游资源开发需要许多条件，如择其最基本的条件，有以下几个。

1. 基本的自然条件

自然条件很多，基本的自然条件是能够保证旅游者旅游活动的气候条件、安全条件等。气候条件应能使一般旅游者所能承受的气候状况。安全条件是在正常的情况下，不损害旅游者健康、不威胁旅游者生命的条件。如果不具备这些自然条件，该旅游资源则不宜开发。

2. 交通条件

旅游交通是发展旅游的前提条件，没有起码的交通条件，使旅游者很难进入旅游地，就会使旅游者过于稀少，这样的旅游资源也是不宜开发的。当然，从另一方面讲，开发旅游资源本身也意味着改善通往旅游资源地的交通条件，旅游资源的开发和旅游地交通条件的改善是相互促进，相互影响的。

3. 旅游地的社会基础设施条件

旅游地是游人集中之地，游人抵达后，在进行旅游活动的同时，还要满足自己旅途生活方面的各种需要，否则，游人就难于停留。因此，旅游地必须要有起码的食宿条件。此外，在旅游资源开发过程中，也需要一定的社会经济条件，如供水排水条件、电力条件、通信条件、劳动力条件等。没有这些社会基础条件，旅游资源开发也难于进行。

二、旅游资源开发的原则

1. 保护性原则

遵循保护性原则，就要注意处理好开发与保护的关系，特别是对于自然旅游资源和以文物古迹为主的人文旅游资源而言，更是如此。不要因开发而破坏山体、水体、植被、树木、水质、空气等。作为世界自然遗产的日本富士山的旅游开发，对我们很有启发。日本富士山海拔 3 776 米，比中国泰山、黄山、庐山高得多，但公路只修到 2 000 米的高度，再往上连台阶也不开，不适合登山的季节就不开放，保持其自然和神圣，也节省了开发和维护的成本。

2. 特色原则

旅游资源开发应该保持和发扬旅游资源特色。经过开发的旅游资源，不仅应使它原有的特色得以保持，还应该使其原有特色得以加强，更加鲜明、有所创新和发展，如西安市临潼华清池，在 20 世纪 80 年代发现了唐玄宗、杨贵妃曾经沐浴过的汤池遗址，之后，在遗址上修建了唐式建筑物，它既能使遗址得到保护，又便于旅游者参观。由于建筑物是唐式建筑，这样，不仅与遗址相协调，又与华清池的其他建筑物相协调。

旅游城市建设及当地旅游资源开发同样要有特色。西安是中国最古老的城市之一，周、秦、汉、隋、唐等王朝在此建都，长达 1 100 多年，遗留有大量的文物古迹。因此，西安作为重要的旅游城市，在其规划、建设和发展中，不论是在城市布局上，还是建筑物的形式、颜色和体量上，均应特别注意古都的特色。与西安市不同，山东省威海市是另一种类型的城市。威海市是对外开放的海滨城市，又是新兴的旅游城市，它的城市风貌和特色是优美、明快和具有生气，处处是蓝天、白云、碧海、绿树，因此，威海旅游资源的开发就必须保持和发展这一特色。

3. 协调性原则

旅游资源开发应与周围环境相协调（见图3-26）。旅游资源开发若能与环境相协调，既有利于突出各旅游资源的特色，又可以构成集聚旅游资源的整体美，使旅游者观后会感到舒适、自然。但是，也有不少风景区、景点开发后有这样或那样的不协调性，观后觉得很不舒适。例如，在某地有一座唐代时修筑的寺院，历史文化价值极高，在维修中，将破损的砖地地面铲除，而更换为水泥地面，维修者用心很好，但是，光光的水泥地面却与寺院的古朴形成极大的不协调。这种反面案例还有很多，如某森林公园在一条重要的道路上修建了一座鲜艳夺目的大体量牌楼，并在林中显眼处修建了几栋现代式的楼房。这些建筑物与周围茂密的森林形成巨大的反差，与森林公园的特色格格不入，名为开发，实为破坏了整个森林公园的特色。

4. 市场导向原则

市场导向是指旅游资源在开发前必须对旅游客源市场进行调研和预测，了解旅游者的需求，然后，根据旅游者的需求再来设计和开发相应的旅游资源。

开发什么样的旅游资源才算是遵循了市场导向原则，这里不能一概而论。因为旅游客源市场是发展变化的，旅游者的兴趣、爱好等也是发展变化的。一定时期某些旅游资源对旅游者有较大的吸引力，但是，经过一段时间以后，它们对旅游者的吸引力却在减弱。在这种情况下，再开发这些类型的旅游资源，就不符合市场导向原则了，或不完全符合市场导向原则了。例如，蜡像馆因对某些人物塑造的惟妙惟肖，以假乱真，最初吸引了不少观众，开发此类旅游资源对旅游者有一定的吸引力。但是，随着时间的推移和各地蜡像馆数量的增多，以及蜡像馆的静态性和不易

图 3-26　新疆某旅游景区的
垃圾桶设计（刘伟 摄）

变换性，对旅游者的吸引力也就逐渐减弱，旅游者的数量就日趋减少。因此，作为旅游资源开发单位和开发的主持人，一定要随时研究客源市场的动向，收集和掌握旅游市场信息，从而制定旅游资源开发的正确决策。

5. 综合效益原则

综合效益主要指社会效益和经济效益。

首先，开发旅游资源应注重经济效益。旅游资源是旅游业建立和发展的基础，旅游业既然是一种产业，当然就要讲求投入与产出的对比分析。作为旅游投资者，其投资和经营的目标是利润最大化，如果开发旅游资源不能带来经济效益或经济效益甚微，旅游业就难于发展。

经济效益有两个不同的层次，一是投资者和经营者的经济效益或微观经济效益；二是整个旅游产业和社会的经济效益或宏观经济效益。我们所说的经济效益，应该是以微观经济效益为基础，并能与宏观经济效益相结合的经济效益。单纯追求微观经济效益，而不顾或有损宏观经济效益是不可取的。

其次，开发旅游资源要注意社会效益，即对社会进步能产生积极影响，包括对人类的智力开发、知识的普及、思想教育、社会道德教育等。如博物馆、展览馆、纪念馆等，作为旅游资源对旅游者都能从不同的方面起到积极的作用，能够开发人们的智力，增长人们的历史、文化、科学、民俗、军事等方面的知识，增强人们的爱国主义思想和高尚的道德情操等。凡是能对社会进步产生积极作用的旅游资源应首先开发，而对社会进步不能产生积极作用，甚至会产生消极作用的旅游资源，就不能开发。

6. 避免过度商业性开发原则

过度开发就是过度商业化。旅游者一般都来自发经济、社会、商业比较发达的城市、地

区和国家，到异地他乡去是为了一种追寻一种当地的原汁原味的自然景观和民俗文化，一些地方为了追求短期效益，在旅游资源开发和旅游业发展中，出现严重的过度商业化现象，旅游业的发展误入了歧途，走的是一种竭泽而渔的发展道路，最终会把旅游者"赶走"。

对于一些资源的过度商业化开发，不仅会引起旅游者的不满，遭到旅游者的抛弃，也会受到社会、政府及国际组织的谴责。以世界遗产的申报和管理为例，近年来，为了发展旅游业，中国各地掀起了一波又一波的"申遗热"，为了筹集资金，很多地区都会对世界遗产进行商业开发，一旦申遗成功，景区门票立马涨价。但申遗目录设立的初衷，却是保护，本质上是反对商业开发的。开发一旦过度，便会遭到世界遗产大会的警告，甚至有被除名的危险。近年来，因过度商业开发，我国列入世界遗产名录的多处遗产曾被"黄牌"警告。

// 本 章 小 结 //

■ 旅游资源是指能够吸引旅游者前来参观、游览，满足其生理和心理需求的一切自然和人文因素。旅游资源是发展旅游业的基础。

■ 旅游资源具有垄断性的特点，同时，旅游资源也是可以创造的，是不断发展变化的，具有一定的周期性。

■ 旅游资源分为自然旅游资源和人文旅游资源两大类。

■ 旅游景区是指具有吸引旅游者前往游览的吸引物和明确划定的区域范围，能满足旅游者参观、游览、度假、娱乐、求知等旅游需求，并能提供必要的各种附属设施和服务的旅游经营场所。旅游景区的类型包括国家公园、风景名胜区、旅游度假区、森林公园、地质公园、自然保护区、水利风景区、旅游主题公园、国家文物保护单位等。

■ 旅游资源的开发需要具备一定的条件，包括基本的自然条件、交通条件、旅游地的基础设施条件等。

■ 对旅游资源进行开发要遵循保护性原则、特色原则、综合效益原则、多样性原则、协调性原则、市场导向原则、避免过度商业性开发原则。

// 复 习 思 考 //

1. 什么是旅游资源？
2. 简述旅游景区的主要类型。
3. 旅游资源开发的基本条件有哪些？
4. 旅游资源开发应遵循哪些原则？

// 课 后 训 练 //

如何对世界文化遗产进行旅游开发？
——以世界文化遗产开平碉楼为例

入选世界文化遗产名录的开平碉楼，被誉为"华侨文化的典范之作""令人震撼的中西建筑艺术长廊"，如图 3-27 所示。

图 3-27 广东开平碉楼景观

开平位于中国广东珠江三角洲西南部，是著名的华侨之乡、建筑之乡、艺术之乡和碉楼之乡。数百年来，尤其在 19 世纪初期，广大侨胞为了防洪防匪，保护侨眷的安全，纷纷兴建居守兼备的碉楼，现存 1 833 座。这些碉楼与周边的村落、稻田、小桥、流水、蓝天、白云相互映衬，构成一道奇特而美丽的景观。2007 年 6 月，"开平碉楼与村落"被联合国教科文组织列入《世界遗产名录》后，开平已成为闻名遐迩的旅游热点。

开平碉楼成为世界遗产以后，当地政府旅游管理部门加大了对开平碉楼保护和进行旅游开发的力度，对碉楼景区进行重新规划，投资 2 800 万元(其中，向广东省政府申请到 500 万元的旅游扶贫资金)，在碉楼群落的重要位置，修建了展示广东华侨文化及碉楼历史，集游客服务中心、文化展示中心、交通中转中心和旅游购物中心四大功能于一体的"开平碉楼与村落文化展示区"。其中，文化展示中心共有 4 个展厅，包括多媒体演播厅(见图 3-28)、碉楼文化展示厅、世界遗产展示厅和立园文化展示厅。多媒体演播厅采用了先进的弧形拼凑技术，10 米宽的大屏幕向旅游者展示开平碉楼建造历史、华侨发展史等；碉楼文化展示厅通过触摸互动终端、互动投影通道等方式展示了开平碉楼的分布、建造、类型与功能、建筑艺术等内容；世界遗产展示厅通过激光全数字投影和触摸互动终端等方式展示了世界各地遗产和开平碉楼的申遗历程；立园文化展示厅通过图文并茂的方式展示了家族的发展史和立园的建造过程。

图 3-28 开平碉楼文化展示中心的多媒体演播厅采用了先进的弧形拼凑技术，10 米宽的大屏幕向旅游者展示开平碉楼建造历史、华侨发展史等

旅游购物中心则规划建设成为碉楼旅游产品超市，全面提供各种各样碉楼旅游产品；爱颖服饰——以牛仔为主题的服装及纪念品；小麦田美食中心——开平的西饼专家；"竹世界"——以竹子为主题的工艺品；励精服饰——专营高档羊绒服装。现已有多家开平本土特色的商家进驻。

景区的交通中转中心已于2011年"十一黄金周"前开通立园、自力村、赤坎古镇、马降龙之间的景区接驳车，进一步整合散客旅游资源和规范散客旅游市场，满足旅游者个性化的旅游需求。

开平碉楼与村落文化展示区自对外开放以来，市场反应良好，深受旅游者的好评，大大提升了景区的现代化、规范化、科学化水平，成为对外展示碉楼形象的一大亮点。

尽管在旅游开发和文物保护方面已做了大量工作，但面对近2 000座开平碉楼的开发和保护，当地政府深感资金不足，于是通过中国文物保护基金会开平碉楼与村落专项基金管理委员会和《广州日报》《羊城晚报》等主流媒体，向社会发出了"社会参与，认养碉楼"的号召，正式向社会招募开平碉楼的"认养人"。提出"住名人祖屋30万元起价，开平碉楼广州'求领养'"的口号。并拿出具体方案：30万元到500万元认养一座开平碉楼，它们可能还是名人祖屋，可以入住，也可以挂自家牌匾，认养时限为10年至30年不等。每位认养者还可获专项基金颁发的荣誉证书。消息一出，立即引起国内媒体和社会公众的广泛关注和热烈讨论。

需要特别说明的是，所认养的碉楼不能用作商业用途。方案出台后，来咨询的人很多，但实际认养的人很少，"主要是现在大部分咨询的人都希望用作商业用途，比如做酒吧、旅店什么的。听说无法实施，都称回去考虑一下。目前要进行商业运作的话确实比较难实现，基本上是做不成的，比如消防就很难过关"中国文物保护基金会开平碉楼与村落专项基金管理委员会秘书长江汉说。据他介绍，要进行商业运作的话，就必须工商、公安、特种行业许可、消防、保险等手续都齐全，并且要与业主协商取得业主的同意才行，"如果这么低的认养费用，却用作商业牟利，业主是不会同意的"。他认为，有三类人士最适合认养碉楼。第一类是有一定事业基础的艺术家，可以认养碉楼后将碉楼作为创作基地，进行采风活动。第二类是企业，特别是文化企业，可以在碉楼内安排员工培训、小型会议，也可将之作为客户接待的场所。第三类是退休人士，可以在乡村休闲度假。

在教师的指导下，分组完成下列任务。

1. 通过网络等途径，搜集开平碉楼的相关资料。
2. 对开平碉楼这一旅游资源的价值进行定量分析。
3. 在充分调研的基础上，对开平碉楼提出开发思路。
4. 评价开平碉楼通过媒体向社会公开进行"认养"的这一保护和开发模式。

// 拓 展 阅 读 //

全球首部室内情景体验剧——《又见敦煌》，详情请扫描二维码。

资料：全球首部室内情景体验剧——《又见敦煌》

// 本章配套微课 //

扫描如下二维码，观看配套微课《奇妙世界——自然旅游资源》。

视频：奇妙世界——自然旅游资源

邮轮旅游是旅游交通的一种重要形式，也是现代旅游业的重要标志之一

4

第四章 旅游业

　　旅游业是个综合性行业，也是当今世界最大的经济产业，旅游行业的从业者需要具备较高的素质。旅游业由旅行社、旅游交通、旅游住宿及旅游商品等部门构成，这些部门互相依存，形成产业链条。

通过本章的学习，应该能够：

● 了解旅游业的基本概念及其构成。

● 了解旅游业从业人员的素质要求。

● 对构成旅游业的旅游住宿、旅游交通、旅行社及旅游商品等部门有基本的认识和了解。

关键概念：

旅游业 旅行社　旅游住宿　旅游交通　旅游商品　导游

Key Words：

Tourism Industry　Travel Agent　Tourism Accommodation
Transportation　Tourist Commodity　Tour Guide

第一节　旅游业概述

一、旅游业的构成

旅游业有广义和狭义之分。广义的旅游业是指以旅游资源为凭借，以旅游设施为条件，为人们的旅行游览提供服务，从中取得经济收益的所有行业和部门。传统的观点认为狭义的旅游业是由与旅游活动相关程度最为密切的 3 个部门，即旅行社业、旅游交通业和旅游饭店业所组成的行业。这三个部门又被称为旅游业的三大支柱。

其实，旅游业不仅包括旅行社业、旅游交通业和旅游饭店业，还应包括旅游商品（指除旅行社、旅游交通和旅游饭店等服务产品以外，旅游者在旅游活动中所采购的有形的实物产品，其中包括但不仅仅指旅游纪念品）的生产和销售行业，因为旅游购物是旅游者旅游活动的重要内容之一，在旅游活动的六大要素食、住、行、游、购、娱中，购物是一个重要的环节。不仅如此，购物还是诱发很多旅游者外出旅游的动机之一，是其旅游的直接目的。而且，购物在其旅游支出中占相当大的比例，旅游购物也是旅游业收入的重要组成部分。因此，旅游业不应把从事旅游商品的生产和销售的行业和部门排除在外，支撑旅游业的不是三大支柱，而是四大支柱，即旅行社业、旅游交通业、旅游住宿业和旅游商品业。

综上所述，狭义的旅游业是指为旅游者的旅行游览活动提供服务，且与旅游者的旅游活动最为密切相关的四大部门，即旅行社业、旅游交通业、旅游住宿业和旅游商品业。

二、旅游从业人员的素质要求

旅游业是直接与人打交道的现代服务业，因此对旅游从业人员的素质有较高的要求。

（一）有良好的外部形象和高雅的气质

有良好的外部形象，并不是要求旅游从业人员一个个都如花似玉，或者英俊潇洒，但一定要注意自己的衣着打扮和形象气质，展示自身良好的精神风貌。

良好的外部形象和高雅的气质，主要由仪容仪表和仪态展现。旅游从业人员不仅保持发型和衣着干净整洁（对于旅游管理人员来说，常常要求西装革履），而且要有良好的站、坐、走、蹲的姿态，遵循旅游交往中的礼仪规范。

（二）懂得并具有良好的礼貌礼节

旅游从业人员要懂得礼貌礼节，并在实际工作中时刻运用。这是对旅游从业人员的基本要求，也是旅游业有别于其他行业的一大特点。

旅游接待中的礼貌礼节包括见面时的礼节和交谈时的礼节。

（三）有较宽的知识面

旅游者来自世界各地、五湖四海，为了更好地为旅游者服务，要求旅游从业人员要有较宽的知识面，包括世界各地的风土人情、社会制度、人文地理、历史宗教等。旅游从业人员不一定要成为专家，但他(她)必须是个"杂家"。

(四) 有良好的服务意识

服务意识是指能够正确把握服务工作的内涵，时刻准备为客人提供主动、热情、周到、耐心、细致的服务的一系列思想和行为方式。有服务意识的员工一进入工作状态，便能自然地产生一种强烈的为客人提供优质服务的欲望，并能主动为客人提供各种恰到好处的服务。每当踏入工作区域的时候，就像走上了舞台，客人是主角，而自己则是配角，时刻关注客人的需求，以满足客人的需要为自己神圣的职责和最大的快乐。

【经典案例】

"如果客人的心情不好，我的心情也不会好"

中岛是一位日本旅游大巴司机，58 岁。人们不管什么时候看到他，他都是在微笑。每天一上车，他会向每一位客人问好，还会说简单的中文："请多关照，我会加油！"中岛的工作量很大，每天早上，他要准时将车开到酒店门口，之后，要将一团 30 多人的行李放至大巴车的行李箱处，如有客人帮忙，他会不停地说："谢谢！"客人上车后，会发现车厢是经过精心打扫过的，车窗是明亮的，座椅、地面整洁干净，座椅前，每天都会摆放一个新的塑料袋，是用来放垃圾的。中岛自始至终每天都在微笑着工作。

在大巴车上下车的地方，摆放着近 20 把雨伞，那是中岛为客人准备的。6 月是日本的梅雨季节，也许早上还是晴天万里，中午就乌云密布了。因为怕有客人没有带雨具，影响游览，他就自备了这些雨伞。他说，"如果客人的心情不好，我的心情也不会好。"一天，到达高速公路的服务区时下起了雨，将车停稳后，中岛撑起一把雨伞站在车门口处，一一将车上的雨伞递给没有雨具的客人，直到 30 多名客人都下车后他才离开；之后，当看到团里有位年过 80 岁的老年客人正在过马路时，他又马上撑起雨伞迎过去，将老人搀扶上了车。

(五) 有较强的卫生意识

旅游从业人员是与旅游者打交道的人，旅游者的旅游活动由食、住、行、游、购、娱几个环节组成，其中，"食"和"住"与卫生密切相关，安全、卫生是旅游者外出旅游最为关切的问题。因此，旅游从业人员要有卫生意识。

资料：一个外国司机的职业道德

(六) 有良好的职业道德

良好的职业道德是员工做好本职工作的必要条件。职业道德并非枯燥的说教，而是有血有肉、实实在在地贯穿于员工的整个工作过程之中。

简单来说，职业道德就是具有自身职业特征的道德准则和规范，它告诉人们在工作中应该做什么，不应该做什么；应该怎样做，不应该怎样做。也就是从道义上要求人们以一定的思想、态度、作风和行为去待人、接物、处事，完成本职工作。职业道德是旅游从业人员基本素质的重要组成部分，遵守职业道德是做好本职工作的基本保证，旅游从业人员要有职业道德意识，形成良好的职业道德规范。

旅游从业人员的职业道德主要包括如下几个方面。

1. 热爱本职工作

热爱本职工作是一切职业道德最基本的道德原则。旅游从业人员要正确认识旅游业，明确自己工作的目的和意义，乐于为客人服务，忠实地履行自己的职责，并以满足客人的需求为自己最大的快乐。

2. 全心全意为客人服务

旅游从业人员要全心全意为客人服务，关心和爱护每一位客人，最大限度的满足客人一切合理、合法的需求，不断改善服务态度，提高服务效率。

为客人提供优质服务，是旅游从业人员应尽的职责和义务。每一位旅游从业人员都应该有意识地做到对客人笑脸相迎，文明礼貌，热情周到，从每个动作和每句话中展现出高尚的道德行为。在服务工作中时刻摆正自己与客人之间的主客关系和服务与被服务的关系，贯彻"宾客至上，服务第一"的原则。

3. 自洁自律

作为旅游从业人员，还应做到自洁自律。不利用工作之便贪小便宜，谋取私利，不向客人索要小费，不暗示客人赠送物品，更不能利用工作之便，偷窃客人的财物。

（七）有较强的人际沟通能力

丽思·卡尔顿酒店集团对员工提出 20 条服务准则，其中第 14 条准则是：告诫员工与客户以及同事沟通时注意措辞得体。例如，应该说"请接受我的道歉"而非"对不起"；"愿意为您效劳"而非"可以"。由此可见，在旅游服务中，沟通是何等重要。

旅游业是与"人"打交道的行业，热情好客是对旅游从业人员的基本要求。旅游业的服务对象是国内外的旅游者，服务的目的是使旅游者满意，因此，旅游从业人员必须掌握沟通的艺术和技巧。

第二节　旅　行　社

如前所述，旅游业主要由旅行社、旅游交通、旅游住宿和旅游商品四大支柱构成。从本节开始，我们将对构成旅游业的这四大支柱一一加以介绍。

旅游者外出旅游首先要接触到的旅游企业可能就是旅行社：他(她)要从旅行社那里了解旅游产品；请旅行社帮助其设计旅游线路，并最终从旅行社预订和购买旅游产品。

旅行社是生产和销售旅游产品，并通过为旅游者提供导游等项服务而取得收入的企业。它是旅游业的重要组成部分之一。

旅行社从旅游饭店、航空公司等旅游供应商那里购买旅游服务，直接或间接地(通过将其加工组合成最终旅游产品)出售给旅游者，以满足旅游者的旅游需求，因而扮演着旅游中间商的角色，因此，旅行社在国外又称为"旅游中间商"（travel agent）。

旅行社作为旅游中间商联系着旅游交易双方，掌握着旅游市场的供求变化情况，因此，可以向旅游交易双方传递各种有效信息。一方面，可以引导旅游生产者按市场需求生产和提供旅游产品；另一方面，又可以引导旅游消费者对自己的购买行为做出正确的选择，为旅游者设计出最为理想的旅游线路，安排最为恰当的旅游活动。此外，作为中间商的旅行社还可以使旅游者节省旅游费用，这是因为旅行社从旅游供应商处大批量采购，可以获得非常优惠的价格，并将这些"实惠"部分地转让给旅游者。

一、旅行社的分类

（一）国外旅行社的分类

从旅行社业务经营的范围来看，目前国外旅行社主要有以下几种类型。

1. 旅游经营商

旅游经营商（tour operator）主要从事旅游产品的生产和销售活动。它从饭店和交通企业等旅游服务的生产者那里购买单项服务，然后把它们组合成包价旅游产品，出售给旅游批发商、零售商或直接卖给旅游者。由于旅游经营商大批量购买旅游服务，所以能从生产者那里获得各种优惠和折扣，因此，其包价商品的成本和售价较低，从而可以使购买这一商品的旅游者和生产这一商品的经营商都能从中受益。

2. 旅游批发商

旅游批发商（tour whole-saler）是以从事旅游产品的批发业务为主的旅行社。有时，也从事旅游产品的生产活动。它与旅游经营商的区别在于旅游经营商除生产和销售旅游产品外，一般还要带团旅游，指导旅游者消费旅游产品，而批发商则不必如此。而且，有些批发商也不从事旅游产品的生产活动。

3. 旅游零售商

旅游零售商（retail travel agency）相当于旅游代理人（travel agents），指专门代售旅游产品，提供各种旅游代办服务的旅行社。它的业务范围包括：代售旅游产品、代订饭店客房、代购交通票、代办保险、代办出租车服务以及代购各种文娱票等。有的还受其他旅行社委托，在目的地搞地面接待。

旅游零售商代售旅游产品时，一般是按旅游经营商（批发商）规定的价格出售。它们为旅游者提供各种代办服务时，不收取代办手续费，其经济收入是从代办额中领取一定比例的佣金。

（二）中国旅行社的分类

中国旅行社的分类方法不同于欧美国家。按照国务院颁布的 2020 年最新的《旅行社条例》，旅行社实际上有两个种类：经营国内旅游业务和入境旅游业务的旅行社、经营出境旅游业务的旅行社（见图 4-1）。《旅行社条例》规定，旅行社取得经营许可满 2 年，且未因侵害旅游者合法权益受到行政机关罚款以上处罚的，可以申请经营出境旅游业务。

（三）传统旅行社与在线旅游经营商

按照经营方式，旅行社还可以划分为传统旅行社和在线旅游经营商（online travel agency，OTA）。

传统旅行社（也称为线下旅行社）是指有固定的经营场所，面对面为旅游者提供服务的旅行社。而在线旅游经营商则是指没有门店、通过互联网等网络提供预订服务的旅行社。

近年来，随着互联网技术的发展和人们观念的转变，以携程旅行网为代表的在线旅游经营商发展很快。在 2010 年度，"中国出境游十强旅行社"中，携程旅行网排名第四（在非国有旅游集团中排名第一），成为当年最大的黑马，这也是国内首次有在线旅游服务商进入旅行社"十强"。

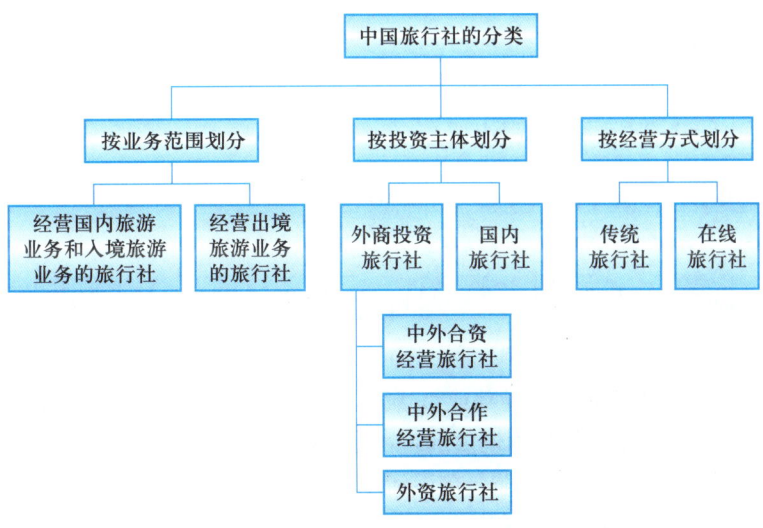

图 4-1　中国旅行社的分类

在线旅游经营商之所以能在很短的时间内赶上传统人社，其中，网络消费习惯的形成、服务商在产品和服务上进行创新，是在线旅游服务取得市场认可的直接原因。携程旅游网这样的在线旅游经营商还整合线上线下资源，形成网络平台与旅行社服务相互融合为一体的新模式，从而获得了更大的竞争优势。从旅游行业发展趋势看，互联网和信息技术会改变消费者的消费方式、经营者的经营方式，进而改变产业形态。

二、旅行社的主要业务

旅行社的主要业务如下。

（1）向旅游者提供导游服务。

（2）代客订购车、船、飞机票。

（3）代客预订旅馆。

（4）推销旅游产品、组织旅行团。

（5）为旅游者接送行李，办理包装、托运手续。

（6）指导或代办出入境、过境、居留和旅行的必需证件，如办理护照、办理签证、介绍医生办理免疫注射、预防接种和签发健康证明等。

（7）为旅游者代办旅行意外保险、行李保险等有关保险手续。

（8）代办兑换外币、旅行支票等。

（9）制定旅游路线、旅游节目和旅游日程等。

（10）编印旅游指南、旅游地图、名胜介绍等明信片、小册子。

（11）根据旅游者的要求，联系有关部门，组织对口专业旅游，安排座谈会、学术报告、技术交流和文艺表演等。

（12）旅游业务咨询。

三、旅行社的组织架构

旅行社主要由图4-2所示的部门组成。

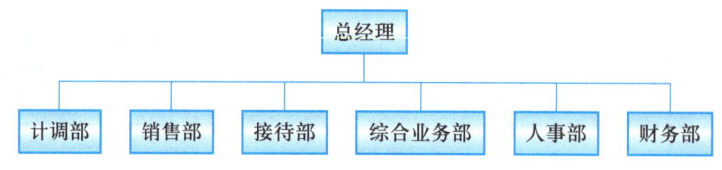

图4-2　旅行社的组织架构

（1）销售部。又叫外联部、市场部或市场营销部，其主要业务是销售旅行社产品。

（2）计调部。计调部全称为计划调度部，在旅行社中从事旅游产品的开发设计与采购工作，制定并实施团队或者散客接待计划，监督旅游活动全过程，完成旅游活动结束后其他相关收尾工作。计调部是旅行社产品的设计部门和接待业务的调度中心，是旅行社接待工作的保障。

（3）接待部。接待部主要由不同语种的导游人员组成，主要负责具体接待计划的制定与落实，为旅游者(团)提供导游和陪同服务。

（4）综合业务部。综合业务部是旅行社多功能的、带有拓展业务性质的综合部门，它同时具有某些职能部门的特征。

四、旅行社产品的类型

按照包价项目的多少，旅行社产品可分为以下几种类型。

1. 全包价旅游

全包价旅游多为10人以上的旅游团所采用。即参加旅游团的旅游者采取一次性预付旅游费用的方式将各种相关旅游服务全部委托一家旅行社办理。包价的项目通常包括：

（1）来往旅游目的地的长途交通费用。

（2）依照规定等级提供饭店客房。

（3）一日三餐的餐费及饮料费。

（4）市内游览用车费。

（5）翻译费、导游服务费。

（6）交通集散地的接送服务。

（7）行李服务费。

（8）游览场所门票和文娱活动入场券。

2. 半包价旅游

半包价旅游是指在全包价旅游的基础上，扣除中、晚餐费用的一种包价形式，其目的在于降低产品的直观价格，提高产品的竞争能力，同时也是为了更好地满足旅游者在用餐方面的不同要求。

资料：旅行社产品销售创新

3. 小包价旅游

小包价旅游又称为可选择性旅游，由非选择部分和可选择部分组成。非选择部分包括接送、住宿和早餐，旅游费用由旅游者在旅游前预付；可选择部分包括导游、风味餐、节目欣赏和参观游览等，旅游者可根据时间、兴趣和经济情况自由选择，费用既可预付，也可现付。

4. 零包价旅游

零包价旅游是一种独特的产品形态。参加这种旅游的旅游者必须随团前往和离开旅游目的地，但在旅游目的地的活动是完全自由的，形同散客。旅游者参加零包价旅游的好处在于可以获得团体机票价格的优惠，并可由旅行社统一代办旅游签证。

5. 单项服务委托

单项服务委托又称委托代办业务，它是旅行社根据旅游者的具体要求而提供的各种有偿服务，旅游者需求的多样性决定了旅行社单项服务内容的广泛性，其中常规性的服务项目主要包括：

（1）导游服务。

（2）交通集散地的接送服务。

（3）代办交通票据和文娱票据。

（4）代订酒店客房。

（5）代客联系参观游览项目。

（6）代办护照、签证等旅行证件。

（7）代办旅游保险。

第三节　导　　游

导游服务是旅行社业务的主要组成部分。旅游者初到异地，语言不通，交通不明，对当地的风土人情、旅游资源等不甚了解，因此，需要有人为他们做向导，给他们讲解，以增加他们的游乐兴趣，从而完成旅游活动。从事这种活动的人就是导游人员，而这种活动本身就叫导游活动，人们习惯上把它们都称为导游。

在旅游活动中，导游人员不仅仅起着讲解的作用，还负责安排旅游者的食宿、交通，处理各种随时可能发生的问题等，因此，导游人员一身兼有多职，同时充当着讲解员、翻译员、宣传员、服务员、计划员等多种角色（见图4-3）。

图4-3　导游服务是旅行社业务的主要组成部分（刘伟 摄）

一、导游人员的分类

按照分工范围的不同，我国对导游人员有下列不同的称谓。

（1）导游。是指担任导游工作者的总称，包括国际导游（必须懂外语）和国内导游（不必懂外语）。

（2）全陪。是指组团社派出的，负责整个旅行团旅游活动的陪同。他从旅行团抵达开始，到结束旅行，自始至终陪伴着旅行团，为旅游者当翻译导游，联系旅馆、交通、安排旅游项目，处理旅途中可能发生的各种问题以及账目的结算等。总之，他为整个旅行团的旅游活动负责。

（3）地陪。负责旅行团在本地区旅行活动的工作人员，留在本地工作，不随团到其他地方。

（4）讲解员。是指具有某一方面的专业知识，固定地在某一旅游景点对旅游者进行讲解和导游的人员。

（5）网约导游。通过互联网平台提供导游服务的导游。其核心内容是"网约服务"，在旅游者和导游之间搭建起一个双向选择的平台，实行服务公开、收费透明的导游服务模式。

【知识窗】

蓝 牌 导 游

蓝牌导游是英国国家认证的最高级别导游从业资格证书，从业者需要经过2年的严格培训，通过11门考试才能获取资格。他们能向旅游者提供更加准确、深入的讲解，对英国当地的生活、习俗提供指南。而他们的服务费用也相对较高。

二、导游人员的素质要求

导游工作是一项特殊的服务工作，要求导游人员必须具有较高的素质。

视频：导游人员的素质要求

1. 良好的职业道德

导游人员首先要有良好的职业道德修养。要有全心全意为旅游者服务的思想。要想旅游者之所想，急旅游者之所急，将旅游者的满意视为自己的最高工作目标。

2. 文明礼貌，仪容端庄

礼貌待客是导游人员的职业内功。"不学礼，无以立"，礼貌待客是对导游人员文化知识和技术能力的要求，更是对导游人员思想品质和职业道德的要求。

导游人员的工作性质和特点要求其一定要注意穿着得体，离开了得体的穿着就谈不上导游人员的文明礼貌。中国的导游人员还没有统一的着装，然而每一个导游人员都要认真把握自己的着装问题，把着装看成是关乎"德诚于中，礼行于外"的大事情。

3. 健康的体魄

导游人员工作十分辛苦，除了导游工作以外，旅游者的吃、喝、拉、撒、睡都要管，工作不分白天黑夜，加班加点，爬山涉水是家常便饭，这种高强度的工作，没有健康的体魄是吃不消的。

4. 知识面要宽

对于导游人员，不一定非得是"专家"，但必须是"杂家"。古今中外，上知天文，下知地理，应尽量做到无所不通，无所不知，这是由他们的工作性质决定的。他们所面对的旅游者来自世界各地、社会各阶层，这些人可能提出各种问题，导游人员必须对答如流。有人说旅游地的每一块石头都有一段动人的故事，导游人员也应当讲得出来，要做到这一点，就必须具有广博的知识。

5. 表达能力强，有过硬的语言能力

这也是对导游人员的一般要求。有人"肚里有货"，但倒不出来，这种人是不适合做导游工作的。

导游工作并非人们想象的那样，是吃、喝、玩、乐，是一种简单的劳动。事实上，它有很强的艺术性，同一旅游点，有人讲得平淡生硬，旅游者感到索然无味，而有的人讲得生动有趣，使旅游者游兴倍增，疲劳顿消。

对于国际旅行社的导游而言，还必须掌握熟练的外语，这是为国际旅游者提供导游服务的基本要求。

6. 要有及时、妥善处理各种问题的本领

旅途中，可能出现各种难以预料的事，小的如旅游者丢失钱包、发生争执，大的如飞机误点、住不进饭店以及出现交通事故等，导游应当有经验，有能力，灵活、及时、妥善地在自己职权范围内解决这些问题。

三、导游人员的职业道德

旅游职业道德不仅是每个导游人员在工作中必须遵循的行为准则，而且也是人们衡量导游人员服务质量的标准。

1. 敬业爱岗，责任心强

敬业，就是敬重自己所从事的旅游服务业；爱岗，就是热爱自己的本职工作。这是对导游人员的基本要求，导游人员必须热爱自己的本职工作，具有强烈的责任心。只有这样，才能长期保持其工作热情，以温和而有礼貌的态度待客。

2. 热情友好，宾客至上

热情友好，宾客至上是旅游工作最显著的一个职业特征，也是旅游工作者必须遵循的行为准则。

3. 不卑不亢，光明磊落

不卑不亢就是导游人员要正确对待自己和自己的职业。导游人员的工作虽然是服务性工作，但是高尚的，他们的人格、地位与旅游者是平等的，切不可表现出自卑情绪。在对外导游活动中，不低三下四，盲目崇洋；也不可妄自尊大，贬低别人。当对方的言行有损于我们的国格时，导游人员应理直气壮，坚持有理、有礼、有节的原则，维护祖国的尊严。

光明磊落有两层含义：一是对待旅游者要一视同仁，不因其国籍不同、地位不同、贫富不同、肤色不同等而厚此薄彼；二是不搞小动作，行事要落落大方，要给旅游者以信任感。

4. 真诚公道，信誉第一

真诚公道，信誉第一是正确处理旅游企业与旅游者之间实际利益关系的一项行为准则。导游人员在旅游活动中，必须严格遵守旅行社与旅游者之间签订的旅游合同，不强迫购物（或变相强迫购物），不私自增加购物点和自费旅游项目，严格按照旅游行程安排旅游活动，确保旅游者有充足的时间参观、游览旅游景点和在旅游景点休闲、度假。

5. 遵纪守法，廉洁奉公

遵纪守法，廉洁奉公，既是行政和法律的要求，又是道德规范的要求。

导游人员应自觉遵守下列禁止性规定。

（1）严禁嫖娼、赌博、吸毒，也不得索要、接受反动、黄色书刊画报及音像制品。

（2）不得套汇、炒汇，也不得以任何形式向海外旅游者兑换、索取外汇。

（3）不得向旅游者兜售物品或者购买旅游者的物品，不偷盗旅游者的财物。

（4）不能欺骗、胁迫旅游者消费或者与经营者串通欺骗，胁迫旅游者消费。

（5）不得以明示或暗示的方式向旅游者索要小费，不准因旅游者不给小费而拒绝为其提供服务。

（6）不得收受向旅游者销售商品或提供服务的经营者的财物。

（7）不得营私舞弊，假公济私。

廉洁奉公就是不贪、不占、不损公肥私、不化公为私，一心为公，秉公办事，抵制不正之风，维护旅游企业的声誉。

6. 团结协作，顾全大局

旅游服务是关联性很强的综合性服务，虽是旅游接待服务的重要环节，然而靠导游人员单方面难以完成旅游计划，必须与许多部门、单位、企业或个人进行合作。在合作过程中一旦发生矛盾和冲突，导游人员应以大局为重，要个人利益服从集体利益、局部利益服从整体利益、眼前利益服从长远利益。在一些非原则性问题上导游人员要委曲求全，尽量做好耐心解释工作，力争各方的谅解和合作，这样才能确保旅游服务的质量。

7. 身心健康，积极向上

导游工作是一项脑力劳动和体力劳动高度结合的工作，工作纷繁，量大面广，流动性强，体力消耗大，而且工作对象复杂，诱惑性大。因此，导游人员必须是一个身心健康的人，否则很难胜任工作。身心健康包括身体健康、心理平衡、头脑冷静和思想健康4个方面。

总之，一名合格的导游人员应精干、老练、沉着、果断、坚定，应时时处处显示出有能力领导旅游团，而且工作积极、耐心，会关心人，体谅人，富于幽默感，导游技能高超。

8. 耐心细致，优质服务

耐心细致是衡量服务人员工作态度和工作责任心的一项重要标准。导游人员待客要虚心、耐心，为旅游者提供优质的服务。

四、导游艺术

1. 善于维护旅游目的地形象

导游人员被称为"祖国的镜子""理解和友谊的桥梁"。旅游者是通过导游人员来了解一个国家、地区及其人民的，导游人员的工作不仅是旅行社服务质量的重要组成部分，而且代表着一个国家、城市和地区的形象。因此，导游人员不仅要通过自己的努力，为旅游者提供高质量的导游服务，使旅游者获得优质、难忘的旅游体验，还要善于维护所在国家和城市的形象。

【经典案例】

"这里是武则天办公的地方……"

我今年 65 岁，带团已经有 30 多年。30 多年的从业经历，给我感受最深的是：导游要懂得维护尊严。在旅游者面前，导游代表的不仅是你自己，还有你所在的城市。旅游者通过导游认识西安，外国人通过导游认识了中国。在维护尊严这件事情上，我一直很认真，而且采取的办法也不同。有间接回应法、直接面对法，举例来说吧。

在众多旅游者当中，有些是带着"有色眼镜"的。他们从一下飞机就开始挑毛病："我们的城市很现代化，楼比这里高很多，经济比这里发达多了。你们这里不行，太土了，到处是灰色基调……"面对这些人，我首先会给他们讲述西安的历史："这里是古都，是周文王、周武王、秦始皇、刘邦、李世民、武则天'办公'的地方，历史积淀深厚。各个城市的韵味不一样，如果大家抱着欣赏的态度来旅游，感受会非常好！"这样，既帮助旅游者端正了游览态度，使其更好地享受旅游的快乐，也为我所在的城市赢得了尊严。

——全国优秀导游　陈严

2. 能做好危机公关

从某种意义上讲，导游服务也是一种公关工作。导游服务中时常会产生一些危机，这种危机往往是导游可以通过某些途径便能化解的，这就需要导游导入公关意识，及时妥善地处理问题，赢得旅游者的谅解、信任和好感。

（1）提前防患。导游服务中要防止危机产生，必须履行"有言在先"原则（行话中称之为"打预防针"）。有很多事项需要提前作真实说明和明确警示，诸如人身安全和财产安全问题等，其中心理安全也相当重要。由于旅游者遇到事情后花冤枉钱而造成心里不舒服，那么导游就需要提前详细介绍旅游过程中哪些事因容易导致危机出现。防患于未然的导游语言，不能含糊其词，一定要交代得清清楚楚、明明白白，有时要重点强调，反复叙述，直至旅游者记在心里为止。比如，旅游者乘坐长江三峡邮轮到达重庆丰都"鬼城"时，导游人员就要提醒旅游者，"鬼城"里会有诱骗客人烧香、诈骗客人钱财的现象，谨防上当受骗！

（2）及时介入。导游服务工作中一旦产生危机，即出现了问题，导游不能不管不问，甚至推卸责任，应当立即行动，投入到事件的控制和处理当中。导游是直接面对旅游者的旅游服务的提供者，主要任务是让旅游者旅游顺利、愉快，同时也是沟通组团社、旅游者和地接社等关系的一道桥梁。例如，某旅游者对第一晚的住宿不太满意，但他没有投诉到组团社。此时，导游便可以认定这是出现了一个小小的危机，虽然该旅游者意见不大，但应该及时、主动地向其了解情况，采取措施进行弥补。假如搁置不理，认为客房是旅行社预订的，导游只是执行者而已，有可能酿成大危机产生。

（3）耐心倾听。经常有旅游者向导游反映一些旅游过程中的不顺心和不满意的情况，从某种意义上讲这是一种投诉，也是一种危机的产生。旅游者有时由于积怨，导致话语比较多，言辞比较激烈，属于正常情况。此时，导游要耐心倾听，不能打断旅游者的叙述，让其充分诉说，也不要急于解释和辩解。否则，可能会激怒旅游者，使危机扩大化。这样做的目的也是为了弄清真相和寻找处理问题的方法。

（4）有效控制。针对旅游者一些小的投诉（如对第一次团队餐不满意），导游完全可以通过有效的途径解决，将其控制在一定范围之内，也就是说不能将小危机事件扩展到组团社、地接社和相关管理部门之间去协调处理的境地。这就要求导游迅速采取补救措施，以及相应的承诺，赢得旅游者的谅解。控制的方法要灵活、有效，首先导游要对旅游者表示同情和理解，要设法让其情绪放松或平静下来，以利于问题的解决。另外，可以给予精神的和物质的补偿。同时，要遵循"合理而可能"的原则，要有不卑不亢的态度，而不是恳求旅游者不要将事情闹大。

（5）仔细解释。当团队当中有一些小的危机出现时，导游在听完旅游者的叙述后，一定要有详细的说明、仔细的解释。解释工作要言之以信，动之以情，晓之以理。有时，由于旅游者的误解而引发的问题，导游必须向其解释清楚，消除误解，而不能因为发现自己没有错误去趾高气扬地指责旅游者。有时，旅游者与导游在某个问题上有不同观点，也往往会产生潜在危机。针对这种情况，导游不要和旅游者比高低、争输赢，不要为满足一时的虚荣心而作"嘴上胜利者"，而要在导游服务中贯彻双赢原则。反驳式的"争输赢"和善意的"明辨是非"是两码事。

（6）灵活处理。导游处理危机公关事件，首先要在了解事情真相后，该道歉的一定要道歉。其次，导游在权限范围内，征求旅游者的意见，并做出补偿性的处理。例如，给旅游者赠送矿泉水、加菜、派发小纪念品等。另外，如果超越了自己的权限，不能马上解决的话，立即报告委派导游出团的旅行社。最后，不管怎样解决问题，都要给旅游者一个明确的答复、可信的承诺以及实施措施的时间和地点，最终让旅游者满意。

3. 意志坚定，沉着冷静

导游人员在旅游者面前应时时处处表现出充分的自信心和抗干扰能力，坚定不移地维护旅行社的信誉和旅游者的正当权益，坚决要求不折不扣地按事先达成的合同或合作协议提供各项服务。

在遇到突发事件时，导游人员应沉着、冷静地分析问题，果断、坚定地采取适当措施处理问题，使事件的影响或损失减少到最低限度。

4. 学会化解矛盾

面对旅游者，导游人员要学会运用语言艺术化解各种矛盾，只要有旅游者在场，导游就一定要考虑到他们的心理感受。

【经典案例】

一次，某地接司机出车迟到了，导游当着一车客人的面大声呵斥他，责怪他耽误了客人的时间。结果在接下来的行程中，客人都对司机抱有成见，对行程中的一些常规安排也不配合，最终，司机与地接导游的工作都受到了影响。

还有一次在接另一个团的时候，这位司机的车在第一天即将出发时突发故障，而这个时候客人都已经吃完早餐准备上车了，好在地接导游很会说话，告诉客人，"师傅是一个非常认真负责的人，其实车子只是临时出了点小问题，就算不修理也不影响出行，但为了大家的安全，师傅还是决定花点时间好好地检查修理一番"。车子修理完毕，客人上车之后，导游还当众表示师傅在检修过程中很辛苦，请大家鼓掌对已是汗流浃背的师傅表示感谢。结果客人并没有因为时间被耽搁而埋怨司机，在接下来的行程中，客人与司机、导游也相处得相当融洽，客人临走时还对司机表示特别感谢，令这位司机相当感动。他最后总结道，"一个导游讲话的水准会影响整个带团的质量"。

由此可见，导游的语言艺术十分重要，掌握并运用好语言艺术，会化解矛盾，使旅游团皆大欢喜，而缺乏语言艺术，则会两败俱伤，不仅司机的心情，也影响客人的心理感受和服务质量。

5. 有幽默感

导游过程中，幽默的语言往往会起到意想不到的效果，活跃气氛，消除旅游者寂寞和疲劳，激发他们的兴趣，增强他们的满意程度，融洽他们和导游人员的关系。

【经典案例】

你们知道鸭子为什么坐在车顶上吗？

有一位导游带了一个美国旅行团，当他正在车上做沿途讲解时，迎面驶来一辆农用车，车顶上堆放着几十只活的鸭子。客人都感到很好奇，纷纷要求司机减速以便拍照。他马上中断了原来的话题，告诉客人这些鸭子应该是运送到城里的菜市场卖的。说完，他灵机一动，问了一个问题："Do you know why they sit on the top of the bus？"（你们知道鸭子为什么坐在车顶上吗?)客人都说不知道，然后他给出了答案："Because they didn't buy tickets."（因为它们没买车票)客人哄堂大笑……

五、对导游人员的管理

导游人员是旅行社的灵魂人物，导游服务则是旅游服务的重要组成部分，实践证明，旅游者对旅行社的投诉在很大程度上都集中在导游身上，如反映导游人员服务态度不好，导游知识欠缺以及私自增加旅游团购物次数以收取回扣等。对于导游人员，无论是专职还是兼职的，都要加强管理，以提高旅游服务质量。

1987 年颁布的《导游人员管理暂行规定》确立了中国现行导游执业制度，1999 年颁布的《导游人员管理条例》进一步完善该项制度。

2002 年 4 月 1 日起，中国实施新版 IC 卡导游证，并实行导游计分制管理。

2018 年，国家又颁布了《导游管理办法》，规定国家对导游执业实行许可制度：从事导游执业活动的人员，应当取得"导游人员资格证"和"导游证"。《导游管理办法》规定：已经取得导游人员资格证，并与旅行社订立劳动合同或者在旅游行业组织注册的人员，可以通过全国旅游监管服务信息系统向所在地的旅游主管部门申请取得导游证。

与 IC 卡导游证不同的是：新的导游证采用电子证件形式，由各级旅游主管部门通过全国旅游监管服务信息系统实施管理。电子导游证以电子数据形式保存于导游个人移动电话等移动终端设备中。

随着旅游业的快速发展、互联网的广泛应用，以及旅游需求个性化、多元化、系统化日益突出，大众对旅游产品的文化内涵、服务质量、体验感受要求越来越高，旅游者对旅行社和导游的依赖悄然地发生着变化。客观上要求在明确导游工作发展方向的基础上，不断完善导游管理体制。

导游管理体制改革的方向是开放、创新、多元。要秉承开放共享的发展理念，改革导游管理体制，完善导游执业保障和评价机制。利用新业态、高科技手段，探索导游执业多元化路径，改变"旅行社委派"的单一执业方式，解除或削弱导游对旅行社的依附，拓宽导游执业途径，增加导游收入渠道，改善导游生存状态。推动导游行业从行政化的封闭式管理逐步迈向市场化的开放式管理。

与此同时，要不断完善全国导游公共服务监管平台，注重导游信息透明化、评价信息全面化和系统化，形成完备的导游进出、奖惩机制，充分发挥市场在导游资源配置中的决定性作用。

六、导游职业发展方向

1. 导游服务转型升级：线上、线下多元化服务方式

资料：《中国导游证管理办法》

要顺应市场发展需求，推进导游服务转型升级。建立线上、线下多元化服务方式，与旅游者建立更加直接的供求关系。让旅游者可以自行选择符合自己消费需求的导游，根据自身喜好定制个性化旅游方式，提高满意度；导游则以旅游者满意为价值导向，精进专业知识和服务能力，提升服务质量，展现个人魅力，树立口碑，从而使市场回归到导游服务本身。

2. 导游工作发展方向：专业、专家、品牌

随着国民素质的提升，人们更加热衷于文化旅游，对专业讲解的需求逐渐增加，能够提供丰富文化内涵的专家型导游供不应求。随着文化旅游、研学旅游、康养旅游、会奖旅游等细分市场的不断成熟，这些旅游形式都对导游服务提出了更加专业的要求，专家型导游也将拥有越来越多的"铁粉"旅游者。

链接

我第一次带团

到今天，我依然能清晰地记得自己第一次带团的情形，可以说，我的第一次带团完全是个意外。那时我还只是一名见习导游，跟着部门副经理上团。一路上跑上跑下的，虽然辛苦，却很开心。我记得那是个新加坡豪华团，我坐在旅游大巴车的最后一排。地陪导游上来后，开始讲解，还没到温榆河，就没词了，车上一片寂静。之后到长安街，地陪也只讲了几句。此后一直到位于五棵松的宾馆，地陪都没有再做讲解。客人已经很不满了，偏偏那天宾馆也出了问题，少了几间房，这下客人可炸锅了，分到房间的客人也不肯进房，都堵在大堂里吵闹。那时，我不知从哪儿来的勇气，站到客人中间，大声说："各位，今天真是不好意思，大家到了这就是回家了。不管谁的错，请都不要拿别人的错来惩罚自己。我刚才看过房间，还很干净的。大家先休息吧，明天又是新的一天，我们开开心心地去玩！"后来，房间总算安排妥当了，但另一件意外又发生了。第二天，这个旅行团的团长要离团，去陪母亲做礼拜。团

长要求我陪他，而希望副经理继续跟团。这怎么行，怎么能让个见习导游陪团长！副经理不答应。

于是，第二天，副经理带着团长走了，剩下我一个人带团。要知道，那时候我还在实习，那天的行程是游颐和园，此前颐和园我虽然去过，但只是自己玩，很多专有名词都不知道。现在，一团人扔给我，怎么讲啊？一路上，我拿着麦克风的手一直在抖，汗水顺着袖子一个劲地往下流，所有能想起来的奇闻轶事都讲了。

第一天总算顺利地过去了。以后的几天都平安无事。最让我感动的是，送团时，好几位客人围着我，感谢我这几天的服务，还拿出一些外汇和小礼物要送给我。那时候，导游是绝对不允许收小费的，所以外汇我上交领导了。客人送给我的两个小礼物，我也上交了。团长送给我的他随身携带的一本书，我也上交了。现在想想，那本书真该留下，毕竟那是团长珍藏多年的，是他的一片心，也是我第一次带团的珍贵回忆呀！

（资料来源：中国旅游报）

第四节　旅　游　交　通

旅游交通是指与旅游者旅游活动相关的，使旅游者实现空间移动的交通运输部分。

旅游交通在旅游业发展中具有十分重要的地位，它可以极大地促进或阻碍一个国家或地区旅游业的发展。

一、旅游交通在旅游业中的地位与作用

旅游交通与旅行社业、旅游住宿业、旅游商品业成为旅游业的重要支柱，因此，旅游交通在旅游业中占据十分重要的地位。

（一）没有现代旅游交通就没有现代旅游业

旅游是旅行和游览的结合，旅游者要达到旅游的目的，就要从常住地借助旅游交通抵达目的地，从而实现自己的游览需求。没有旅游交通，旅游者就不能实现或难于实现这一需求。在现代旅游的情况下，许多旅游者往往集中一段时间，相继游览若干个旅游城市和旅游区、点，为此，往往要跨越比较大的距离，甚至是要跨越国界和洲际，在这种情况下，没有现代化旅游交通，就没有现代化的旅游活动，也就没有现代旅游业。从一定意义上说，旅游者活动的半径有多大，旅游业发展的规模有多大，都要取决于旅游交通发展的现代化程度和规模。没有现代旅游交通，旅游业也绝不会发展到如此巨大的规模。

（二）旅游交通本身也是旅游活动的组成部分

旅游者的旅游活动包括食、住、行、游、购、娱六个方面，其中，"行"和"游"都涉及旅游交通的问题，因此，旅游交通本身也是旅游活动的组成部分。旅游交通不仅可以使旅游者实现空间的位移，而且可以与其游览活动有机地结合在一起，在实现其空间位移的同时，完成其游览活动。如长江三峡游，旅游者坐船从湖北的宜昌到达四川的白帝城，全长198千

米，期间，不仅实现了空间位移，解决了旅游交通问题，而且同时也完成了游览三峡的全过程。

（三）旅游交通促进旅游地的发展

旅游地要发展，必须具有对旅游者有极大吸引力的旅游资源，否则，旅游者就不会涉足前往，这个道理是不需多说的。但是，具有吸引力的旅游资源的旅游地的发展，还必须通过旅游交通把旅游者运送到那里才能实现。例如，位于新疆帕米尔高原上的卡拉库里湖，在海拔 7 546 米的"冰山之父"慕士塔格峰下。在夏季里，湖里水光潋滟，矗立的冰山，清晰地倒映在湖中，湖畔碧绿的草原，时有羊群流动，像是缓动的白云……这是一处使旅游者陶醉、流连忘返的旅游胜地。但是，交通十分不便，距中国西南边陲城市喀什市还有 200 多千米，虽有中巴公路在此通过，但距中国大部分地区还是太遥远了。正因为如此，这个旅游地虽然有很强的吸引力，但至今还很难大规模地开发和利用。而位于山东中部的泰山，交通十分发达，旅游者可进入性很大，还修建了中天门至南天门的缆车，使部分愿意登顶而又不愿花费更多体力的旅游者可实现其愿望，正因这样，近年来，泰山及泰山所在地的泰安市发展得很快，不仅使泰安的旅游业兴旺发达，同时，也大大促进了泰安市的对外开放和经济迅速发展。

（四）旅游交通是旅游经济收入的重要来源

在旅游交通方面的花费是旅游者整个旅游活动中各种花费的重要组成部分，从旅游经营角度讲，旅游交通收入与来自住宿业、餐饮业、旅行社业、旅游商品业的收入一样，是旅游业收入的重要源泉之一。

旅游交通费的多少，会因旅游者旅行距离长短，以及所选择的交通工具类型有直接关系，一般说来，旅行距离越长，所选择的交通工具越现代化，旅游交通费支出就越多，反之，旅行距离越短，所选择的交通工具不甚现代化，旅游交通费支出就越少。

二、现代旅游交通体系

现代旅游交通体系通常包括航空、公路、铁路、水路等形式，如图 4-4 所示。

（一）航空

航空运输与其他的交通运输相比，发展较迟，但是，它的发展速度是十分快的。由于航空交通具有快捷、舒适的特点，乘坐飞机旅行的人数在不断增加。对许多旅行者来说，若距离在 500 千米以上的，大都选择乘坐飞机。

图 4-5 为法国空中客车公司生产的全球最大的民航飞机——A380 客机。全机最高载客量为 840 人，飞机翼展 79.8 米，长 73 米，高 24.1 米，相当于 7 层楼高。

（二）铁路

在现代交通运输体系中，铁路交通是发展较早的一种交通运输方式，至今已有近 200 年的历史（1825 年 9 月 27 日，世界上第一辆机车首次运行于英国的史达克顿和达灵顿之间），它在历史上对经济、社会的发展，曾经发挥过很大的作用，并且是古代旅游演进到近代旅游的关键性因素之一。

铁路交通的特点是运载量大，如果需要，一列火车可以挂十几节甚至二十几节车厢，载客量可多达 2 000 多人。同时，可根据乘客的流量、流向的变化和需要，增减列车次数。另

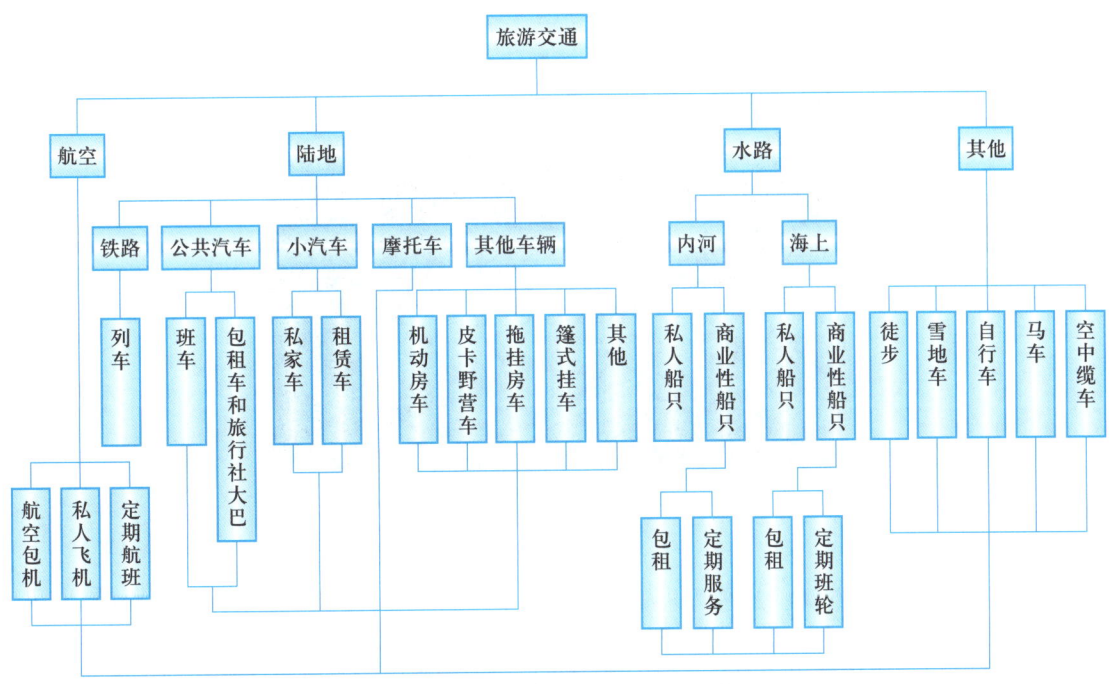

图 4-4　现代旅游交通运输体系

图 4-5　全球最大的民航飞机——A380 客机

外，火车车厢较为宽大，乘客活动的空间比较大，对长距离旅行的旅行者，还能解决食宿问题，因此，乘坐火车还是比较舒适和方便的。

由于具有价格便宜、运载量大等特点，铁路交通在中国旅游交通中一直占有重要地位。为了适应旅游业的发展，从 20 世纪 80 年代开始，有关部门在国内一些热点旅游城市之间增开了很多带有空调、条件更为舒适的旅游列车，这些旅游列车大大方便了旅游者的旅游活动。

近年来，为了提高竞争力，铁路部门根据市场的需要，不断提高列车的运行速度，调整列车的运行时间，增设了许多朝发夕至或夕发朝至的列车（高铁），并不断提高服务质量，促进了国内旅游业的发展。2006 年，中国铁路第六次大提速，运行时速达 200 千米以上。而运行于北京——上海之间的京沪高铁，其最高时速可达 487 千米/小时（见图 4-6），不可否认，随着更多高铁的开通，必将对高铁沿线各地旅游业的发展起到极大的推动作用。

图 4-6　京沪高铁极大地促进了京沪沿线旅游业的发展

（三）公路

公路交通现已有 100 多年的历史了，但它的更快发展，还是第二次世界大战以后的事。由于汽车运行所要求的条件比较少，因此，它运行的范围非常广。

汽车是中短距离较理想的交通工具。20 世纪 60 年代以前，小汽车还是少数人的奢侈品，人们出外旅游多乘坐大型客车。但是，60 年代以后，汽车逐渐进入了更多人的家庭，而成为人们的主要交通工具。

随着旅游业的发展，传统的旅游大巴和家用小汽车已经不能满足人们外出度假的需要，很多家庭假日出游时，在小汽车后面挂上拖车，到达宿营地后，拖车既可作"餐车"，又可作"卧室"使用，这就是所谓的旅游"房车"（recreational vehicle，RV），其雏形源于吉卜赛人的大篷车，有拖挂式和自行式两种类型，兼具"房"与"车"两大功能，是一种可移动、具有居家必备设施的车种，其特点是机动、灵活、方便、实用（见图 4-7）。

视频：房车营地

图 4-7　兼具"房"与"车"两大功能的房车（刘伟　摄）

（四）水路

水路交通是最古老的交通方式，船也是最古老的交通运输工具。在蒸汽机发明以后，把蒸汽机装在船上作为动力，便出现了轮船，这距今也已有近 200 年的历史。轮船出现以后，开辟了众多人到海外旅行的新时期，直到 20 世纪 50 年代以前，轮船仍然是旅行者漂洋过海的主要运输工具。

20 世纪 50 年代以后，随着航空交通的发展，特别是大型喷气式客机出现以后，轮船的运营受到很大冲击，乘坐轮船的旅客，特别是乘坐长距离轮船的旅客大量减少。但是轮船的运输和旅游功能，不会被航空运输所替代。为了适应旅游者在江海湖泊游览的需要，人们建造了大型邮轮和豪华游艇，航行在世界著名的海滨城市之间和大江大湖之中。邮轮平稳、安全、舒适，乘坐其中是一种享受。在远距离航行的邮轮上，都有较好的食宿条件，并有许多游乐设施，像是飘浮在水中的一座饭店。悉尼港每逢周末，邮轮载客出海，在蔚蓝色大海之中抛锚飘浮，客人可以晒太阳、垂钓、跳舞、唱歌、打网球等，各择所好，尽欢尽乐。

目前，中国邮轮产业正在兴起，天津、上海、厦门、广州、深圳、海口等城市已建起国际邮轮码头和邮轮母港，可接待来自世界各地的国际邮轮，国内各大旅行社也在组织国内旅游者参加海上邮轮旅游，邮轮经济在中国方兴未艾。

第五节　旅游住宿

旅游住宿业是为旅游者提供食、宿场所和各种服务，借以取得收入的旅游企业。旅游住宿是旅游业的四大支柱之一，其收入构成旅游业收入的重要部分。

一、旅游住宿业的地位和作用

（一）构成旅游业综合接待能力

影响旅游业综合接待能力的因素很多，如交通运力、游览点的容量等，但饭店床位数是其中的主要因素。床位数不足，旅游者无处投宿，也就无法完成其旅游活动。因此，旅游住宿业的发展水平直接影响旅游业的发展水平。

（二）成为旅游收入的重要来源

据统计，在世界旅游收入中，住宿业收入通常占 50% 左右。旅游住宿不仅包括旅游饭店、还包括各类民宿等不同类型的住宿业态。

（三）旅游饭店体现旅游业的服务质量

在构成旅游活动的食、住、行、游、购、娱中，至少有两项发生在住宿业的主体——旅游饭店。从时间上看，旅游者有近一半的时间是在饭店度过的。因此，旅游饭店服务质量的高低在很大程度上代表东道国旅游业服务质量的高低。

（四）旅游住宿业还为社会提供广泛的就业机会

据调查，旅游饭店每增加一间客房，就可为社会提供 0.5~3 个直接就业机会和 2~5 个间接就业机会。这样，一家 1 000 间客房的饭店就可为社会提供 500~3 000 个就业机会和 2 000~5 000 个间接就业机会。

此外，以旅游饭店为主体的旅游住宿业还是工业产品的消费者。饭店的建筑、家具、装饰、设备以及每天所消费的食品、饮料和煤气、水电等为各行业提供了广泛的市场。

二、旅游住宿业的发展历史

从历史上看，旅游住宿业的发展经历了以下五个阶段。

（一）小客栈时期

人们习惯上把19世纪中叶以前旅馆业这一漫长的发展时期称为小客栈时期。在古代，有许多人出于政治、经济、军事、宗教等目的而从事旅行活动，为了满足这些人的食、宿需要，各国都出现了很多小客栈，遍布主要的交通要道和大中城市（见图4-8）。

这种客栈的特点是规模小、设施设备简陋，服务项目少，一般只提供简单的食、宿服务。

图4-8 小客栈店内场景再现

（二）大饭店时期

大饭店时期是指从19世纪50年代到20世纪初这一历史时期。

1760年，在英国首先发生了产业革命，并很快波及整个欧洲。产业革命的发生，摧毁了封建王朝，却丝毫没有影响上流社会那种高雅奢侈的生活方式，产业革命后，这种豪华的服务方式和内容便从宫廷传到社会，大饭店正是在这种背景下产生的。大饭店取代了宫殿，成为新富裕阶级的社交场合。

大饭店时期的代表人物是凯撒·里兹（1850—1918年，见图4-9），他建立了大饭店建设和经营的模式。这一时期的经营特色是追求豪华，饭店的主要接待对象是享有特权的富裕阶级人士。

图4-9 凯撒·里兹

（三）商业旅馆时期

产业革命引起经济的繁荣。进入20世纪后，商业旅行急剧增加，对价廉舒适的食宿设施的需求也随之增加。

以前所建造的食宿设施，无论是豪华的大饭店，还是设施简陋的小客栈，都无法满足这种需求，前者对一般大众来说价格昂贵，高不可攀，而后者则过于简陋，既不卫生，又不舒适，于是商业旅馆应运而生。

首先发现这一市场并着力开发的是美国的埃尔斯沃斯·斯坦特勒（1863—1928年，见图4-10），他被誉为"美国旅馆联号之父"。同里兹的饭店经营不同，斯坦特勒把"提供普通民众能付得起费用的世界第一流的服务"作为经营目标。当今世界广泛流传于服务业乃至所有行业的至理名言"顾客永远是正确的"就是由斯坦特勒先生首先提出来的。

商业旅馆时期具有如下经营特点。

1. 与大饭店时期相比，接待对象发生变化

这一时期饭店业面向普通大众，主要是商务旅行者。

2. 与其接待对象相适应，这一时期饭店经营方针的本质特征是实现低价格

为实现低价格，饭店业注意削减投资额，节约管理费用。在管理中采用泰勒的科学管理思想和方法，以便在低价格的情况下，仍然能够取得利润。

3. 追求"世界一流"的高质量服务

低价格并不意味着降低服务标准。相反，这一时期饭店业把提供"方便、舒适"的高质量的服务作为追求的目标。

斯坦特勒的旅馆公司成功地经受了1929—1933年经济危机的考验。1954年10月27日，斯坦特勒的旅馆公司被希尔顿旅馆公司收购。图4-11为希尔顿酒店的创始人康拉德·希尔顿。

图4-10 埃尔斯沃斯·斯坦特勒

图4-11 康拉德·希尔顿

（四）新型酒店时期

新型酒店时期主要指20世纪50年代以后的这一历史时期。这一时期，旅游住宿业具有如下特点。

1. 接待对象大众化

第二次世界大战后，各国都致力于发展本国经济，随着经济的发展，交通业的不断革命，旅游业开始蓬勃发展，酒店业的接待对象已不再局限于商务旅行者。日益增多的观光旅游者和度假旅游者成为酒店业重要的客源市场。

2. 住宿设施多功能化

为了适应现代旅游者的要求，饭店经营朝多功能化发展。除了基本的食、宿功能以外，酒店还为客人提供问讯服务、外币兑换服务、洗衣服务、房餐服务、电话服务、托婴服务、缝纫服务、医疗服务、按摩服务、健身服务、邮电服务、交通服务、导游服务、保安服务等。此外，还提供游泳池、高尔夫球场、会议室、电影院、展览厅等供客人使用，故现代饭店又被称为"城中之城""国中之国"。

3. 酒店类型多样化

为了满足不同客源市场的需要，这一时期的饭店业开始朝多样化发展：会议旅馆、商务旅馆、长住式饭店、度假性旅馆、精品酒店、汽车旅馆以及各种特色旅馆等。

4. 住宿企业集团化

随着行业竞争的不断加剧，酒店业日益走上联营化的道路。当今世界上的大酒店几乎全部被一些大的酒店集团所控制，像希尔顿、假日、喜来登、凯悦、万豪以及雅高等，几乎无人不晓。

（五）现代酒店时期

主要指进入21世纪以来的这一历史时期，其主要特点如下。

1. 住宿业态多元化，各种"非标"住宿业态蓬勃发展

特别是在互联网背景下，以共享经济为特征的旅游民宿受到越来越多旅游观光和度假游客（特别是年轻旅游者）的欢迎。旅游民宿的主要特点是价格实惠，且能深度接触和了解旅游目的地文化。

2. 酒店运营数字化、智能化

这一时期的另一特点是酒店经营的网络化、数字化和智能化，特别是酒店的互联网营销以及数字化经营管理已经成为这一时期的显著特点。

3. 酒店集团化进一步加剧，品牌数量急剧扩张

进入现代酒店时期，酒店集团化进一步加剧，在资本和市场的推动下，酒店集团的规模急剧扩大，新的品牌如雨后春笋般涌现。

4. 中国酒店业跻身世界前列

在这一时期，中国酒店业通过资本运作和模式创新，实现了快速发展，先后有3家酒店集团（锦江国际集团、华住酒店集团、首旅如家酒店集团）跻身世界酒店集团10强，其中，锦江国际集团排名全球第二。

三、旅游住宿设施的种类

随着国际旅游业的发展，饭店业也得到了迅速发展。具有不同客源市场的各种类型的旅馆层出不穷，按照不同的划分标准，饭店的种类也有所不同，如按等级，饭店可划分为一级、二级、三级和四级或一星、二星、三星、四星、五星或高档、中档、低档；按饭店的地理位置可以分为城市酒店、乡村旅馆、机场饭店；按饭店的主要接待对象可分为会议旅馆、度假酒店、青年旅舍以及接待国内顾客的饭店和接待国外顾客的饭店；按饭店设施的优良程度和服务项目的多少可分为豪华饭店和简易旅馆；按饭店的不同特色有竹楼旅馆、蒙古包旅馆、窑洞旅馆、树上旅馆；按所有制形式的不同可分为国有酒店、民营酒店、合资饭店；按饭店

的规模划分为大饭店、小饭店和中等饭店……

下面介绍几种较为常见的饭店类型。

（一）汽车旅馆

Motel（汽车旅馆）一词是由美国加利福尼亚州圣路易斯奥比斯波的一位老板于1925年创造的。随着交通业的发展，小汽车在一些发达国家已非常普遍，如美国，平均1~2人就拥有一辆小汽车。这些人常常自己驾车外出旅游，他们对旅馆的要求不高，只需具备基本的食宿条件和停车场就行。这样，大量的汽车旅馆便应运而生。它们主要分布在公路沿线、汽车出租率较高的地方或交通中心，其设计多采用规范标准。除接待自驾游旅游者以外，还接待大量的货运卡车司机和消费水平较低的普通旅游者，图4-12为一家韩国汽车旅馆。

图4-12　一家韩国汽车旅馆（刘伟　摄）

（二）度假酒店

度假酒店（resort hotel）又称旅游度假村，一般位于自然风景优美或具有人文特色的旅游区，接待为了度假、娱乐而外出旅行的人，如图4-13所示。

图4-13　度假型酒店通常会为客人提供欢乐轻松的度假氛围（刘伟　摄）

（三）商务酒店

商务酒店(business hotel)设在经济发达的大城市，为商务旅客、会议参加者的来往提供方便。其功能、规模、特色、等级各不相同，既有接待国家元首的每夜房费在上千至上万美元的豪华饭店，也有接待普通旅游者的一星旅馆(见图4-14)。

图4-14 广州中国大酒店(中国大酒店提供图片)

（四）青年旅舍

青年旅舍(youth hostel)是一种设备简单，收费低廉，服务自助，旅游信息丰富，以青年学生为主要接待对象(但不排除其他客人)，适合青年人旅游、住宿和交友的小型旅馆。1912年，世界上第一个青年旅舍在德国南部阿尔特那的一个废弃的古堡中诞生。1932年，国际青年旅舍联盟在阿姆斯特丹成立。目前，在英国设有国际青年旅舍联合会，只要成为其会员，有资格享受该协会遍布全球5 000多家青年旅舍的服务与设施，并可享受在各国机场换汇免手续费及购买折扣车票等多种优惠。国际青年旅舍联盟是联合国教科文组织成员，也是世界旅游组织成员。

许多青年旅舍协会在其所属国均有一定的社会地位，诸如英国女王、荷兰女王、日本皇室成员及德国总理等都是青年旅舍协会的赞助人。

青年旅舍的蓝三角标志是一枚国际性的注册商标，三角内的冷杉和小屋是1961年联合国欧洲经济公署道路工作委员会制定的青年旅舍专用标志。

青年旅舍的特点是安全、经济、卫生、隐私、环保。由于收费低廉、交通方便，极受青年学生及"背包客"的欢迎，一般位于交通便利的风景旅游城市(见图4-15)。中国首批青年旅舍兴建于广东省的广州市、珠海市和肇庆市，并于1998年投入运营，很受旅游者的欢迎。其中，位于广东清新温矿泉度假村内的广东国际体育青年旅舍是世界上最大的青年旅舍。2006年，在瑞士达沃斯举行的第46届国际青年旅舍大会上，中国被接受为该组织正式会员，中国国际青年旅舍总部设在广州，目前在全国已有数百家会员青年旅舍。

2010年5月24至27日，第48届国际青年旅舍联盟大会在深圳举行，这是这个具有百年历史的全球最大青年旅游组织第一次在中国召开大会。

图4-15 西藏拉萨的东措国际青年旅馆（刘伟 摄）

（五）会议酒店

会议酒店（convention hotel）是以接待各种国际、国内会议为主的酒店（见图 4-16）。设有会议厅、宴会大厅，备有同声翻译装置等会议所需的各种其他设备。近年来，这种形式的酒店发展很快，有两方面的原因，一是随着各国社会经济的发展，各种会议层出不穷，因而对会议旅馆的需求不断增加；二是从旅游供给一方讲，由于会议旅游消费水平高，停留时间长，而且常常带有家属，接待会议旅游者能够取得较多的收入。因此，旅游经营者一般都很重视对这一市场的开发。

图4-16 具有宽敞豪华的会议厅和宴会大厅，并能提供优质的
会议服务是会议酒店必备设施和核心竞争力

（六）旅游饭店

旅游饭店（tourist hotel）是以团队旅游者或散客为主要接待对象的普通饭店，与商务饭店相比，价格比较便宜。

105

（七）主题酒店

主题酒店通常为度假型酒店，有鲜明的主题和文化特色，如图4-17所示。

图4-17 美国一城市的金字塔饭店（刘伟 摄）

（八）精品酒店

精品酒店（boutique hotel）是20世纪末在美国等西方国家出现的一种专业酒店类型（见图4-18），其主要特征是：酒店规模不大，功能不一定很完备，但档次很高，很有特色，服务非常到位。

视频：精品酒店

图4-18 精品酒店规模一般不大

如果将鳞次栉比的隶属于饭店集团的饭店比做百货商店的话，那么精品饭店就是专门出售某类精品的小型专业商店。精品酒店的经营理念是为客人营造一种家的感觉，吸引那些追求高品位和文化享受的休闲或商务客人。

精品酒店的规模往往较小，客房资源比较有限，但装饰却极其豪华，服务堪称一流。精品酒店在服务理念上要为客人提供全方位、全过程服务，起源于英国皇室的"管家式服务"是目前精品酒店通常使用的一种服务方式。专职管家能最大限度地满足客人个性化的需求，亲切、殷勤、真诚、专属的服务让客人流连忘返，成为酒店的忠诚客人。

链接

瑜舍：不设前台的精品酒店

北京瑜舍酒店是一家不设前台的超豪华时尚精品酒店。这家只有99间客房却拥有430名员工的精品酒店强调的是个性私密化，每位住店客都由礼宾大使直接迎送入客房才办理入住手续，酒店总经理罗安东说，"要让客人像回到私密性很强的家里一样"，所以取消了司空见惯的酒店前台。

罗安东认为，要能称得上豪华级精品酒店的，必须是"地点+设计+服务"。他特别强调设计元素，这是百年老店——英国太古集团涉足酒店项目最看重的要素。

瑜舍酒店采用低密度的庭院式布局，有一半的房间面积超过70平方米，开业特价每晚至少在3 100元以上，客房采用豪华羽绒寝具、顶级淋浴用品、免费精选迷你酒吧和免费上网服务、Denon室内音影系统、Ipod接驳功能、水疗式浴室花洒、橡木深浸浴缸、发热地板、自动光线调节系统等。

（九）特色旅馆

特色旅馆（specialty hotel）包括有各种地方和民俗特色的旅馆，如肯尼亚的树上旅馆、中国黄土高原的窑洞旅馆、广东清远九洲驿站度假村的"树屋"等（见图4-19）。

图4-19 位于广东清远九洲驿站
度假村的"树屋"（刘伟 摄）

（十）产权式酒店

产权式酒店（property hotel）是指投资者买断酒店设施的所有权，除部分时间自己使用外，统一将其他时间的住宿权委托酒店管理方经营，自己获取红利的一种酒店业态。目前，国际通用的产权式酒店有时权酒店、住宅型酒店、投资型酒店3种类型。

（十一）胶囊旅馆

胶囊旅馆（capsule）源于日本，它"看起来既像太空舱，又像火车卧铺"（见图4-20），其内部洗漱、淋浴等设施一应俱全。胶囊旅馆以其低价、环保、便捷、时尚，深受年轻旅游者和经济型差旅一族的欢迎。目前，中国的上海、西安、济南等地已先后出现胶囊旅馆，胶囊旅馆可谓经济型酒店的终极版。

视频：特色酒店

资料：肯尼亚树顶旅馆见闻

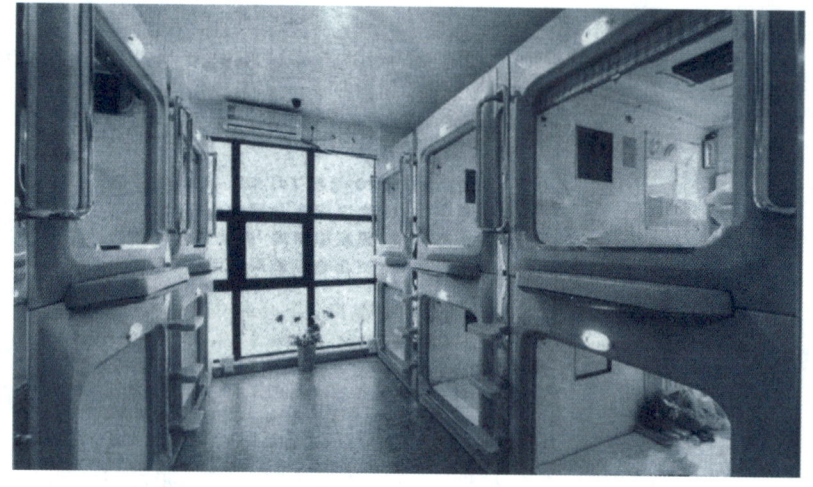
图4-20 西安的胶囊旅馆——像"太空舱"的宾馆

（十二）旅游民宿

旅游民宿（Homestay Inn）是近年来大量出现的一种新的旅游住宿业态。指旅游目的地城乡居民利用自有住宅接待游客，为游客提供体验当地自然、文化与生产生活方式的住宿设施，或旅游投资商在原有民宅基础上，依照旅游目的地建筑风格和特色以及游客的需求重新装修改造的旅游接待设施。Airbnb（爱彼迎）是目前全球知名的民宿运营平台（公司）。目前，中国国内经营民宿的知名企业包括"途家""蚂蚁短租""小猪短租""自如短租"等。

四、饭店的等级

资料：旅游民宿基本要求与评价

国际上对饭店的等级一般以"星级"来划分，即一星级、二星级、三星级、四星级和五星级饭店，以五星级饭店为最高级。此外，也有的按豪华级、舒适级、经济级和低廉级等各种"级"来划分。

对饭店等级的划分一般是按其设施和服务质量两项指标进行的，它反映了饭店的价值和使用价值。但在实际划分过程中，各国对同一星级的饭店所要达到的具体要求、标准有所不同。

（一）中国饭店星级标准

资料：2010新版星级标准的特点

为了提高中国涉外饭店的经营管理水平和服务水平，保护旅游者的合法权益，适应国际旅游业发展的需要，原国家旅游局于20世纪80年代后半期着手饭店星级评定的准备工作。先后邀请了一些著名国际旅游专家对中国的旅游饭店进行了实地考察，提出了不少建设性意见和建议。1988年，有关部门正式颁发了《中华人民共和国旅游涉外饭店星级标准》，它从饭店的环境、设施设备、维修保养、清洁卫生、服务质量及宾客的满意程度等几个方面对不同星级的饭店做出了不同的规定。这一标准自颁布以来，对于指导与规范旅游饭店的建设与管理，促进中国旅游饭店业与国际接轨，发挥了巨大的作用。但是，随着中国旅游饭店业的发展，也出现了一些值得注意的新情况，如不同饭店已形成了不同的客源对象和消费层次，社会提供的可替代项目不断增加，这就要求旅游涉外饭店应当根据自身客源需求和功能类别，更加自主地选择服务项目。为了避免旅游饭店企业的资源闲置和浪费，促进中国旅游饭店建设和经营的健康发展，需要对其进行修订。在这一原则指导下，原国家旅游局于 1993 年、1998 年、2003 年、2010 年先后 4 次对旅游饭店星级的划分及评定标准进行了修订，使其更加符合饭店经营管理以及旅游业发展的实际需要。目前，中国实施的《旅游饭店星级的划分与评定》标准已上升为国家标准。

（二）美国饭店的分级体系

美国的住宿业市场发展一直较为成熟，各种类型的住宿业主体有序运行，成为其他经济区域模仿和发展的目标。美国国内没有政府统一颁布的酒店分类标准，事实存在和发挥作用的多是不同社会组织，如加勒比旅游组织、美国酒店业协会、美国汽车协会、史密斯旅行和住宿业报告等，其中有影响的主要有两个标准体系：一是由美国汽车协会颁布的"钻石评级体系"；二是美国 Mobil 协会颁发的"星级标准"。其中，由美国汽车协会颁布的"钻石评级体系"最具权威性。

（三）欧洲饭店的星级标准

在欧洲都通用 Michelin 星级标准，非官方组织。这些组织通过秘密访客对酒店的硬件和软件（服务）进行客观评价，评定出级别。

链接

伯　瓷　酒　店

位于迪拜的伯瓷酒店又称阿拉伯塔酒店被誉为世界上首家"七星级酒店"（见图 4-21）。

酒店是一个帆船形的塔状建筑，一共有 56 层，321 米高。它曾是全球最高的饭店，比法国埃菲尔铁塔还高上一截。

到过这里之后，你才能真正体会到什么叫作金碧辉煌。它的中庭是金灿灿的，它的最豪华的 780 平方米的总统套房也是金灿灿的。客房共有 202 套，面积从 170 平方米到 780 平方米不等，最低房价也要 900 美元，最高的总统套房则要 18 000 美元。

伯瓷酒店内部更是极尽奢华之能事，触目皆金，连门把手、厕所的水管，甚至是一张便条纸，都"爬"满黄金。由于是以船帆为外观造型，饭店到处都是与水有关的主题。

酒店内的海鲜餐厅仿佛是在深海里为顾客

图 4-21　伯瓷酒店外景

捕捉最新鲜的海鲜，在这里进膳的确是难忘的经历——要动用潜水艇接送。从酒店大堂出发直达 AI-Mahara 海鲜餐厅，虽然航程短短 3 分钟，可是已经进入一个神奇的海底世界，安坐在舒适的餐厅椅上，环顾四周的玻璃窗外，珊瑚、海鱼所构成的流动景象，伴随客人享受整顿写意的晚餐。海里有餐厅，空中也有餐厅，客人只需乘搭快速电梯，33 秒内便可直达屹立于阿拉伯海湾上 200 米高空的空中餐厅；这餐厅可容纳 140 名客人，晚餐之际，夜空璀璨，环观迪拜的天空和海湾，享受地中海风味的高级厨艺，想是人生至高的享受了。仅供应美味的地中海餐，又是该餐厅的一大特色。

第六节　旅游商品

　　购物需求是旅游者的基本需求之一，因此，旅游业不仅包括旅行社、旅游交通和旅游饭店，还应包括旅游商品(旅游者在旅游活动中购买的旅游纪念品、地方特产等)的生产和销售部门。图 4-22 反映了当前旅游纪念品没有地方特色的窘境。

图 4-22　旅游商品要有地方性

链接

为购而游——中国出境旅游的特色

　　近年来，中国游客在境外的高消费已经成为媒体关注的热点，甚至国外称之为"中国特色"——"为购而游"，至于玩得如何、住得如何、吃得如何，似乎都不重要。

　　中国游客的购买能力让欧美市场刮目相看。为方便中国游客购物，国外许多奢侈品牌店专门制定了针对中国游客的营销策略，柜台上配备中文销售员。对于这一现象人们褒贬不一，有人认为是国力提升，国家经济水平的展示；也有人认为这是旅游者盲目不成熟的表现；也有人上升到更高的层面，从高端消费流失、国内外贸易平衡、政治和文化影响等方面表示担忧。

一、旅游商品的类型

从广义上来看，凡是旅游者在旅游途中所购买的商品，皆可称为旅游商品。而狭义的旅游商品则是指专为满足旅游者的需求而生产的各类旅游购物品。

旅游商品(见图4-23)大致可以分为以下几大类。

图4-23 位于印度尼西亚巴布亚大山深处具有当地特色的旅游商品(刘伟 摄)

1. 工艺美术品

工艺美术品可细分为以下几类：雕塑工艺品、陶瓷艺术品、编织艺术品、漆器工艺品、金属工艺品、花画工艺品、刺绣工艺品、民间工艺品等。

2. 文物及仿制品

文物及仿制品主要指国家法律允许进行流通的古玩、文房四宝、仿制古字画、出土文物复制品、仿古模型等。这类商品不多，但价格昂贵，适宜于豪华型高消费的旅游者，如湖笔、徽墨、宣纸、端砚等。价格适宜的仿制品也受到广大旅游者的欢迎，如洛阳的仿唐三彩马、西安的仿制秦兵马俑等。

3. 风味土特产

风味土特产包括各种有地方特色的名酒、名茶、药材、风味小吃和其他农副产品(见图4-24)。例如，绍兴的花雕、杭州的龙井茶、宁夏的"西枸杞"、云南的过桥米线等。

4. 旅游纪念品

旅游纪念品主要指以旅游景点的文化古迹或自然风光为题材，利用当地特有原料制作的带有纪念性的工艺品，如旅游纪

图4-24 由俄罗斯传来的具有欧洲风味的哈尔滨"大列巴"(面包，最大的重约2.5千克，已成为当地独特的风味旅游商品)

念章，旅游纪念图片，带有地方特色的各种器皿、玩具、雕塑、编织以及各种印刷品。这类商品品种最多、数量最大、题材广泛、销路较广、纪念性鲜明，也最受广大旅游者的喜爱，如图4-25所示。

图4-25　祁连山藏羚羊仿真旅游纪念品（刘伟 摄）

5. 旅游日用品

旅游日用品主要指旅游者在旅游活动中购买的具有实用价值的生活日用品，如毛巾、牙刷、香皂、旅游鞋、旅游包、地图指南、防寒防暑用品、急救药品等。

6. 有地方特色的轻工产品

一些轻工业产品，或是由于有地方特色，或是由于价格实惠，或是由于质量好，都会成为旅游者喜欢的旅游商品，如瑞士的"军刀"、比利时的巧克力、卢森堡的香烟等。有些轻工产品价格并不便宜，但是在全世界的知名度非常高，也会受到旅游者的青睐，成为重要的旅游商品，如瑞士的手表等。

7. 其他旅游商品

旅游商品的种类很多，凡是旅游者喜欢购买的商品，都可以成为旅游商品。经常会有一些莫名其妙的商品突然成了外国旅游团队里的"香饽饽"，如章光101、减肥皂、防烫伤药等。

所以，旅游商品不只包括以传统手工艺品、纪念品等为代表的"小商品"，还包括以服装、家电、鞋类、皮具、音像制品等为代表的"大商品"。总之，凡是旅游者在旅游途中喜欢购买的所有商品，都可以称之为旅游商品。

二、旅游商品的特点

旅游商品既具有一般商品的特点，但又不同于一般商品，其特点主要表现在如下方面。

1. 纪念性

纪念性是指旅游商品所具有的能够显示旅游目的地国家或地区的某种特点，在时过境迁之后又能够引起旅游者美好回忆的属性。纪念性是旅游商品的一个最基本的特征。旅游者在旅游过程中购买旅游商品，一个重要的动机就是为了让自己的旅游经历能够通过旅游商品进行物化。通常旅游者所选择的商品大多是与特定文化环境氛围相一致、具有明显的纪念性的商品。例如，到北京的旅游者，一般喜欢买以长城为内容的文化衫、微缩模型等；到苏州的旅游者，多会购买苏绣的代表作双面绣、手帕、丝巾等。

2. 艺术性

艺术性是指旅游商品所具有的独特创意和典型美观的特性。旅游者旅游的目的之一，是为了获得美的感受，具有美感的商品自然成为旅游者购买的首选对象。旅游商品越具有艺术性，感染力就越强，旅游者就越喜爱。例如，中国的砚台本是研墨用的，但有些高级的砚台上经常雕刻些麟凤龟龙、梅兰竹菊等精美的图案，所以这些砚台已不只是实用的文具，更是可供陈列观赏的艺术珍品。

3. 地方性

旅游者在选购旅游商品时一般会选择具有突出反映地方文化特点的商品。例如，北京的绢花、常州的梳篦、安顺的蜡染、杭州王星记的扇子、潍坊的风筝、广东的白云猪手、四川的麻婆豆腐等。

4. 民族性

民族性是与地方性有区别而又十分相近的一种特征。旅游者在异地他乡旅游购物时，总想买些该国该地富有民族性的商品。例如，去韩国的旅游者，会选择购买高丽参、青瓷白瓷、泡菜；去中国西藏的旅游者，会选择购买藏族的饰品、唐卡（见图4-26）、佩刀等。

图4-26　在西藏购买体现西藏文化的"唐卡"（刘伟 摄）

三、旅游商品在旅游业中的地位和作用

随着人们收入水平的提高，在旅游消费结构中购物所占的比重越来越大，旅游商品在旅游业中的地位和作用也越来越重要。

首先，旅游商品满足了旅游者的购物需求，是旅游业的重要组成部分。旅游者的旅游活动涉及食、住、行、游、购、娱等多个方面，购物是其中的重要环节，它影响到整体旅游产品的质量。在某些旅游地，购物成为旅游者最主要的旅游动机。例如，被称为"购物天堂"的香港。

其次，有助于旅游业经济效益的提高。如前所述，在旅游业收入构成中，购物收入所占比重比较大。此外，购物消费属于非基本旅游消费，因此，在旅游者的消费结构中弹性较大。随着旅游者消费水平的提高，用于购物的消费在消费结构中所占的比重越来越大，从而有助于旅游业经济效益的提高。

最后，有助于弘扬一个国家或地区的文化艺术。旅游商品往往是一个国家或地区的文化艺术和物质资源相结合的产物。旅游商品往往成为树立旅游地形象的手段，成为活生生的广告。许多旅游地借助优质的旅游商品来推销自己；反过来，旅游者通过各具特色的旅游商品来了解旅游地。

四、旅游商品的开发

开发旅游商品对于满足旅游者的需求，提高旅游业经济效益，都具有十分重要的意义。在开发旅游商品的过程中，应当注意以下几点。

1. 要充分反映一个国家或地区的民族文化特色

这是旅游商品生命力之所在。旅游商品的文化特征越鲜明，文化品格越高，地域特征越明显，它的价值就越高，就越受旅游者的欢迎。

日本北海道一家温泉酒店的老板开发出一种护肤品，美名远播，当人们建议她扩大营销区域时，她却不以为然，她说："我希望人们只有来到我的家乡旅游时才能买到它。"她的这种做法感动了当地政府，政府随即帮助她加大开发力度，使得这种产品声名远播。

2. 要做到多元化、多品种、多规格

旅游购物品要走多元化、多品种、多规格的道路，要小巧精细，便于旅游者携带，同时要有文化内涵，以引起旅游者的喜爱。

3. 树立品牌

品牌效应在今天越来越明显，一个知名品牌可以带来不可估量的经济效益，所以树立品牌对旅游商品来说也是至关重要的。旅游商品要树立自己的品牌，而且这种品牌最好和当地的风景名胜紧密相连，这样可以使旅游商品和旅游地结成一个整体，相互促进。

五、旅游商品销售中存在的问题

旅游目的地居民和企业通过销售旅游商品取得旅游收入，从而提高当地居民的生活水平和GDP，这是发展旅游的主要目的之一。旅游商品生产的目的是为了销售，但在旅游商品的销售环节，却出现了问题：世界上很多国家，特别是在发展中国家，一些旅游商品经营者为了吸引旅游者，牟取暴利，给导游和司机高额回扣(有些商品的销售价格中，至少有30%~40%要给导游做回扣)，而导游为了吃回扣，便不顾旅游者反对，私自增加旅游团的购物次数，强行将旅游者拉去购物点购物，而旅游商品销售者为了挽回损失，只好"宰客"，大幅度提高旅游商品的售价(甚至是其他商家数倍的价格)，甚至以假冒伪劣商品坑蒙拐骗旅游消费者，结果使消费者蒙受双重损失：一方面，被压缩了在旅游景点的游览时间，甚至一些游览项目被迫取消；另一方面，又购买了价高质次的旅游商品。

旅游商品经营行业的这种情况已相当严重。为了吸引导游把客人引来，一些商场只要导游和司机能把旅游团队带过来，不管客人是否买东西，商店都会给导游和司机一笔不小的停车费。这种情况不仅损害了旅游者的利益，也损害了其他合法经营的商家的利益。

旅游商品环节的这种不正之风，不仅损害了消费者和正规旅游商品经营者的利益，而且，还直接影响了旅游商品的生产质量。因为在正常情况下，商家最具创新冲动，因为他直接面对旅游者，最能知道旅游者喜欢什么，它们会把这些信息反馈给生产厂家，促其改进。但现在的情况是，这个反馈机制已经扭曲了，商家经营得好坏并不主要取决于商品的优劣，"关系"才是最主要的。

针对以上这种情况，旅游行政主管部门应要求旅行社与旅游者签订旅游合同，并在合同中严格规定旅游日程及购物次数和购物点。对于导游安排的超过合同规定的购物次数以及临时增加的、合同中没有的购物点，旅游者可以向旅游主管部门投诉，也可以依法起诉旅行社。

// 本章小结 //

■ 旅游业是指以旅游资源为凭借，以旅游设施为条件，为人们的旅行游览提供服务，从中取得经济收益的行业和部门。旅游业有四大支柱，即旅行社、旅游交通、旅游住宿、旅游商品。从性质上讲，旅游业是一个重要的经济行业，属于第三产业，同时，旅游业具有文化性质。

■ 旅游从业人员要具备较高的素质，包括：懂得并具有良好的礼貌礼节，有较宽的知识面，有良好的服务意识，有较强的卫生意识，有良好的职业道德，有较强的人际沟通能力等。

■ 旅行社是生产和销售旅游商品，并通过为旅游者提供导游等项服务而取得收入的企业。它是旅游业的重要组成部分之一。国外旅行社一般分为旅游经营商、旅游批发商、旅游零售商。根据国务院新颁布的《旅行社条例》，中国旅行社则分为两种：经营国内旅游业务和入境旅游业务的旅行社；经营出境旅游业务的旅行社。前者取得经营许可满2年，且未因侵害旅游者合法权益受到行政机关罚款以上处罚的，可以申请经营出境旅游业务。

■ 导游是为旅游者提供翻译、讲解工作，并为旅游者安排食宿、交通，处理旅途所发生的各种问题的旅行社的工作人员。导游服务是旅行社工作的灵魂，导游人员必须较高的素质和职业道德。

■ 旅游住宿业是为旅游者提供食、宿场所和各种服务，借以取得收入的旅游企业。按照接待对象的不同，可分为汽车旅馆、度假酒店、商务酒店、青年旅舍、会议酒店、旅游饭店、主题酒店、精品酒店、旅游民宿等。按照酒店的档次，一般分为一星级、二星级、三星级、四星级和五星级酒店。

■ 旅游商品是指旅游者在旅游途中所购买的所有商品的总和，旅游购物是旅游业的重要组成部分。旅游商品主要包括：工艺美术品、文物及仿制品、风味土特产、旅游纪念品、旅游日用品、有地方特色的轻工产品等。旅游商品应该具有纪念性、艺术性、地方性和民族性的特点。

// 复习思考 //

1. 什么是旅游业？
2. 简述旅游饭店发展的几个历史时期及各时期的经营特点。
3. 旅游住宿设施有哪些类型？
4. 国外旅行社分为哪几种类型？
5. 导游人员分为哪几种类型？
6. 导游人员应具备哪些素质？
7. 试述旅游商品的种类和特点。
8. 旅游从业人员应具备哪些素质？

// 案例讨论 //

夫妻一起旅游要加收3 000元！

某地的周先生和妻子新婚后打算出国旅游，到某旅行社进行咨询。就在他和妻子准备定下来时，接待员说的一句话让他们很诧异："夫妻一起旅游要加收3 000元！"。而该旅行社工作人员透露，除了夫妻一同出游会被加价外，教师、记者、儿童、老人也要加价。据了解，这种做法在该地区的旅行社具有普遍性。

问题：

请问这种做法是否合理？为什么？

// 课后训练 //

阅读下面的暗访报告，并根据中国公民出境旅游的"五大陷阱"，提出相应的治理办法。

中国公民出境旅游的"五大陷阱"
——山东公布"泰新马"旅游线路暗访情况

近年来，"泰新马"旅游市场频频发生旅游者投诉事件。山东省旅游质量监督管理部门组织部分旅游质监人员对"泰新马"线路进行了随团暗访。暗访中发现，该旅游线路存在诸多消费"陷阱"。

据山东省旅游质监部门人员介绍，目前市场普遍存在低价"陷阱"。例如，从济南发团的"泰新马十日游"全程要乘坐5趟航班，全额机票款为9 000余元，而联程机票一般在三折左右，仅机票款一项就需要2 800元，加上三国正常的签证、食宿、交通、游览、娱乐等，整个行程费用远远超过大部分旅行社2 000~5 000元的报价。实际上，低价团旅游者被迫在购物、司机小费及新增自费项目上的花费少则三五千元，多则两三万元，是所交团费的数倍。

暗访发现，"泰新马"三国旅游市场存在的"陷阱"，多数为国外地接"陷阱"，且具有一定的规律性。

陷阱一：偷换产品概念，品质难以保证

泰国旅游局认可并推荐的品质游"215"，在国内市场却被"315"替换，而"315"并不被认可。当然，"215"品质游与"315"的内容大不相同。例如，"215"全程共有5条船，其中4条夜游船，1条探险船。"315"全程也安排了5条船，但船档次较低，且将夜游改为日游，留出时间购物。"215"品质游中有自费不超过600元的规定，而"315"不仅没有这项规定，多数还带有半强迫购物消费项目，且费用上不封顶，食宿标准也较"215"低。

陷阱二：地接导游兑换货币缩水

在泰国的行程中，地接导游接团后的第一件事就是为旅游者兑换泰铢。导游一般会宣称旅游者自己兑换货币十分麻烦，导游兑换比较划算。比如，导游要求每名旅游者用1 000元到导游处换到4 000元泰铢，按照实际汇率，导游少付给旅游者430元。

陷阱三：行程任意改变

一般"泰新马"旅游行程表会注明"行程仅供参考，具体安排及景点顺序以当地接待为准，在不减少景点的情况下可调整行程"。实际上，泰国地接导游会在第一天就打乱行程，目的就是尽可能多地"挤出时间安排旅游者去购物，并会提前向旅游者大力推荐旅游纪念品，引导其购买。

陷阱四：诱导给司机付小费

旅游者拿到的行程表中都会注明"报价不含境外司机导游小费300元/人"，因此出发前旅游者要另付300元给领队，出境后再由领队将这部分费用分别交给泰、新、马三国的地接导游。而泰国段的地接导游会在即将结束行程前向旅游者诉说司机的辛苦，进而要求每人需给予司机40~50铢的小费。

陷阱五：煽动、强迫旅游者消费

旅游者参加"泰新马十日游"在新加坡停留的时间只有24小时，地接导游为保证从旅游者身上赚取购物回扣，只能煽动、强迫旅游者消费。接到团队后，导游首先告诉旅游者新加坡政府规定不允许导游接触旅游者的钱币，旅游者不可以和导游兑换新币。而新加坡的超市、小型商场一般不接受人民币也没有刷卡机，旅游者若想自行购买当地特产必须去银行兑换新币，十分麻烦。因此，旅游者不得不去行程中的购物店购买特产，这些店铺所售商品价格大大高于普通超市的价位，且质量堪忧。

据相关人士分析，国内旅行社低于成本价销售直接导致旅游者在国外被地接导游强迫参加自费项目和强迫进店购物，并间接导致旅游者没有足够的游览时间以及所购商品存在质量问题。

// 拓 展 阅 读 //

扫描二维码，了解中国台湾民宿的代表之一的台湾莫内花园精品民宿的相关内容。

视频：台湾莫内花园咖啡农庄精品民宿设计经营与管理理念

// 本章配套微课 //

在线旅游经营商

有关在线旅游经营商的内容，请扫描二维码观看。

视频：OTA，在线旅游经营商

旅游业为当地居民提供了新的就业机会

图为印度尼西亚某度假村员工在为旅游者展示水果雕刻技艺（刘伟 摄）

5

第五章　旅游业的综合影响

　　旅游业是社会、经济发展到一定历史阶段的产物，同时，发展旅游业反过来又会对社会、经济以及文化与环境产生较大的影响，这些影响既有积极的一面，又有消极的一面，但从总体上讲，积极的一面要远大于消极的一面。正确认识旅游业对于发展国民经济和社会、文化、环境所能产生的积极影响，努力抑制旅游业可能带来的消极影响，对于实现旅游业的可持续发展，具有重要意义。

　　通过本章的学习，应该能够：

- 了解旅游业在国民经济中的地位和作用。
- 了解旅游业对社会、文化和环境的影响。

关键概念：

旅游　经济　社会　文化　环境　影响

Key Words：

Tourism　Economy　Society　Culture　Environment　Impact

第一节 旅游业对经济的影响

一、旅游业可成为一个国家或地区的支柱产业

所谓支柱产业就是能支撑国民经济发展的产业。一般认为，一产业的产值超过社会全部产值的 5%，就可视为支柱产业(世界旅游组织也有类似的标准)。如目前的山西、湖南、黑龙江、上海等国内众多省市，旅游产值都已达到社会全部产值 5% 以上，而浙江、青岛等省市，旅游产值已超过当地 GDP 的 10%，旅游业在这些地区都可视为当地的支柱产业之一，另外，中国还有 20 多个省、市、自治区已明确将旅游业列为本地区的支柱产业。

世界上很多国家，如卢森堡、法国、西班牙、新加坡等，其旅游收入占国民收入的相当大的比例，旅游业是其当之无愧的支柱产业。日本政府于 2003 年首次将"旅游立国"列入其社会与经济发展的战略性国策。

中国已确定将旅游业"培育"成支柱产业。继 1998 年中央经济工作会议正式确定将旅游业列为国民经济新的增长点以后，2009 年，国务院在《关于加快发展旅游业的意见》中，首次提出要把旅游业培育成"国民经济的战略性支柱产业和人民群众更加满意的现代服务业"，充分体现了旅游业在中国经济和社会发展中的重要地位和作用。

二、旅游业可以带动其他产业的发展

旅游业是一个关联性很强的产业。旅游业的建立和发展，要以许多部门和产业为依托，同时，旅游产业的发展又能拓展许多部门和产业的业务内容，从而促进和带动相关部门和产业的发展，如金融业、建筑业、轻工业、农业、交通业、房地产业等。

根据国家统计局发布的旅游卫星账户资料表明，与旅游业相关的行业超过 110 个，旅游对住宿业的贡献超过 90%，对民航、铁路客运业的贡献率超过 80%，对文化娱乐业的贡献率超过 50%，对餐饮业和商品零售业的贡献率超过 40%，如图 5-1 所示。

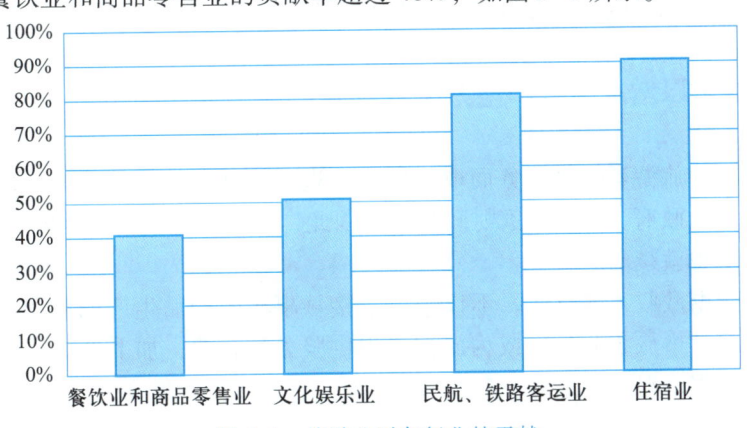

图 5-1 旅游业对各行业的贡献

三、旅游业可以增加外汇收入，平衡国际收支

由于国际旅游是不同国家间的旅游活动，随着旅游者从一国到达另一国，一国的货币也就随之从一国到达另一国。一般来讲，旅游者到另一国家后，就必须将本国的货币兑换成目的地国家的货币，才能流通。例如，一位美国的旅游者，离开美国前往中国旅游，在抵达中国后，就需要在货币兑换处将美元兑换成人民币，然后用人民币来支付旅游活动中的各种花费。这样，就形成不同国家的外汇的流出和流入。正是由于发展国际旅游业可以获得外汇收入，因此，国际旅游业往往受到各国的重视，有的国家把旅游作为获得外汇的重要渠道，在一些国家，旅游外汇收入已成为该国外汇收入的主要来源。

改革开放以来，旅游业为中国创造了大量外汇收入，从 1978 年的 2.63 亿美元，增加到 2019 年的 1 312.54 亿美元，增长了近 500 倍（见图 5-2），对于平衡中国的国际收支，支持国家建设和经济的发展，起到了巨大的作用。

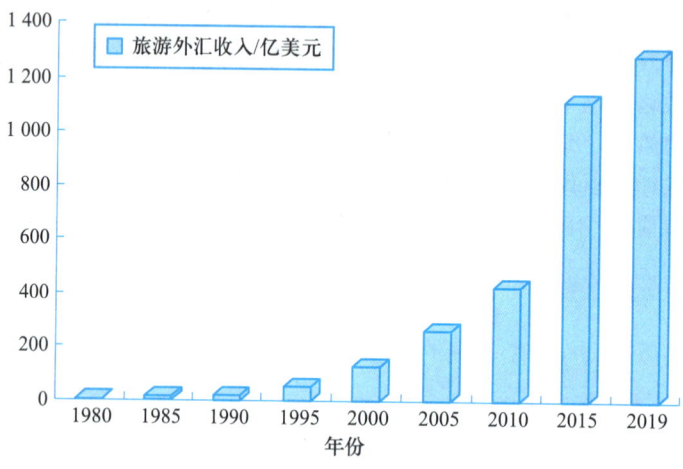

图 5-2　1980—2019 年中国旅游外汇收入增长情况

随着经济的高速发展，中国的国际贸易已出现巨额顺差，成为全球外汇储备最多的国家，人民币面临升值的巨大压力。但与此同时，随着中国对外开放的加大，出境旅游的爆炸式发展，中国国际旅游中出境旅游的外汇支出远远高于入境旅游的外汇收入，已经出现了巨额逆差，这对新时期平衡国际收支、缓解人民币升值压力，起到了积极的作用。

四、旅游业可以增加国家和地方财政收入

旅游企业通过为旅游者提供服务而取得收入，进而将其中的一部分以增值税和所得税的形式上缴国家和地方政府，形成国家财政收入。因此，旅游业发展规模越大，旅游收入越大，国家财政收入水平也就越高。

旅游业对国家财政收入的贡献，不仅来自直接从事旅游产品生产的旅游企业，还应包括非旅游产业中间接从事旅游业务的或为旅游者提供服务的企业，加上这部分企业的应上缴税额，国家就会有更多的财政收入。

五、旅游业可以促进地方经济发展

通过发展旅游业促进地方经济发展，在国内外是屡见不鲜的。旅游业的发展，要凭借旅游资源，而旅游资源分布一般都是较为广泛的。有些地方，就其经济发展来说，较为落后，交通不便，人民生活水平不高，但是，却有着某些特色的旅游资源。在旅游业没有得到发展之前，这些旅游资源在那里闲置，也不能显示出它自身的价值。但是，一当旅游业有了发展，对该地的经济发展立即就会发挥出巨大的作用。

世界上一些国家，对那些经济较为落后、交通较为不便、信息较为闭塞的地方，国家会有意识、有计划地在那里发展旅游业，从而，全面促进这些地方的经济社会的发展。在中国，改革开放40多年来，通过发展旅游业来促进地方经济发展的例子越来越多，不仅各级政府大力支持一些地方通过发展旅游业来发展地方经济，就是当地的老百姓，随着认识的提高和旅游意识的增强，也都纷纷行动起来，利用本地可资利用的旅游资源，通过发展旅游业作为走向致富的重要途径。例如，陕西省咸阳市礼泉县袁家庄村利用关中文化和美食发展旅游业，每年收入10多亿元，成为靠发展乡村旅游致富的典范，如图5 3所示。

图5-3　陕西省咸阳市礼泉县袁家庄村的关中文化泥塑（刘伟　摄）

六、旅游业可以推进对外开放和扩大经济交流

实行对外开放，可以促进旅游业的发展，旅游业的发展，反过来又可以推动对外开放，二者是相互促进，相辅相成的。

20世纪80年代初，中国旅游发展的重要标志就是在一些重点旅游城市兴建了一大批旅游涉外饭店。1982年后，中国第一批较大型的旅游饭店相继在全国重点旅游城市建成，并投入使用。自此，迅速扩大了对入境客人的接待能力，这就为中国对外开放奠定了初步的基础。

在中国兴建旅游饭店的过程中，最早地利用了外资，旅游是外商来中国投资的最早的行业之一，也是中国实行对外开放后，取得的重要成果之一。由于旅游对外接待能力的提高，这就使中国有条件举办大型的对外经济交流活动。在每年的"广交会"期间，广州各大小旅游饭店爆满，各大公园、旅游地游人络绎不绝。每届交易会的成功，都包含着广州旅游业的一份功劳。随着对外开放的深入发展及与世界的交往日益增多，除广州之外，全国许多城市和地区都在接连不断地举行各种各样的经济洽谈会、招商会、经贸促销会等，经济交往名目繁多，节庆活动连绵不断。只要关注新闻媒体，就会发现中国真是三日一会、五日一节，如服装节、风筝节、武术节、古文艺术节、葡萄节、石榴节、熊猫节、冰灯节、啤酒节、戏剧节、电影节、无伴奏合唱节、民族歌舞节等。但凡举行这些节庆之日，也就是举行经贸洽谈会之时。有不少地方，有一种比较流行的提法："旅游搭台、经贸唱戏"，充分、形象地说明了旅游在扩大对外开放、促进经济交流中的重要作用。

七、旅游有助于缩小国家或地区之间的贫富差距

如前所述，旅游者的流动规律是从发达国家或地区流向不发达国家或地区。发达国家由于其经济发展水平比较高，因而在国际旅游业中扮演着旅游输出国的角色，而发展中国家则在国际旅游分工中，主要扮演着旅游接待国的角色，通过为来自发达国家和地区的旅游者提供旅游服务而获取大量外汇旅游收入，从而有助于消除发达国家和发展中国家之间日益扩大的经济差距，并确保逐步加快发展中国家经济、社会发展和进步的速度。

第二节　旅游业对社会的影响

【经典案例】

6万人接待2 000万旅游者：旅游对威尼斯居民的影响

每逢旅游旺季，海内外大量旅游者蜂拥而至，令不少威尼斯居民不得不离城退避。有统计数据显示，自从20世纪50年代中期以来，威尼斯的常住人口持续下降，到后来只剩下6万人左右。而这个小城每年却要接待2 000万旅游者。选择留下来的居民必须忍受旅游业太兴旺所带来的各种生活不便，其中包括街头杂货铺消失、学校关闭、各种日常生活必需的商铺和服务机构纷纷被比萨店和专门接待旅游者的餐馆所取代。此外，威尼斯的物价也迅速上涨，一切东西都变得很贵，连威尼斯人唯一的公共交通工具——运河上载客的交通汽艇，也变得拥挤不堪。

发展旅游业不仅会对一个国家和地区的经济产生重大影响，还会对社会和文化产生多方面的影响。旅游业对社会的影响主要表现在以下几个方面。

一、旅游业对社会的积极影响

（一）旅游业可以扩大社会就业

在世界范围内，旅游业已成为全球规模最大、就业人数最多的行业。世界旅游理事会调查表明，旅游业为全球近3亿人提供了就业机会，约占世界就业人口总数的10%左右。

就中国而言，2019 年，中国旅游就业人数近 8 000 万人(其中直接就业人数约 2 825 万人)，约占全国就业总数的 10.31%(资料来源:中国旅游研究院)。特别在解决中国少数民族地区居民、下岗职工、大学毕业生首次就业者等特定人群就业方面，旅游业发挥着重要作用。

旅游业的就业范围分为 3 个层次:一是旅游核心产业就业人数(旅游住宿、旅行社、景区、旅游车船公司等);二是旅游特征产业就业人数(直接或者和旅游密切相关的餐饮、娱乐、交通等);三是旅游相关产业就业人数(旅游拉动的直间接就业)。

(二) 旅游业可以改善社会和城市环境

旅游发展推动了宜居宜游环境的建设。现代旅游活动已经深入到目的地的每个角落，对城乡建设和管理水平提出了较高的要求。因为旅游业的发展，很多城市的基础设施得到了完善，公共服务水平得到了提升，城市形象焕然一新。如广州从化区温泉镇是个国内著名的历史文化镇，毛泽东、周恩来、朱德等党和国家领导人都曾来此工作和度假。但多年来一直处于脏乱的状况。2016 年开始，当地政府开始认识到旅游业的重要性，认识到"绿水青山就是金山银山"的发展理念，开始大力整治旅游环境和温泉镇的镇容镇貌，制定了旅游环境综合整治方案，经过不到两年时间的旅游环境大整治，温泉镇的镇容镇貌、交通秩序、治安环境、市场规范、城镇管理水平、市民文明素质均发生质的变化，特别是镇容镇貌，可谓日新月异，不仅旅游者满意度连续上升，当地居民的生活品质和幸福感也有了很大提升(见图 5-4)。

图 5-4　广州市从化区温泉镇夜景(刘伟 摄)

(三) 旅游业有利于和谐社会的形成

发展旅游业有益于社会公民的身心健康，有利于构建和谐社会。正如《马尼拉世界旅游宣言》所指出的:现代旅游已经成为一个有利于社会稳定、人与人之间和各国人民之间相互了解及自我完善的因素。

发展旅游业对于构建和谐社会的积极作用主要体现在以下几个方面。

(1) 修身养性，陶冶公民情操。旅游活动有利于旅游者的身心健康，是现代社会人们实现自我完善和自身可持续发展的一种很好的方式。

(2) 促进人与自然的和谐。通过旅游活动，可以增加人与自然的亲和力，增强人们的环保意识，从而促进人与自然的和谐发展。

(3) 提高公民的文化水平和文明意识。

(4) 增进旅游者对社会的了解(特别是对不发达地区的了解)，增强公民的社会责任感。

(5) 增加不发达地区的旅游收入，缩小贫富差距。

(6) 扩大就业，促进社会和谐。

(四) 旅游业可以使落后地区摆脱贫困，有利于缩小城乡差距

城乡差距的扩大，是社会不公平的表现，也是影响社会和谐、稳定的重要因素。发展旅游业，可以充分利用乡村独特的人文、生态、清新的空气、无公害食品等吸引城市居民到乡

村休闲、度假，从而增加农民收入，缩小城乡差距，构建和谐社会。

贫困问题既是经济问题，又是社会问题，是国家、政府以及全社会所关心和迫切需要解决的问题。

旅游业是中国扶贫开发战略的一个重要组成部分，具有目标准、成本低、见效快、受益面广、返贫率低、受益期长等主要特点。通过旅游规划扶贫、旅游信息扶贫、旅游教育扶贫、旅游人才扶贫以及媒体宣传扶贫等多种方式，很多地区已经摆脱贫困境地。据统计，中国通过发展旅游已使贫困地区约 1/10 的人口脱贫。

（五）旅游业可以促进世界和平

"旅游不仅是一个促进相互了解和理解的积极的、永久的因素，而且是实现各国人民之间较大程度的尊重和信任的基础"（摘自《马尼拉世界旅游宣言》）。旅游是民间外交的一种好的形式，通过旅游活动可以增进世界各国人民的友谊、相互理解和相互尊重，从而促进世界和平。

主客之间的直接互动能够打破偏见，打破基于单一维度划分人群的传统。给人群"贴上标签"——通常是错误的标签——之后，人的个性就会丧失。当旅游者对目的地居民有了亲身的了解，得知了他们的问题、希望及其借以改善生活的方式时，就会容易注意到人类的共性。其原因在于，对于自己所认识的某一个人，人们不大容易对其产生不信任和反感。相比之下，对于难作区分的某个笼统人群，对其产生不信任和反感的情况则会来得比较容易。

另外，任何社会中的主客双方都可以互相学习。为了观察目的地生活及文化而进行的有益社会接触和有计划的旅游活动，能够极大地增进旅游者对目的地文化的了解。与此同时，旅游者对目的地居民生活方式的兴趣在使当地居民对自身所取得的成就产生自豪感的同时，也会增加他们对旅游者的尊重。

最后，旅游的存在和发展完全取决于是否存在持久的和平，各国政府充分理解旅游业在经济和社会等方面的重要性，为了发展旅游业，必须努力维护世界和平，因此，旅游会间接地对实现永久的和平做出贡献。

（六）旅游业可以提高人类的幸福指数

幸福指数反映人们的幸福感，是构建和谐社会的重要指标。发展旅游业有助于提高人们的幸福指数。

1. 旅游是人们心情的愉悦剂

由于旅游走的是名山秀水，看的是秀丽风光，听的是猎新猎奇，吃的是当地美食，住的是宾馆酒店，找到的都是和在家不一样的感觉。旅游还可以使人们释放日常工作的压力，因此，参加旅游活动，不但能够锻炼人的体质，而且能够愉悦人的心情。

2. 旅游是美好生活的添加剂

随着经济的发展，人们的物质生活得到了较大的满足，但人的需求是多方面的，仅有物质上的满足是不够的。特别是休假制度的落实，使人们有了更多的闲暇时间。怎样科学地利用这些闲暇时间，追寻除物质生活之外的东西？旅游是一条重要途径，旅游让人们的生活更充实，更美好，更丰富多彩。

二、旅游对社会的不良影响

旅游在对社会产生多方面积极影响的同时，也会对社会产生一些消极影响，从而导致目的地居民对旅游者产生怨恨。

目的地居民对旅游者的怨恨主要源于两者的经济情况、行为模式、衣着打扮等方面存在显著差异。在一些因旅游者来访而产生利益冲突的地区，当地居民对旅游者的怨恨十分常见。例如，在北美地区，当地居民会对到访的户外活动爱好者产生怨恨，因为在他们看来，这些来访者正在"射杀我们的野鹿""捕捞我们的鱼"。旅游者对商品的需求很容易抬高目的地的物价，这会使当地居民产生不快的感觉。

另一种形式的怨恨可能会导致目的地居民产生自卑情绪，因为与外来旅游者相比，他们处于不利地位。那些在服务于旅游者的相关行业中从事工作的目的地居民会得到较高的报酬，因而会在那些不如自己幸运的同伴面前展示出一种优越感。这会对整个旅游业形成一种不利的态度。

旅游业的发展对目的地社会的负面影响主要包括以下几个方面。

（1）引发一些不良活动，如赌博、酗酒及其他暴力行为。

（2）产生所谓的示范效应，即目的地居民想要得到与旅游者同样的享受和进口商品。

（3）造成种族间的紧张，尤其是在那些对旅游者和当地居民明显区别对待的地区。

（4）促使部分旅游企业员工形成奴性态度。

（5）为增加旅游纪念品销售额，当地手工艺品"庸俗化"。

（6）如果目的地文化被旅游者视为离奇风俗或娱乐表演，当地居民就会丧失文化自豪感。

（7）由于旅游者过多，在这种情况的熏陶下，当地生活方式出现过快的变化。

（8）旅游者通过旅游活动，会将其价值观、人生观和道德观，有意无意地带进旅游目的地，从而对当地居民产生潜移默化的影响，这种影响既可能是积极的，也可能是消极的、负面的。反之，旅游者也可能从旅游目的地将当地一些不健康的价值观带回本国或居住地，从而产生一些不良的社会影响。

其实，有许多负面影响都可以通过巧妙的规划和先进的管理方法加以缓解或消除，从而使旅游业能够以一种不必付出如此沉重社会代价的方式得到发展。需采取的措施包括：对于旅游者带来的不良的价值观、道德观和人生观，旅游目的地国家和地区的政府和居民应保持清醒的头脑，并采取必要的措施予以抵制；通过制定区划和建筑物规范，严格控制土地的使用；旅游部门或同类官方组织制定开明的政策；对诸如基础设施和上层建筑等旅游供给实行恰当的分阶段提供，以便能与旅游需求相匹配；加强对居民的相关宣传教育。

第三节　旅游业对文化的影响

如前所述，旅游具有文化性质，这不仅表现在旅游的主体——旅游者及其旅游需求的文化性，旅游的客体——旅游资源的文化性（无论是埃及的金字塔、巴黎埃菲尔铁塔还是中国的万里长城，都具有丰富的文化内涵），旅游的媒体——旅游业的文化性，还表现在旅游活动本身就是一种文化生活。旅游者不单纯是文化的旁观者，而且是不同文化的传播者和参与者。因此，旅游活动是一种文化交流过程，对于旅游目的地及旅游客源地的文化能够产生多方面的重要影响。旅游对文化的影响是多方面的，既有积极的一面，又有消极的一面。

一、旅游对文化的积极影响

（一）旅游对文化的传播作用

不同地区文化的差异是旅游活动产生的动因之一。旅游者到异国他乡旅游，目的之一就是学习和了解当地文化，如民俗风情、生活习惯、饮食文化、住宿文化、服饰文化、民间艺术、景观文化、文学艺术、历史文化及社会文化等，与此同时，旅游者又将自己本国、本地区或本民族的文化带到旅游目的地，并通过自己的言、行、举、止有意无意地传播给旅游目的地居民，因此，旅游能够促进文化的传播和交流。

旅游对文化的传播作用，要比官方的宣传效果好得多。中国前任驻法大使吴建民曾经谈道：中国和平发展需要和谐的外部环境，需要用"世界语言"向全球讲解和平发展的历史和文化，而旅游是最有效的"全球流通语言"，是诠释"求同存异""和而不同"的中国核心文化价值观的最佳载体。而通过旅游传播中华文化，会起到很多的作用。他举例说："记得我担任中国驻法大使期间，国内一个代表团到法国进行宣传，带来了大批印刷精美的宣传册，与会者人手一只宣传袋，但真正阅读的人并不多，甚至有人一出门就扔掉了，因为他们认为这是政治宣传。今天越来越多的外国朋友来中国旅游，没有任何官方安排，他们接触的都是中国百姓，看到的都是现实，这比任何宣传都有说服力。来中国旅游，他们是竖起耳朵来听中国故事的，这时，你用他们的视角和语言来介绍中国文化、讲解中国历史，效果就非常好。"

（二）旅游的发展可以促使优秀民族文化得到发掘、振兴和弘扬

民族文化是各国发展旅游业必须珍重并充分利用的核心旅游资源。许多趋向于衰退和消失的传统文化，只有在旅游的发展中才能复活、继承并发扬（见图5-5）。

图5-5　本书作者向延安民间艺人学习安塞腰鼓，旅游业使当地民俗文化得到发扬光大

发展旅游业是历史文化保护和利用的重要途径。通过发展旅游业，能够使很多"地下"的东西走上来、书里的东西走出来、静的东西动起来。以北京故宫、曲阜孔庙、西安兵马俑、杭州灵隐寺等为代表的文物建筑，以云南丽江、山西平遥、江西婺源、安徽西递宏村等为代表的古城镇、古村落，和以潍坊风筝、景德镇陶瓷、杨柳青年画、华阴老腔等为代表的非物质文化遗产，都依托旅游业发展得到了很好的保护和利用，焕发了新的生命力。

（三）旅游可以促使民族文化的个性更加突出

欣赏和了解异族文化是旅游者外出旅游的动机之一。越是有特色的文化，越能吸引旅游者。为了发展旅游业，吸引更多的旅游者，旅游目的地国家和地区总是想方设法突出自己的民族文化特色，从而使民族文化的个性得到加强（见图5-6）。

图5-6　旅游业使民族文化的个性更加突出，图为夏威夷居民在为旅游者表演草裙舞（刘伟　摄）

（四）旅游对文化的保护作用

文化是一种旅游资源，是旅游者参观、游览的对象，因此，一个国家、地区、社会以及当地居民为了发展旅游业，为其经济和社会服务，就必然十分重视对其民族文化和当地文化的发掘和保护工作。

第一，无论是历史文物古迹，还是现实的民俗艺术，都得到政府等有关部门有组织、多学科、多角度的综合评价论证。这种全面、科学的研究和分析给予当地民族和历史的文化价值以更深刻、更有力的肯定，从而为当地文化的保护奠定了思想认识基础。

第二，政府为了发展旅游业，对民族和历史等文化资源会采取更实际的措施。比如，从一般性的宣传号召转向通过立法保护文物、古迹等民族文化；将民族和历史文化保护纳入城乡总体建设和系统规划之中——意味着对人类文化遗产的保护给予了战略性的重视和长期安排；从财政上支持民间工艺品的生产；褒奖有特殊技艺、对文化的发展做出重大贡献的民间艺人；组织社会各界力量维护、修复重要的文化遗址；资助传统艺术团体举办艺术节等。从而使历史和民族文化精粹在万象更新的现代生活中，能够得以生存和发展。

第三，对民族和历史文化的保护愈来愈具有群众性。一个地区的旅游业越是发达，当地经济以及城乡居民的收入水平就越是依赖于旅游业，他们对当地的文化精粹和自然环境就越是视为"衣食父母""风水宝地"，自然也就会自愿和竭尽全力地加以保护。事实上，不少已濒临绝迹的民间工艺品、传统食品、戏剧曲艺、民风民俗等就是在这种背景下才得到重新挖掘、整理、更新和提高的。如果这种源于经济原因的文化保护意识能够与提高人民的文化教育水平相联系，民族和历史文化的保护就获得了更为有力的保证。

第四，旅游业的发展使得对文化的保护有了更充足的资金保证。以中国为例，过去对历史文物古迹、博物馆等文化的保护都是靠国家或地方政府十分有限的财政拨款，旱涝不保，对历史文化难以起到有效的保护作用，而通过发展旅游业，可以将历史文物古迹等参观游览点的门票等旅游收入全部或部分地用于对这些历史文物古迹的保护工作，从而使得对历史文化的保护工作有了更充足的资金保证。

二、旅游对文化的消极影响

旅游在对文化的发展产生积极的影响和推动作用的同时，也会对其产生一定的消极影响。对此，我们必须有清醒的认识。旅游对文化发展的消极作用主要表现在：旅游在某些方面和某种程度上，会使民族文化产生异化。

旅游对文化的影响具有两重性。一方面，旅游目的地政府、居民和企业会强化当地文化的独特性，以吸引具有不同文化背景的异国、异地旅游者，从而使当地文化的特色更为浓厚、特点更为突出；另一方面，旅游者将本国或本民族的文化带进来，对旅游目的地的传统文化产生冲击，一些当地居民盲目认为，外来文化就是"好的"，从而不加区分地予以接受，盲目模仿旅游者的生活方式，接受其价值观、人生观和道德观，结果使本民族文化逐渐被外来文化所同化，民族文化只存在于专为旅游者开发的各种"民俗村""文化村"和"保护村"内，这是十分可悲的现象。

第四节　旅游业对环境的影响

任何产业的发展都会给当地的自然环境带来影响。由于旅游者必须到目的地去消费产品，所以旅游活动不可避免地会和环境影响相关。在20世纪70年代末期，经济合作与发展组织制定了一个框架去研究旅游活动给当地带来的环境压力。这个框架强调了4种对环境有刺激性的活动，包括：永久性改变环境结构的建设项目（如建设高速公路、机场和度假区），废弃物（生物和非生物的垃圾对渔业生产的破坏、对健康的损害、对目的地吸引力的降低等）；旅游活动所造成的直接环境压力（旅游者的到来和活动破坏了珊瑚、植被与沙丘）；旅游对人口流动的影响（移民、城市人口密度增加而农村人口减少）。

一、旅游对环境的正面影响

无论是自然环境还是人造环境，都是旅游产品中最根本的组成部分。但随着旅游活动的产生，在旅游发展过程中，环境都不可避免地要受到影响和改变。

与旅游相关的环境影响可以分为直接影响、间接影响和诱发影响，也可分为正面影响和负面影响。发展旅游而不影响环境是不可能的，但通过正确的旅游发展规划和管理有可能减少负面影响并扩大正面影响。

旅游活动对环境产生的直接正面影响有：

（1）保护和恢复名胜古迹。

（2）建立国家公园和野生动物园。

（3）保护珊瑚和海岸。

（4）保护森林。

旅游对环境的正面影响还表现在旅游业可以促进生态文明建设，增加公民的生态保护意识。在中国，生态旅游、低碳旅游正在成为旅游消费者的自觉行为。一些荒山、荒坡、沙漠、盐碱地、资源枯竭矿山等通过发展旅游业得到了综合利用。图5-7为某旅游区的环境保护标识。

图5-7　旅游景区的环境保护标识（刘伟 摄）

二、旅游对环境的负面影响

旅游对环境的负面影响主要来自以下3个方面。

（一）旅游开发对环境的负面影响

（1）开发旅游资源对周围自然环境的破坏。如为了提供旅游者使用的海滩而炸毁了毛里求斯的巴拉克拉法帽海湾。在海边修建高层酒店也是对旅游环境的破坏性影响。毛里求斯用法规来限制海边的建筑物不能高于棕榈树，印度的一些地区规定开发项目要限制在距海滩一定的范围内。

（2）在旅游风景区修建道路、缆车等对山体和周围环境的破坏。

（3）利用房地产开发的手段建设旅游设施，破坏了景点的整体美观。

（二）旅游者的旅游活动对环境的负面影响

（1）打猎和钓鱼对野生动物的生存环境有明显的影响。

（2）过度使用会破坏或侵蚀沙丘。

（3）植被被行人践踏。

（4）野营篝火会破坏森林。

（5）一些古迹由于受到侵蚀、乱涂乱画和旅游者的偷窃而变形或被破坏。甘肃张掖是国家地质公园，被称为"中国最美的七大丹霞""世界十大神奇地理奇观"。然而，2018年8月，某平台发布了一则两名男子和一名女子行走在七彩丹霞岩体表面的视频，其中一名黑衣男子把鞋脱掉拎在手里，光脚踩在岩面上。视频之外还有一名录视频的男子，光着脚踢起岩体表面的沙土，并不时说着，"我破坏了六千年的（原始地貌）"。这种破坏具有非常恶劣的影响。

（6）对垃圾处理不当破坏环境景观的质量并危及野生动物。如旅游者在珠穆朗玛峰营地留下的垃圾对环境和道路的破坏。

（三）旅游经营活动对环境的负面影响

旅游企业的经营活动可以直接影响水和空气的质量并增加噪声。例如，向水中排污，在内陆水系和海上使用机动船将造成污染；在旅游交通中内燃机使用的不断增多，在酒店的空调和制冷设备中使用燃油，都会降低空气质量；城市中夜总会和其他娱乐活动以及越来越多的铁路、公路、航空交通都会大大增加城市的噪声。

需要特别注意的是，许多环境因素是相互依赖的，但这个问题常常得不到全面的考虑。对珊瑚的破坏会减少当地的独特性和那些靠珊瑚生存的鱼类和生物，同样会减少以这些鱼类为食物的鸟类。为了正确测定环境影响的整体变化，必须要了解生态系统和生态系统对环境压力的反应。

∥ 本 章 小 结 ∥

■ 发展旅游业会对一个国家、地区的社会、文化、经济、环境等产生重要影响。

■ 旅游业的经济作用表现在：可以成为一个国家或地区的支柱产业；可带动其他产业的发展；可以增加外汇收入，平衡国际收支；可以促进地方经济的发展；可以增加国家和地方财政收入；可以推进对外开放和扩大经济交流；有助于缩小国家或地区之间的贫富差距。

■ 旅游业对社会的影响主要表现在：发展旅游业可以扩大社会就业，改善社会和城市环境，有利于和谐社会的形成。

■ 旅游业对文化的影响主要表现在旅游业对文化的传播、发掘、振兴和弘扬作用上。同时，旅游业对文化也会产生消极的影响，旅游者可能将一些落后的、不健康的文化带入旅游目的地，也可能会使旅游目的地文化发生异化。

■ 旅游业对环境的影响也表现在两个方面：一方面可以促进旅游目的地居民和当地政府

加强对旅游资源和环境的保护，另一方面，随着旅游者的大量涌入，也会对环境造成一定的负面影响。

// 复习思考 //

1. 简述旅游业在国民经济中的作用。
2. "旅游对文化发展只有积极的作用，而没有消极的影响"，这句话对吗？为什么？
3. 怎样理解旅游对文化的保护作用？
4. 旅游对环境会产生哪些影响？
5. 近年来，中国很多自然、文化风景胜地纷纷被列入联合国自然和文化遗产，其门票价格随即纷纷上涨，你认为这样做对吗？请就其合理性进行讨论。

// 课后训练 //

阅读下面关于生态旅游的案例，然后分析后面的问题，写出报告，分组讨论。

生态旅游，还是生态破坏旅游？

一艘游船正由一个自称为生态旅游的公司驶向安达曼海中的野生珊瑚礁，当游船到达目的地后，锚抛于宽阔的大海之中，无数珍贵的珊瑚和许多海生动物生存的家园被毁掉。

这就是泰国式的生态旅游常见的情景。为了避免这种破坏环境的大规模旅游，泰国国家旅游局在几年前颁布了生态旅游的定义，但许多旅游公司有着自己对生态旅游的看法。

针对青少年和探险者，旅游公司在广告中把丛林探险、潜水旅游和其他贴近大自然的探险活动统统称之为生态旅游。由于他们并不真正关心环境，这种大规模流行的大自然旅游活动意味着对原始环境的加速破坏，并导致了生态系统的进一步恶化。

泰国国家旅游局一位负责人说："泰国的生态旅游走向成熟还需要时间。我们目前正处于转型时期，我们需要建立起政府、非政府组织、企业经营者、旅游者和当地社区等各个部门之间更加紧密的合作网络，才能实现生态旅游的目标。"他认为，由于地方社区的管理技术低劣，与旅游业的协商能力差，导致了旅游开发中当地社区参与不够，这是生态旅游失败的一个主要原因。他还指出，地方社区缺乏信息、技术和财力去管理当地的旅游企业，因而政府必须通过提供财政支持和专业指导的方式来干预社区的生态旅游经营活动。

在泰国南部的一个小渔村中，一位名叫米亚海娃的村民说："不论你如何称呼它，是叫作大众旅游还是生态旅游，对我们当地村民来说都是一样的，因为它从未给我们带来任何好处。"她说，"也许我们中的有人受雇用，成为旅游区或餐厅的廉价劳动力，也仅此而已，但旅游者对环境的破坏远大于经济的回报。"这个安静的渔村地处美丽的海遥海滩，是通向许多原始岛屿的门户。尽管村民们每年都见到大量的旅游者经过，但他们并没有从旅游者那里赚到多少钱。她说："当旅游者到来后，他们都住在度假村舒适的酒店里，却忽略了我们的小屋。他们乘着度假村的游船去岛上观光，在餐厅里享用食物，而将垃圾扔在我们辛辛苦苦保护的大海里。"只有极少的旅游者愿意住在村民的家中，乘坐村民的渔船出游，品尝他们亲手烹调的当地食物。她说，她所希望的是受到当地社区的管理和经营，并为当地社区着想的旅游。她说，为了避免让村民个人提供服务来赚钱，如果旅游是当地社区的行为，环境保护将更有成效。社区的努力还能使村民们有力量与旅游公司进行协商。

米亚海娃是扎麦的一位村民，也是环境保护的积极分子，她说："许多村民是自私的，他们只关心做自己的生意而不顾及环境，这种旅游只能是杀鸡取卵，对整个社区造成损害。"

尽管泰国国家旅游局还没有具体的措施去支持当地社区来经营生态旅游，但已经认识到非政府组织在加强当地社区群体中所起的作用，这是生态旅游能否获得成功的重要条件。

　　Kiriwong 是一个世代靠古老森林果园生存的社区，位于 Khao Luang 山脚下，它是一个发展社区型生态旅游的好例子。为了应对日益增加的旅游者和环境的威胁，村民们在 Tambon 管理委员会里设立了 Kiriwong 村生态旅游俱乐部，并制定了一些防止环境恶化的旅游规则。

　　俱乐部的秘书长 Nipat Boonpet 说，Kiriwong 限制登山者的人数，一个月之内只限 30 位，每位登山者要付大约 3 000 泰铢作为 4 天的旅行费用，其中包括食物、住宿、行李搬运、观光、联络费等各种费用和对当地的捐助。

　　他说："Khao Luang 山就像自家的屋脊一样，我们必须要保护它，它一旦被破坏，就意味着自己遇到了大麻烦"。

　　所有从旅游中赚得的利润将归入 Kiriwong 的社区的福利基金。Kiriwong 的村民从生态旅游中得到的收入是第二位的，他们主要还是依靠森林果园生活。

　　尽管不是所有的旅游者对 Kiriwong 的安排感到高兴，有人抱怨费用太高，使没有收入的学生负担不起去 Khao Luang 山的自然旅游费用，他们认为，山是属于所有人的，Kiriwong 的村民没有权利去占有它并向人们收费。

　　问题：

　　（1）你是如何理解生态旅游的？

　　（2）针对上述案例中的种种问题，你认为应该如何处理好生态旅游与环境保护的关系？

// 拓 展 阅 读 //

如果出山时重量轻了，就会被罚款

　　宿营地木屋的一侧是一座独立的小房子，根据其大小可以猜到是厕所。厕所是特殊设计，盛装排泄物的铁桶可以移动，以便直升机可以定期将铁桶吊运到垃圾处理场。新西兰人的环保意识让人大开眼界，环保手段亦表现出国际水准。

　　这几年我在全球登山探险，之前见到用直升机吊运人类排泄物的，唯有南美洲最高峰——阿根廷的阿空加瓜。

　　做得最绝的是北美洲最高峰——阿拉斯加的麦金利峰。进山前，国家公园的管理人员要对登山者的身体和携带的装备称重量，每人还发一个冲顶时用的大便器，要求撤出时大便也要随身带走。按能量守恒定律，如果出山时称的重量轻了，就会被罚款。

// 本章配套微课 //

　　旅游对文化的影响，详情请扫描二维码了解。

视频：旅游对文化的影响

发展旅游业必须首先做好旅游规划，旅游规划是实现旅游业可持续发展的重要条件

6

第六章 旅游业发展规划

  无论是一个国家，还是一个地区，发展旅游业，必须制定旅游发展规划，只有这样，才能确保旅游业的发展取得最大的社会、经济效益，才能少走弯路，避免对社会、环境可能造成的破坏，从而才能实现旅游业的健康和可持续发展。

通过本章的学习，应该能够：

- 认识制定旅游发展规划的意义。
- 了解旅游发展规划的基本内容。
- 学会制定旅游发展规划。
- 了解旅游解说系统。

关键概念：
旅游规划　旅游解说

Key Words：
Tourism Planning　Tourism Interpretation

第一节　旅游业发展规划概述

旅游业发展规划是指在一定范围（地域）内和一定时期中对旅游发展的一种谋划或筹划。

旅游业发展规划是一个系统工程，它涉及许多方面，如果各有关方面不能相互配合和协调发展，旅游的正常和顺利发展是不可能的。因此，旅游业发展必须要有规划，并在规划的指导下来进行。

一、制定旅游业发展规划的意义

旅游业发展规划的制定和实施有着非常重要的意义，表现在以下几个方面。

（一）保证旅游发展的有序性，避免盲目发展

旅游发展规划的制定和实施，使旅游发展纳入有计划、有步骤发展的轨道，并使之得到较顺利的发展。

不论是全国，还是地区，旅游业的发展建立在全国和地区经济、社会的发展上，离不开社会各个方面的支持。因此，旅游发展必须与经济社会的发展相适应。

旅游业的发展规划要从时间、区域、功能三方面制定。从时间上说，先要制定旅游业的长期发展规划，再制定中期和短期旅游发展规划。中期和短期旅游发展规划应该以长期旅游发展规划为依据，不能离开长期旅游发展规划的制约。从区域上说，首先要制定全国的旅游发展规划，再制定省、市、地区、旅游地、旅游参观点的旅游发展规划，后者也要以前者为依据，并受其制约。从功能上说，首先要制定旅游发展战略，再制定旅游发展总体规划和旅游景区、景点规划，后者也要以前者作为依据，并受其制约。

这样，从时间、地域、功能上，使旅游业都纳入发展规划之中，旅游业也就进入了有序发展之中。

（二）保证旅游业和相关行业的相互配合、协调发展

旅游业的特点之一就是它与许多部门和行业有密切的关系。这里主要的部门和行业有：交通运信业、邮电通信业、商业和服务业、金融保险业、供水供电供气业、医疗保健业、饮食和娱乐业等。旅游业如果不能与这些部门和行业同步发展，就会寸步难行。旅游业与这些相关部门和行业的同步发展问题，单靠各个部门和行业是解决不了的，必须要靠国家和各地政府通过制定旅游发展规划来加以解决。

（三）保证旅游资源更有效的利用

中国的旅游资源极为丰富，可以开发和利用的旅游资源非常多。但是，从投入产出的角度看，旅游资源有一个有效利用问题。在一定地域内，在一定时期中，不是旅游资源开发得越多越好。旅游资源的开发和利用应该与一定地域和一定时期旅游发展状况相适应，与一定的客流量相适应。旅游资源开发利用偏少，不能构成对旅游者更大的吸引力，不能满足旅游者的需求，会形成对旅游发展的阻碍。但是，超越旅游发展的需要，超越旅游者的需求，就会导致所开发旅游资源的闲置。虽说旅游资源的开发应有一定的超前性，从而使旅游发展有较大的后劲，但是，也不

能超过一定的限度。为保证所开发旅游资源的有效利用，必须根据旅游发展的现状和今后发展趋势，做好旅游发展规划工作。开发什么样的旅游资源，开发多少，什么时候开发，开发的规模有多大等，都应制定出明确的规划，并按照规划有计划、有步骤地进行。

（四）保证旅游业的可持续发展

旅游业发展要以旅游资源为凭借，旅游资源，特别是那些不可再生的旅游资源，如诸多的人文旅游资源和诸多的自然景观，一旦被过度消耗或破坏，就永久地消失了，不但会影响到旅游业的可持续发展，还是人类文明的巨大损失。为此，对一些旅游资源的开发必须有计划、有步骤地进行，对一些已被开发利用的旅游资源，为了使其不至于过度消耗，不致被破坏，还必须制定出保护措施。

此外，旅游业的发展与生态环境有着非常紧密的关系，如旅游地的海滩、湖泊、河流、小溪等，都应保持清洁、卫生，不能受到各种污物的污染，又如旅游地的空气、环境也应保持清新、干净、美观等，也不能受到污染和破坏，否则，旅游业就失去了可持续发展的条件和基础。因此，旅游业发展规划中还必须制定保护生态环境的规划，有关地方和部门必须按照规划的要求和规定做好生态环境的保护工作。

二、旅游业发展规划的种类

旅游业发展规划有各种不同的类型，现从时间、区域和功能方面进行划分。

（一）按时间划分

按时间长短，旅游业发展规划可划分为短期旅游发展规划、中期旅游发展规划和长期旅游发展规划。一般来说，短期旅游发展规划为 3～5 年，中期旅游发展规划为 5～10 年，10 年以上为长期旅游发展规划（见图 6-1）。短期旅游发展规划，就其规划内容来说应较为详细、具体，可操作性要强，便于具体实施；中期旅游发展规划可稍粗略、概括一些，但其内容应与短期旅游发展规划相衔接。长期旅游发展规划则可更简略些，主要是描述和规定旅游业发展的长期目标和发展方向，提出旅游业的发展前景。旅游业发展的短期、中期和长期规划，不仅是相互衔接，同时，还是从短至长的继起和推进的过程。

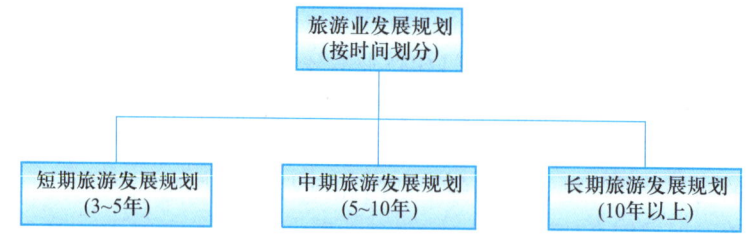

图 6-1　旅游业发展规划的种类（按时间划分）

（二）按区域划分

按区域不同，一般可划分为全国旅游发展规划、区域旅游发展规划和景区旅游发展规划（见图 6-2）。全国旅游发展规划是一国范围内的整体的旅游发展规划。地区旅游发展规划一般是指省、市、自治区的旅游发展规划，市不仅包括直辖市，通常也包括省级市、地级市、县级市和县。地区范围不同的旅游发展规划，其规划的内容以及内容繁简程度是不同的。一般说来，地区范围越小，其规划项目内容应越具体、详细，操作性就应越强。而景区旅游发展规划则是指某个具体景区（景点）旅游开发和发展规划，涉及景区范围、客源目标市场的选择、市场定位、具体的开发、营销和可持续发展规划等。

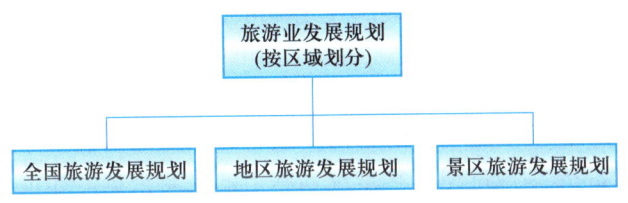

图 6-2　旅游业发展规划的种类（按区域划分）

（三）按功能划分

按规划功能不同，一般可划分为旅游发展战略、旅游发展总体规划和旅游景区规划（见图 6-3）。

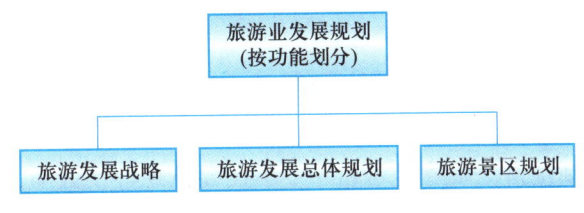

图 6-3　旅游业发展规划的种类（按功能划分）

旅游发展战略，是在一个较长时期内旅游发展要达到的主要目标和实现这些目标的全局性谋划。要实现旅游发展的战略目标，必须选择好旅游发展战略重点，确定好旅游发展战略步骤以及规定好旅游发展战略措施。

旅游发展总体规划是一定范围和一定时间内较为全面的和较为概括的旅游业发展规划。旅游发展总体规划可以是全国的、地区的和某个旅游参观点的发展规划，同时，也可以有时间上的长、中、短的划分。旅游发展总体规划应包括较为全面的规划内容，旅游业发展中所涉及的项目和问题，都应有所规定。但是，项目和问题不需很详尽和具体。

三、旅游业发展规划的主要内容

旅游业发展规划应包括哪些内容，不能一概而论。不同类型的旅游业发展规划，其内容是不同的。如全国旅游发展规划与某一旅游景区、景点的发展规划，其内容是完全不同的。而就旅游景区规划而言，又可分为旅游景区总体规划、旅游景区控制性详细规划、旅游景区修建性详细规划，各有不同的规划内容。这里，我们不再按照不同类型的规划分别阐述它们各自的不同内容，而仅就旅游业发展规划中的某些共同的东西，做一般性的说明。

（一）规划的指导思想、原则和目标

1. 规划的指导思想

制定规划必须首先确定正确的指导思想。在不同类型的旅游发展规划中，其指导思想是不同的，不同的地域和不同的旅游景点的旅游发展规划的指导思想也是各异的。一般说来，规划的指导思想是指通过规划的制定和实施，所要达到的总的目的以及为此所应遵循的总的准则。有了正确的指导思想，规划的项目和内容才不致偏离方向。如有的地方或城市把旅游

业作为该地的支柱产业，进行重点开发建设；还有的地方或城市把旅游业作为该地新的经济增长点；有的旅游景点要建设成为有地方特色的，集游乐于一体的场所；有的旅游点则要建设成休闲度假的场地等。要使旅游业在某地方或城市发挥什么样的作用，把旅游地和旅游点建成什么样的场地，必须在规划的指导思想中有明确的规定。

2. 规划的原则

规划有了指导思想，还要确定规划的原则。规划的原则是指在指导思想所确定的总的准则之下，所规定的具体的准则或准绳。它是规划制定的主要依据。如市场导向原则，即旅游发展规划必须根据市场的需求和发展趋势为导向的原则。又如旅游资源开发和保护并重的原则，即旅游资源既要积极开发，又要注重保护，而不能是名为开发，实为破坏的结果，如此等等。具体而言，旅游规划要遵循以下原则。

① 注重保护原则。
② 市场导向原则。
③ 个性化原则。
④ 综合效益原则。
⑤ 系统开发原则。

其中，综合效益原则是指，旅游规划和开发不仅要体现经济效益，更要考虑环境效益和社会效益。

3. 规划的目标

规划的目标是规划期内在旅游接待人次数、旅游收入等指标方面所要达到的目标，一般可分为近期目标、中期目标和长期(或远期)目标。

规划目标可以是定量的，也可以是定性的。如某旅游城市在 5 年内要使旅游业打下较好的基础，10 年内要使旅游业成为较为发达的产业，20 年内要使该城市成为全国有一定知名度的旅游城市等都是旅游规划的目标。

（二）旅游环境概况

制定旅游业发展规划也要介绍该规划的旅游环境概况，主要包括如下两个大的方面。

1. 旅游地地理环境概况

（1）地理位置。要标明规划地的经纬度，规划地四邻，规划地南北和东西的长度，规划地地形特征等。

（2）地貌特征。要说明规划地的地貌状况，是平原抑或山地，是丘陵抑或沟壑地，是湖畔抑或海滨等。要标明规划地海拔高度，如若规划地地貌复杂，高低相差较大，有必要标明不同区域的海拔高度。

（3）气候条件。要注明规划地的气温分布，全年的平均温度，全年中最低温度和最高温度，若处在中国北方，则要注明无霜期的天数。要注明规划地的降水量、雨季的时期等。

（4）水文状况。要说明规划地的河流及其水系，湖泊、泉水、瀑布、海岸状况等；对河流要注明流量，特别是汛期的最大流量；对泉水要注明流量，如是温泉要注明其温度；对湖泊要注明其面积、水的深度；对海岸要注明长度和海岸特征；要注明规划地的水质，是否可饮用，是否被污染等。

2. 旅游地社会经济条件

（1）历史沿革。要说明规划地的历史变迁。中国历史源远流长，诸多旅游地都包含着丰富的历史和文化内涵，搞清楚规划地的历史变迁，对该地旅游资源的开发和开展有特色的旅游活动有着十分重要的意义。

（2）社会经济概况。要说明规划地行政建制情况，人口状况，经济社会发展的现状，规划地的主要产业及其结构，当地居民的经济收入水平。

（3）基础设施建设概况。要说明规划地现有的交通、电信、邮政、供排水、旅游食宿设施、医疗、商业等基础设施建设概况。基础设施建设状况是规划地综合旅游接待能力的重要组成部分。搞清楚这一现状，有利于规划的正确制定。

（三）旅游资源及其评价

对旅游规划地现有的主要旅游资源要有较为详细的说明，如果旅游规划地旅游资源较为丰富，有必要进行归纳和分类。要对现有的已开发利用的旅游资源进行全面评价。此外，对潜在的尚未开发利用的资源在分类后也要进行全面评价。对旅游资源进行评价后，要找出能反映和表现规划地特色的旅游资源。对旅游资源的全面和科学评价，找出旅游资源的特色，是进行旅游发展规划的重要基础。

对规划地旅游资源的评价，可采取定性分析和定量分析方式，经过评价所确定的最主要的义能反映当地特色的旅游资源，就成为旅游规划中重点开发的旅游资源。

（四）旅游客源市场分析

旅游客源市场是制定旅游发展规划的重要基础和依据。旅游发展规划是为了保障规划地旅游发展的，规划能否实现，必须以一定的旅游客源市场的发展为基础。因此，在旅游发展规划中必须对旅游客源市场及其发展前景进行科学和详尽的分析。

分析旅游客源时，首先要弄清以往和现在旅游接待的数量，并通过定性和定量的方法，对旅游规划地在规划期内预计可接待的数量进行预测。其次，要弄清以往和现在客源的构成，并在规划期内预计客源的构成。

关于旅游客源的构成，可以从诸多角度去划分。

（1）从国别上划分，可划分为国际入境旅游者和国内旅游者。

（2）从国内不同地域上划分，可划分为外地旅游者和本地旅游者。

（3）从年龄上划分，可划分为青少年、中年和老年旅游者。

（4）从性别上划分，可分为男性和女性旅游者。

（5）从职业上划分，可分为国家机关公务人员，企事业单位工作人员，农民，学生，离退休人员等。

（6）从旅游支付来源划分，可分为公费旅游者、奖励旅游者、自费旅游者。

规划期内，如果能较为准确地预测出旅游者的数量及其构成，就可有针对性地确定旅游开发的规模和开发内容，以及提供相应的旅游地设施。如果对旅游者数量和构成预测不准，出现比较大的差距，规划中所确定的诸多开发项目，就会出现或是不能满足旅游者需要，或是出现闲置而不能充分发挥其效益的情况。

（五）旅游区划分和旅游点建设

不论是一个旅游地，还是一个旅游城市，一般都要划分出若干个旅游区。旅游区有的是按照一定的行政区域划分的，有的则是按照旅游资源的集聚情况和旅游资源的特色来划分的。在上述两种划分中，按照后者来划分旅游区更为合理。

旅游点建设规划在整个旅游业发展规划中处于核心地位。旅游点建设规划是否成功，决定着整个旅游业发展规划是否成功。

在不同的旅游区内，都要相应有若干个旅游点，旅游点的布局，要尽可能地使它们有更密的集聚性，而不宜使它们相距过远。有一定的密度，旅游点之间就可以发挥集聚效应，反之，相距过远就会减弱或丧失集聚效应。

在旅游点建设上，不能平均使用力量，要根据各种情况和条件，分出轻重，确定重点。对重点的旅游点要集中力量先搞，尽快搞出成效，对非重点的旅游点则可稍缓，并确定出分步实施的方案。

（六）旅游资源保护规划

旅游资源，不论是自然旅游资源，还是人文旅游资源，在开发利用之后，都应竭尽全力地去保护。一般情况下，旅游资源开发和旅游资源保护的关系应该是在保护的前提下开发，开发利用中要重视保护。不能强调保护而禁止开发，更不能以资源的破坏为代价而换取开发。旅游资源的保护规划，必须按照国家有关的法律法规来进行。

（七）旅游交通规划

旅游交通是旅游地或旅游城市发展旅游的前提，没有便捷的交通，旅游者难于抵离，该地旅游业就很难发展，因此，旅游交通规划应是旅游发展规划的一项重要内容。发展什么样的交通，其规模的大小，要因地制宜。如果是一个大的旅游城市或是一个旅游胜地，就必须要规划和建设民航交通，使机场、航线、航班的运送能力与该旅游地或旅游城市的客源量相适应。如果该旅游地或旅游城市所接待的旅游者中，入境旅游者所占比例较大时，发展民航交通就更为重要。此外，旅游地或旅游城市如有铁路贯通，也应使铁路客运量与该地或该城的旅游者接待量相适应。如有需要，可规划安排旅游专列。发展高等级公路是规划中要特别重视的一个项目，四通八达的公路网是旅游地或旅游城市旅游发展的重要条件。靠近河流、湖泊和海滨的旅游地或旅游城市，在规划中应把水路交通放在重要地位，乘坐船只不仅能解决交通问题，有时，乘船本身就是一种游览活动。

旅游交通规划应该与规划地区的总的交通发展规划相衔接，作为一地区总的交通中的一部分的旅游交通，不能脱离开这一地区总的交通规划的指导和要求。

（八）供电、供水、排水、电讯规划

供电、供水、排水、电讯等是旅游发展规划中应列的项目，旅游地或旅游城市的旅游发展必须要有供电、供水、排水、电讯等作保证。如果旅游地或旅游城市原有的供电、供水、排水、电讯条件很好，那么，在旅游发展规划中就可简略，反之，如果旅游地或旅游点远离城镇，缺乏供电、供水、排水、电讯等基础条件，就需要在旅游发展规划中较详细地列出上述各个项目，并确定其规划的内容。在确定各个项目规划内容时，规划者应与供电、供水等有关部门进行接触和协商，以使各个项目的规划要求更加合理，更加便于实施。

（九）酒店、餐馆规划

酒店、餐馆等是发展旅游的重要设施，旅游者在旅行游览过程中对食宿方面的需求要通过这些旅游设施来加以解决。在这些项目的规划中要注意的问题，一是数量，二是质量或档次，三是地理位置。

酒店、餐馆的数量，主要不是饭店、旅馆、餐馆本身的数量，而是酒店的床位数和餐馆的餐座数，酒店、餐馆的档次是酒店、餐馆接待服务的设施和服务水平的好坏。酒店、餐馆的数量和质量档次的确定，应该以规划期所能接待的旅游者的数量及其构成来决定。前来规划地的旅游

者很多，而且留宿者的比例又较大，那么，规划中所确定的饭店、旅馆的数量或它们的床位数就相应要大，反之，就相应要小。旅游者所需求床位供应不足，就会形成床位紧缺，给旅游者带来不便；床位供应大大超过旅游者的需求就使旅游地饭店旅馆的经营者出现经营困难。旅游者的构成，如果按照支付能力大小不同划分，可划分为高、中、低3种。如果旅游者中高、中等支付能力者比例较大，那么饭店、旅馆的档次就可适当高些，反之，其档次就可适当低些。除酒店、餐馆的数量和档次，也应以旅游者的数量和构成情况来决定。旅游业发展规划的内容必须以客源市场为导向，这一原则应该体现在酒店、餐馆的具体规划之中。

（十）旅游商品开发和销售规划

购买旅游纪念品、工艺美术品、土特产品等，是旅游者旅游活动的组成部分。搞好旅游商品开发和销售的规划，不仅会满足旅游者的购物需要，而且也能给旅游地带来很大的经济效益。

制定旅游商品开发规划时，要注意发掘旅游地的潜力，体现旅游地的特点，发挥旅游地的优势。要对原有的旅游商品不断完善和不断提高，要不断提高商品的科技知识含量。在规划中要注意旅游商品的设计和生产人员的培训。

至于旅游商品的销售问题，可确定旅游商品专卖商，也可建造旅游商品购物街。避免出现在旅游地乱设摊点和强迫旅游者购买等不文明的现象。

（十一）经济、环境和社会效益分析

旅游发展规划应对旅游经济效益进行较为详细的分析，即投入产出的分析。对旅游发展规划的各种规划项目，都要规划出投资数额以及投资的期限。同时，预测在投入营运之后的旅游收入情况。要分别列出各种旅游收入项目以及收入数额。

在对比分析投入产出之后，规划中应明确投资回收期。在分析了旅游经济效益之后，才能最后确定旅游投资是否可行。

规划还要分析旅游环境效益，要说明由于旅游地的旅游开发，会给旅游地环境可能带来的影响。在规划中应对环境质量的改善、提高等做出明确规定，不允许因旅游开发而导致环境的恶化。

规划中还要说明，因旅游开发给旅游地的经济社会发展所能带来的积极影响，如增加旅游地的就业，增加旅游地的产值，扩大旅游地对外开放的程度等。

在规划中，旅游经济效益、环境效益和社会效益应该是统一的，互相促进和互为条件的，而不是相互矛盾和不可兼得的。

（十二）旅游管理规划

旅游管理和旅游管理体制，是旅游规划实施的组织保证。旅游规划的性质类别的不同，需要与之相适应的旅游管理和旅游管理体制。旅游的发展要涉及社会的诸多方面，从领导和管理方面来说，也涉及许多的部门和单位。旅游业发展规划，特别是一个旅游地或旅游城市的旅游业发展规划的实现，要涉及许多部门和单位，如果没有一个能使许多部门和单位相互配合，相互协调的组织机构和相应的体制，旅游业发展规划是难于实现的。

为了保证旅游地和旅游城市旅游业发展规划的实施，有时还需要有关政府部门制定和颁布相应的政策和规定。

以上就12个方面概述了旅游业发展规划应如何进行编制，以及在编制过程中应该注意的问题。需要说明的是，并非所有类型的旅游规划都应包括这12个方面的内容，不同类型的旅游规划应根据实际情况和需要，确定各自应该包含的规划内容。

第二节　旅游景区开发规划

旅游景区开发规划是指对某个具体旅游景区所做的详细的开发规划。

一、旅游景区规划的类别

旅游景区规划是旅游区规划的一种，是指为了保护、开发、利用和经营管理旅游景区，使其具有旅游接待等多种功能和作用而进行的各项旅游要素的部署和具体安排。

按照规划层次，旅游景区的规划分为总体规划、控制性详细规划、修建性详细规划 3 种类型（见图 6-4）。

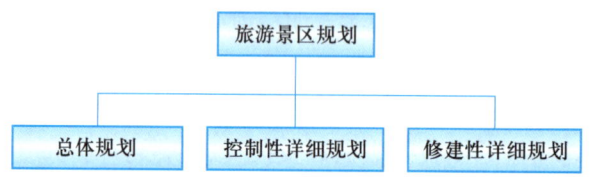

图 6-4　旅游景区规划的类别

（一）旅游景区总体规划

旅游景区在开发、建设之前，原则上应当编制总体规划（小型旅游景区可直接编制控制性详细规划）。旅游景区总体规划的期限一般为 10~20 年，同时可根据需要对旅游景区的远景发展做出轮廓性的规划安排。对于旅游景区近期的发展布局和主要建设项目，也应做出近期规划，期限为 3~5 年。旅游景区总体规划的任务和内容如表 6-1 所示。

表 6-1　旅游景区总体规划的任务和内容

旅游景区总体规划的任务	旅游景区总体规划的内容
分析旅游景区客源市场，确定旅游景区的主题形象，划定旅游景区的用地范围及空间布局，安排旅游景区基础设施建设内容，提出开发措施	（1）对旅游景区的客源市场的需求总量、地域结构、消费结构等进行全面分析与预测。 （2）界定旅游景区范围，进行现状调查和分析，对旅游资源进行科学评价。 （3）确定旅游景区的性质和主题形象。 （4）确定规划旅游景区的功能分区和土地利用，提出规划期内的旅游容量。 （5）规划旅游景区的对外交通系统的布局和主要交通设施的规模、位置，规划旅游景区内部的其他道路系统的走向、断面和交叉形式。 （6）规划旅游景区的景观系统和绿地系统的总体布局。 （7）规划旅游景区其他基础设施、服务设施和附属设施的总体布局。 （8）设计旅游解说系统。 （9）规划旅游景区的防灾系统和安全系统的总体布局。

旅游景区总体规划的任务	旅游景区总体规划的内容
	(10) 研究并确定旅游景区资源的保护范围和保护措施。 (11) 规划旅游景区的环境卫生系统布局，提出防止和治理污染的措施。 (12) 提出旅游景区近期建设规划，进行重点项目策划。 (13) 提出总体规划的实施步骤、措施和方法，以及规划、建设、运营中的管理意见。 (14) 对旅游景区开发建设进行总体投资分析

规划内容中对旅游景区总体规划的成果包括规划文本、图件和附件。图件包括旅游景区区位图、综合现状图、旅游市场分析图、旅游资源评价图、总体规划图、道路交通规划图、功能分区图等其他专业规划图、近期建设规划图等。附件包括规划说明、专题研究报告和其他基础资料等。

（二）旅游景区控制性详细规划

在旅游景区总体规划的指导下，为了近期建设的需要，可编制旅游景区控制性详细规划。旅游景区控制性详细规划的任务和内容如表 6-2 所示。

表 6-2　旅游景区控制性详细规划的任务和内容

旅游景区控制性详细规划的任务	旅游景区控制性详细规划的主要内容
以总体规划为依据，详细规定景区建设用地的各项控制指标和其他规划管理要求，为景区内一切开发建设活动提供指导	(1) 详细划定所规划范围内各类不同性质用地的界线。规定各类用地内适建、不适建或者有条件地允许建设的建筑类型。 (2) 规划分地块，规定建筑高度、建筑密度、容积率、绿化率等控制指标，并根据各类用地的性质增加其他必要的控制指标。 (3) 规定交通出入口方位、停车泊位、建筑后退红线、建筑间距等要求。 (4) 提出对各地块的建筑体量、尺度、色彩、风格等要求

旅游景区控制性详细规划的成果包括规划文本、图件及附件。图件包括旅游景区综合现状图、各地块的控制性详细规划图、各项工程管线规划图等，图纸比例一般为 1/1 000~1/2 000。附件包括规划说明及基础资料。

（三）旅游景区修建性详细规划

对于旅游景区当前要建设的地段，应编制修建性详细规划。其任务和主要内容如表 6-3 所示。

表 6-3　旅游景区修建性详细规划的任务和内容

旅游景区修建性详细规划的任务	旅游景区修建性详细规划的主要内容
在总体规划或控制性详细规划的基础上，进一步深化和细化，用以指导各项建筑和工程的设计和施工	(1) 综合现状与建设条件分析。 (2) 用地布局。 (3) 景观系统规划设计。 (4) 道路交通系统规划设计。

续表

旅游景区修建性详细规划的任务	旅游景区修建性详细规划的主要内容
	(5)绿地系统规划设计。 (6)旅游服务设施及附属设施系统规划设计。 (7)工程管线系统规划设计。 (8)竖向规划设计。 (9)环境保护和环境卫生系统规划设计

　　旅游景区修建性详细规划的成果包括规划设计说明书和图件。图件包括综合现状图、修建性详细规划总图、道路及绿地系统规划设计图、工程管网综合规划设计图、竖向规划、鸟瞰或透视等效果图。图纸比例一般为1/2 000～1/500。

　　旅游景区可根据实际需要，编制项目开发规划、旅游线路规划和旅游地建设规划、旅游营销规划、旅游景区保护规划等功能性专项规划。

二、旅游景区的功能布局

　　按照功能，旅游景区主要分为表6-4所示的几个部分，图6-5为"又见敦煌"景区旅游集散中心。

图6-5　"游客中心"是旅游景区接待区的重要设施，图为"又见敦煌"景区游客接待中心（刘伟 摄）

表 6-4　旅游景区的功能布局

功能区	说明
游览区	旅游景区的主要组成部分，风景点比较集中，是具有较高的风景特点的地段，是旅游者主要的活动场所。一个旅游景区可以由许多游览区组成，各游览区的景观主题应各有特色
旅游接待区	主要为旅游者提供问讯、接待、食宿设施、商业服务和邮电设施等
生活居住区	此区为风景区中工作人员及家属的集中居住场所，一般常和管理机构结合在一起，不宜和旅游者混杂，以免相互干扰
行政管理区	这是风景区中行政管理机构集中的地段，与旅游者不发生直接联系
加工工业区	加工工业区如直接为本区旅游服务的主副食品加工业、工艺品工业等，可以靠近或分散在居民区中，有的工艺品厂还可供参观游览用

三、旅游景区解说系统

（一）景区解说

解说（interpretation）指的是在广泛意义上的对历史、文化和自然现象的"翻译"，以便于旅游者能够更方便、更愉快、更透彻地理解和欣赏旅游景区。

旅游解说的对象是旅游景区的自然和文化景观，包括但不限于对自然和文化遗产的解说。

作为一种职业，解说和导游可以追溯到至少公元前 460 年。在《哈利加诺思的希罗多德》一书中就有关于埃及金字塔的导游辛勤工作的记载。然而，金字塔并非是拥有导游的唯一古迹。到公元 2 世纪，罗马人到霍默世界旅行，就发现每个地方都有解说者。

除了解说者，人们还可以通过文献和旅游书籍来获得指导。到 16 世纪 60 年代，贵族家庭中的年轻人把旅行作为他们教育的一部分，因为大部分学生都只有 15~17 岁，所以他们由一位教师或者解说人员陪同。到 19 世纪 80 年代，导游和解说有了更加先进的形式。北美地区不仅提供解说和导游的指导，而且涌现了大批很受欢迎的知名解说者。

1920 年，米尔斯（Mills）在他的著作《一个自然导游的探险》中，首次运用了解说（interpret）一词描述了他在洛基山中的导游讲解工作。1957 年被誉为"解说之父"的泰登（Tilden）的著作《解说我们的遗产》出版。他认为"解说并非简单的信息传递，而是一项通过原真事物、亲身体验以及展示媒体来揭示事物内在意义与相互联系的教育活动"，这是一个被广泛认可的定义。他认为，解说的定义应包括 3 个要素：解说是一种教育导向的活动；解说的目的在于揭示人类与自然之间的含义和关系，而非现象的描述；这些事实的信息需要中介或媒体来展示。

实际上，解说不仅是教育与信息传递的过程，同时也是一种服务，解说员应提供更多元化的沟通方式，以提升听众的游憩体验，帮助人们了解旅游景区的文化和特性，培养欣赏的能力，进而激励人们产生对遗产、景观和环境保护的承诺，因而，解说也可视为一种重要的资源管理策略。

（二）景区解说系统

景区解说系统通常包括语音解说系统、影像解说系统、旅游演艺系统、景区标识系统及图册解说导览，见图6-6。

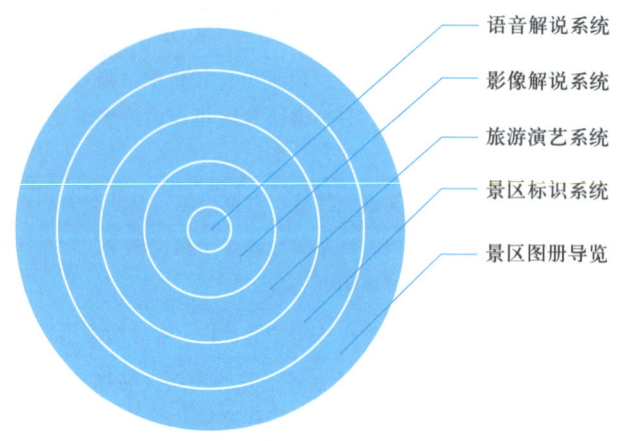

- 语音解说系统
- 影像解说系统
- 旅游演艺系统
- 景区标识系统
- 景区图册导览

图6-6 景区解说系统的构成

景区解说的形式和手段可以多种多样，包括各种高科技手段以及能够反映景观自然、文化特征的表演在内的任何能够吸引旅游者、增强旅游者的旅游体验、丰富旅游者的知识、增强对旅游者教育功能的解说形式都是值得挖掘和推广的（见图6-7）。

图6-7 参加"世界遗产解说大会"的澳大利亚代表及志愿者扮演成当年的
外来移民者载歌载舞欢迎与会的其他代表，他们真实地重现了这些
移民者经过长时间海上漂泊旅行，到达澳大利亚时已患上了天花、
麻疹等各种疾病的历史情景。以这种方式欢迎来自世界各地参加
"世界遗产解说大会"的代表也许是对本次大会主题的
最好诠释（左二为应邀参加本次大会的本书作者）

（三）景区解说的功能

1. 娱乐和教育功能

解说首先具有娱乐和教育作用。解说为人们创造了理解、欣赏和享受这些自然、文化和精神资源的机遇。旅游者不懂或误解艺术，会导致不尊重它，甚至破坏它，通过解说可以正确引导旅游者，纠正旅游者的误解和偏见。

2. 管理功能

解说是一种有效的旅游者管理策略。解说和遗产保护之间存在着正的相关性，好的解说可以使旅游者产生保护遗产的意识。

解说鼓励旅游者采取更加恰当的行为，以达到旅游的持续发展。遗产的展示和解说对自然和文化资源的保护和管理是不可缺少的，对遗产的长期保护、保存和持续利用非常重要。解说在保护自然和文化资源方面扮演着重要的角色，解说不仅可以宣传历史文化，还可以减少故意破坏行为，有助于生态旅游的可持续发展。

3. 解说能够提升旅游体验

解说是旅游者体验的主要组成部分，是保证旅游体验质量的关键因素之一。

（四）景区解说在国外的发展现状

景区解说作为一项重要的资源保护与管理工具在规划与实践中得到了广泛应用，国外已经把解说运用到国家公园体系的自然文化遗产保护的工作中。以美国为例，美国从 1970 年开始盛行原野地的户外游憩活动，由于这些原野地生态比较脆弱，之前很少经受过频繁的人类活动，因此，经营者试图采取新的适当方法进行管理。通过一些学者的研究，发现并确认解说是一个有效的资源保护与管理方法，通过解说劝导原野地的旅游者采用最低环境影响的行为方式来从事原野地的游憩活动，比直接管制和限制旅游者使用方式易于得到旅游者的支持，且旅游者配合保育原野地的效果亦较好。研究者发现在旅游者进入森林露营地之前，经营者如果提供如何减少对环境影响的资料并加以解释，会使该区受到的环境冲击情形显著减少。

随着在原野地自然遗产资源管理保护中的广泛应用，解说亦被推广到国家公园体系中的文化遗产地的管理保护规划策略中来。美国国家公园署在其经营政策中提到"国家公园有引导大众欣赏与了解国家公园内自然人文资源及其价值的责任。为实现这个目标，各管理单位应详细地规划与实施旅游者解说服务，其解说计划应视为整体经营管理的规划之一"。

景区解说的重要性同样在澳大利亚、中国台湾、拉丁美洲等地得以认同。中国台湾《公园法》第 22 条规定："国家公园管理处为发挥国家公园的教育功效，应视实际需要设置专业人员解释天然景物及历史遗迹等，并且提供必要的服务设施。"

四、旅游景区规划的编制

旅游景区规划的编制包括图 6-8 所示的步骤。

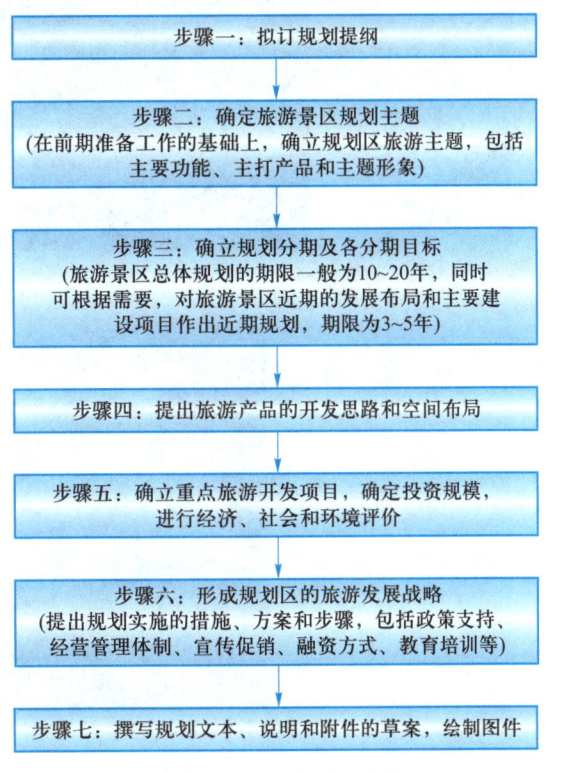

步骤一：拟订规划提纲

步骤二：确定旅游景区规划主题
（在前期准备工作的基础上，确立规划区旅游主题，包括主要功能、主打产品和主题形象）

步骤三：确立规划分期及各分期目标
（旅游景区总体规划的期限一般为10~20年，同时可根据需要，对旅游景区近期的发展布局和主要建设项目作出近期规划，期限为3~5年）

步骤四：提出旅游产品的开发思路和空间布局

步骤五：确立重点旅游开发项目，确定投资规模，进行经济、社会和环境评价

步骤六：形成规划区的旅游发展战略
（提出规划实施的措施、方案和步骤，包括政策支持、经营管理体制、宣传促销、融资方式、教育培训等）

步骤七：撰写规划文本、说明和附件的草案，绘制图件

图 6-8　规划编制的步骤

【经典案例】

宁夏沙坡头景区的"海市蜃楼"景点创意

创意者于2006年在沙坡头景区设计了"海市蜃楼"景点，仅用了300多万元，就在沙漠中打造出一个吸引核——一个充满神秘特色，充满想象力的景点，同时又是一个服务接待场所。这就是旅游景观设计应该把握的要点——把服务设施建设成为标志性景观建筑，如图6-9所示。

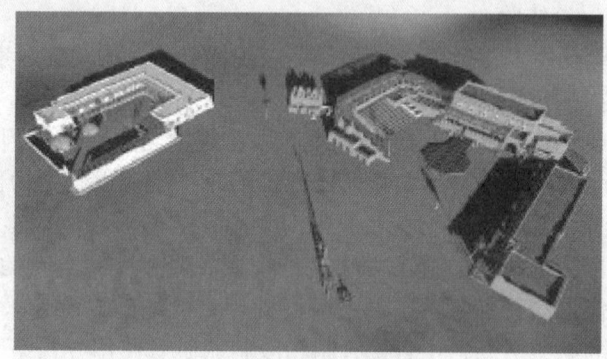

(a)沙坡头海市蜃楼鸟瞰图

(b)沙坡头海市蜃楼侧面图

(c)沙坡头"海市蜃楼"景点室内图

图6-9 沙坡头景区的"海市蜃楼"景点

// 本 章 小 结 //

■旅游业发展规划是指在一定范围(地域)内和一定时期中对旅游发展的一种谋划或筹划。

■按时间划分，旅游业发展规划可分为长期旅游发展规划、中期旅游发展规划和短期旅游发展规划；按区域划分，可分为全国旅游发展规划、地区旅游发展规划和景区旅游发展规划；按功能可分为旅游发展战略、旅游发展总体规划、旅游景区发展规划等。

■旅游景区总体规划的任务是：分析旅游景区客源市场，确定旅游景区的主题形象，划定旅游景区的用地范围及空间布局，安排旅游景区基础设施建设内容，提出开发措施。

■从功能布局上讲，旅游景区主要分为游览区、旅游接待区、居住区、行政管理区、加工工业区等。

■景区解说系统通常包括语音解说系统、影像解说系统、旅游演艺系统、景区标识系统及图册解说导览。景区解说的形式和手段可以多种多样，包括各种高科技手段以及能够反映景观自然、文化特征的表演在内的任何能够吸引旅游者、增强旅游者的旅游体验、丰富旅游者的知识、增强对旅游者教育功能的解说形式都是值得挖掘和推广的。

// 复 习 思 考 //

1. 为什么要制定旅游业发展规划？
2. 试述旅游发展规划的种类。
3. 旅游业发展规划的主要内容包括哪些？
4. 什么是旅游景区解说系统？

// 课 后 训 练 //

河南省栾川县是全国旅游百强县，该县副县长曾在某旅游专业网站发贴，设想在该县新一轮旅游规划修编中创新旅游规划模式。以下是其帖文内容。

旅游规划创新模式探索

"笔者曾在去年发表题为'中国的旅游规划大师哪里找'的帖文，引发网友广泛持久而热烈的讨论。现在笔者仍然希望借助旅雁网这个学术平台及本人工作的实践平台，并把两者结合起来，为理论创新与实践进步做一点分内事。

我先简单介绍一下栾川旅游。栾川十年前是一个国家级贫困县，历经十余年的发展，栾川已经成为中国17个旅游强县之一，获得了50余项目省部级荣誉，一个仅有32万人口的小县已经拥有6个AAAA级景区和一个世界级品牌'世界伏牛山地质公园'，并创造了闻名全国的'栾川模式'。'栾川模式'的成功是矿业大县经济转型与经济方式转变的尝试与创新，'栾川模式'对许多以矿产资源为主要资源的县城经济社会转型有着重要的启示意义。

下面介绍旅规'总导+专科型专家团队'模式的构想。我们拟重新编制全县旅游规划，这次旅游规划我们想根据我县需要解决的实际问题分若干个子课题，每个子课题我们想聘请一个专业团队来做，我们不打算把一个规划交给同一个团队来做，因为我们相信，每个团队都有自己的强项，一个包治百病的大夫我们认为在现代社会是不存在的，所以我们想采取一种新的模式，即我们先聘请一位'总导演'，再按照各个子课题聘请擅长本领域的团队，由'总导演'来协调，最后完成这个能够指导实际应用的规划。这种做法类似于医院里的'专家会诊'，不同科室的专家为一个主体服务，我们相信眼科大夫更擅长于看眼病，而不是其他。

这是根据我们所了解的旅游规划行业的现状而尝试的一个做法，希望能得到同行的批评指正与支持。有意向参加或参与我们课题的团队，请将贵团队的专长告诉我们，我们以书面的形式聘请邀请您的参与、支持和指导。

'总导+专科型专家团队'这种旅游规划模式从理论上似乎看起来很完美，但我们深知操作起来难度很大，欢迎各位专家就这一模式提出宝贵意见，并希望各位能以各种形式参与参加，这不仅是对我们县域经济的最大的支持与贡献，相信这也是对我们旅游规划界的一大支持和贡献。"

问题：

你认为这种旅游规划模式可行吗？请针对这一—"总导演"制旅游规划组织管理创新模式进行讨论。

// 拓 展 阅 读 //

编制旅游规划不能忽视的九个要点①

旅游规划是指导一个地方、一个景区旅游开发、旅游发展的纲领性文件。随着旅游业的蓬勃发展，旅游规划编制的任务越来越重，各方对规划的要求也越来越高。一个旅游规划要做好，不能忽视如下9个要点。

1. 找到"弱点"

这里所说的弱点，指的是存在的问题，或是相对于他人存在的不足。

一个地方的旅游做不起来、做不好，大的原因或问题主要有几个方面：一是没有发现好的资源，做旅游不知从哪里下手；二是受到交通的制约，虽有"宝物"，却藏在深山人不识；三是经济状况不够好，没有一定的经济条件，没有一定的经济投入，旅游是做不起来的；四是工作重心不在旅游方面，相对而言，一些地方发展工业或其他产业的条件更好，更有利于推动当地经济，所以没有把旅游业作为发展重点；五是体制机制的制约，有的地方各方面的条件均不错，但在旅游产业的行政管理、资源管理、政策引导、激励机制等方面不够顺畅，不够有力，影响了旅游业的发展。

做旅游规划，首先就要在资源调查、综合分析的基础上，用"旁观者"的眼光、从专业的角度，帮助规划委托方找出发展问题所在，提出解决问题的思路和办法。

2. 找出"亮点"

"亮点"即最亮的一点，也可以叫闪光点。这里所说的亮点不是指规划文本本身的亮点，而是指一个规划要帮助规划地找到旅游发展的亮点。它包括旅游资源、旅游环境、管理体制、政策法规等诸多方面。

构成亮点的要素，一是"名"，即在某一方面、某一点名气很大，在全省、全国甚至国际有影响力；二是"新"，新近出现、新近发现的东西，或在某一方面有所创新，并得到大家的认可；三是"稀"，即少有或特有，某一类资源在全国少有，或者只有你这个地方特有，具有唯一性，某一种做法或政策措施是这个地方独创、首创，并对旅游发展起到良好推动作用；四是"奇"，有奇特的旅游资源，如奇山异水、奇人异事；五是"特"，有些东西虽然你有别人也有，但你有特点，有内在的特质。

以上要素在一个地方、一个景区不可能全部齐备，但只要具备了一点，并且比较突出，就能构成亮点。做规划，必须帮助当地找到这样的亮点。找到了亮点，并在实际建设当中把亮点做出来，旅游发展才能不走弯路。

3. 突破"难点"

"难点"与"弱点(问题)"有些相似，都是制约一个地方旅游发展的因素，但又有所不同。问题有多个方面，难点往往只有一两个方面；问题具有普遍性，难点往往具有特殊性；问题一般一目了然，难点却要认真分析，仔细寻找；问题浮在面上，难点隐藏其中。一般来说，难点也是问题，是诸多问题中带有特殊性的问题，是制约一个地方旅游发展的瓶颈问题，是诸多矛盾中的主要矛盾或矛盾的主要方面，是纲，其他问题

---

① 杨元珍.编制旅游规划不能忽视的九个要点.中国旅游报，2018-04-10.

是目。所以，找难点就是找主要矛盾，找纲。找到了难点就找到了主要矛盾，就抓住了纲，纲举目张，其他问题也就迎刃而解了。

所以，做规划就要通过大量深入细致的调查研究、综合分析、多方比较，帮助委托方找出制约旅游发展的难点问题，并规划出解决问题的办法、思路和方案，指导委托方突破难点、突破瓶颈。

4. 寻找"卖点"

从本质上讲，旅游产品也是一种商品，是商品，就要有卖点。

崇义县是赣州西部的一个县，全县森林覆盖率达 88.2%，有位列全国三大梯田之一的上堡梯田，有以负氧离子含量高列入吉尼斯世界纪录的阳明山景区，有江西五大湖之一的陆水湖。从单个资源来看，看似每种资源都是卖点，但卖点多了反而不利于受众的认知。这些资源有一个共同的特点，就是氧气多、空气好，空气质量好的直接效益就是对人的健康有益，从这个角度讲，崇义县是个非常适宜做健康养生旅游的地方。因此，笔者给崇义县旅游发展方向总结了 6 个字，即"卖氧气、做养生"。氧气就是崇义旅游的最大卖点。

5. 制造"爆点"

这里所说的爆点即引爆点，指的是旅游发展的初始阶段或发展到一定程度时，能引发爆炸性效应、推动爆发性增长的因素。这种因素可以是一句口号、一次活动、一项政策，也可以是一种产品、一家景区，更可以是一种品牌。

做旅游规划，必须善于制造引爆点。怎样制造引爆点，要具体情况具体分析。举一例子。"五龙客家风情园"是位处赣州城区的一家老 AAAA 级旅游景区，是全市经济效益最好的景区。尽管如此，由于建园时间长，发展后劲不足的问题也开始显现。要增强发展后劲，就必须寻找新的突破口，找出新的引爆点。经过反复研究，规划在园区内新建"世界客家美食小镇"。提出这一项目基于以下原因：其一，赣州是"客家摇篮"，客家人的形成地，客家文化的发源地，客家饮食文化发达；其二，全球客家人、客家后裔有近亿人，有广阔的市场空间；其三，赣州本身就是人口大市，全市人口近千万，旅游发展方兴未艾，但还没有一个大型的餐饮场所，从完善城市功能、旅游功能的角度，迫切需要这个项目。

6. 注重"落点"

落点指的是规划的落地性、操作性。编制旅游规划，除了要有战略高度，具备一定的前瞻性之外，必须十分注重落地性和操作性。

笔者认为，需要从 4 个方面强化落地性、操作性。一是强化具体区域即点上的规划；二是强化具体项目的规划；三是强化具体时间的规划；四是强化相互关联的规划。以赣州市旅游总体规划为例，这个规划是2005 年通过评审并批准实施的。在具体区域的规划上，不但对全市的旅游发展进行宏观规划，而且对所属 18个县(市、区)，也根据其地理位置、资源状况、发展现状等情况，分别列章作出发展规划。在具体项目上，不但有全市的空间布局，而且对具体产品项目作了发展规划，如旅游住宿设施方面，规划对全市的旅游住宿设施做了详尽的调查，对全市的旅游者增长趋势进行了科学的分析，最后到点到位地对全市和每个县(市、区)的住宿设施的发展进行了规划。在相互关联上，规划把全市分为四大片区，不但对各个片区之间进行了关联分析，而且还开展了与福建龙岩、广东梅州等客家地区，与全国红色旅游地区等的多个竞争与合作专题研究，使规划有了很好的落地性。因此，虽然过去了十多年，该规划依然得到业内人士的高度认可，并一直指导着赣州旅游的发展。

7. 抓住"重点"

一个好的旅游规划，在全面贯彻《旅游规划通则》的基础上，必须突出重点。

(1) 相同的规划突出不同的要素。《旅游规划通则》对各类规划的要素构成做了明确具体的要求。在规划编制过程中，要根据实际情况决定哪个要素重写、哪个要素轻写。如旅游区总体规划，通则规定其五大基本要素，十三项基本内容。虽然这些要素都要写、都不能缺，但哪些必须浓墨重彩，哪些可以简洁描述，要根据实际情况而定。

(2) 不同的规划要突出不同规划的重点。不同的规划要解决的问题不同，要求也不同。特别是一些非法定规划，因其没有标准可依，把握重点就显得尤为重要。例如，概念性规划的规划范围一般较大，要解决的问题主要是战略层面的问题，其重点就应该放在发展理念、空间结构、旅游形象、产品策划等战略问题上，其他方面笔墨可以轻些。

（3）不同产品的规划要突出不同产品的重点。旅游业蓬勃发展，旅游产品的种类越来越多，要根据各类产品的特点、要求展开规划。如龙南县的关西围屋是全国文物保护单位，而且正在申报世界文化遗产。做这类产品的规划就应该坚持保护为先的原则，在保护的基础上开发利用。而如果对一个古村古镇进行恢复性修建，就应该本着保护与开发并重的原则。如果是重新规划建设的旅游小镇，就可以大刀阔斧地规划建设。

8. 做好"节点"

从广义上说，节点也是重点，之所以把它单独列为一点进行阐述，是因为它太重要了，它是重点中的重点。什么叫节点？笔者的理解是，在事物发展过程中具有联系作用、枢纽作用、组织作用，能够影响周边、影响整体的关节点、关键点，如时间节点、工程节点等。

例如，做一个区域规划，面广点多，需要规划的东西很多，什么才是节点？笔者认为，景区就是重要节点之一，因为景区是旅游的核心产品。在一个区域范围内，只有把几个景区规划好了，整个规划框架才能基本立起来。又如，一个景区有若干个项目，景区内的景点、游客服务中心、旅游厕所这些重要节点，都应在规划过程中倾心关注，认真做好。

9. 不断制造"兴奋点"

旅游的重要目的就是要为人们带来更多的快乐、更多的兴奋。作为旅游发展和旅游产品的建设"蓝本"，旅游规划应该为这种快乐和兴奋提供更多的建设依据。尤其是景区建设规划，更要把制造"兴奋点"当作一个规划重点。

兴奋是一种感知反映，能刺激人们兴奋的因素是多方面的。奇峰兀立、江河奔腾能引起人们兴奋，旷阔原野、茂密森林也能引起人们兴奋；"落霞与孤鹜齐飞，秋水共长天一色"的美景能刺激人们兴奋，"春花与青田相映，牧歌共嘤啭同鸣"的意境也能引起人们兴奋。美好的视觉效果能刺激人们兴奋，一个娓娓道来的故事、一首孩童时代的儿歌、一桌家乡口味的饭菜，更能勾起人们的乡愁。规划编制者要多思考、多品味这些因素，制造更多的兴奋点。

构成兴奋点的事物是很多的，它可以是一个节点，如景区内的景点无疑就是这个景区的主要兴奋点。再如游客服务中心，只要设计巧妙，外观独特，功能齐备，服务到位，就能使旅游者未入景区就有兴奋。它也可以是一件小品，许多设计新颖、富有创意的小品，往往引得旅游者驻足留影。

积极发展入境旅游，有序发展出境旅游，重点发展国内旅游，是中国当前的基本旅游政策

第七章　旅游业宏观管理

旅游业是个综合性的产业，涉及国民经济和社会的方方面面，同时，旅游业又是个可进入性较强的行业，吸引着社会各界、各部门不同的投资主体，发展旅游业必须遵循旅游业发展的客观规律，制定相关旅游政策和旅游法规，通过旅游行政管理部门和旅游行业组织，加强对旅游业的宏观管理，保护旅游消费者和旅游经营者的合法权益，实现旅游业经济和社会效益双丰收。

通过本章的学习，应该能够：

- 了解不同国家的旅游管理体制和管理模式。
- 了解国家旅游行政管理机构的职能。
- 了解旅游行业组织的性质和职能。
- 了解旅游业行业管理的对象、内容、方式和手段。
- 了解国家旅游政策和旅游法规。
- 掌握旅游危机管理的方法。
- 了解旅游统计与旅游卫星账户的基本概念和主要内容。

关键概念：

旅游管理体制　旅游行业组织　旅游行业管理　旅游政策
旅游法规　旅游危机管理　旅游统计　旅游卫星账户

Key Words：

Tourism Administration System　Tourism Organizations　Tourism
Management　Tourism Policies　Laws of Tourism　Tourism Crisis
Management　Tourism Statistics　Tourism　Satellite　Account

第一节　国家旅游管理体制

政府是实施旅游行业管理的主体。

世界旅游组织认为，政府在旅游业发展过程中将依次扮演 3 种角色。

（1）开拓者——在旅游业发展初期，政府负责对基础设施进行投资，并以制定旅游业发展战略和规划为工作重点。

（2）规范者——在旅游业逐步兴起乃至蓬勃发展时期，政府主要进行立法和旅游市场规范工作，保证行业良性发展。

（3）协调者——在旅游业逐步走向成熟时，政府鼓励企业发展，保护消费者利益，中心工作是协调各方面的关系。

一、国家旅游管理机构

一个国家对旅游业的管理是通过设立旅游行政管理机构进行的。旅游行政管理机构通常有两个层次，即国家旅游行政管理机构和地方旅游行政管理机构。国家旅游行政管理机构代表国家实施对全国旅游行业的管理；而地方旅游行政管理机构则代表地方政府（包括各省、市、县等的政府部门）对当地旅游业进行管理。各国的具体情况不同，旅游业在国民经济中的作用和地位不同，旅游行政管理体制及旅游行政管理机构的级别也就有所差异。有的国家设立旅游部；有的则设立国家旅游局；还有的则考虑到旅游业的重要性及其所具有的综合性特点，设立"旅游协调委员会"，比"部"还要高半个级别。

就国家级旅游管理机构的设置而言，通常有以下几种模式。

（一）旅游局模式

旅游局模式的特点是单一行使旅游管理职能，直属于内阁或国务院，规格低于"部级"，如美国旅游推广局等。

从 1983 年开始，中国一直采用这种模式，由原国家旅游局作为国务院主管全国旅游业行政管理的直属机构，各省、市、地县相应成立地方旅游行政管理组织，即地方旅游局（或旅游委员会），形成中国旅游行政管理网络，管理全国各级旅游行业。2018 年 3 月，原国家旅游局与原文化部合并，成立文化和旅游部。

（二）旅游部模式

旅游部模式有两个基本特点：一是管理职能单一，只负责旅游；二是机构为部级规格。全世界有包括埃及、南非等在内的 20 多个国家设立了旅游部。采用这种模式的国家大多为发展中国家，主要原因是发展中国家对旅游创汇的期望很大，而旅游业具有较强的综合性特点，要实现这一目的，发展旅游业，甚至使其在一定程度上超前发展，就必须借助于强有力的政府机构。

（三）混合职能模式

混合职能模式是中国现行旅游管理模式，其特点是，旅游管理部门并非单独设立，而是与一个或几个相关部门合在一起发挥职能，通常有以下几种类型。

（1）旅游与交通共同构成一个部或在交通部下设旅游局。例如，日本在其国土交通部下属综合政策局国土观光部、斯里兰卡设航空旅游部、蒙古设交通与旅游部等。

（2）工业、商业、贸易部门下设旅游部门。例如，美国商务部下设旅游局、芬兰在其工商部下设旅游局、荷兰经济事务部下设旅游局。

（3）其他部门（如文化、体育、遗产部门）与旅游部门构成一个部，如中国的文化和旅游部，英国的旅游与遗产部，韩国的文化体育观光部，泰国的旅游与体育部，巴基斯坦的文化与旅游部，印度的旅游文化部，新西兰的旅游与宣传部，印度尼西亚的电讯旅游部，澳大利亚的资源、能源与旅游部以及肯尼亚的旅游与野生动物部等。

混合职能模式为世界多数国家所采用，特别是西方发达国家大多采用这一模式，主要原因是这一模式能够较好地适应旅游业综合性较强的特点，有利于旅游部门与主要相关部门之间实现有效的配合和协调。

（四）旅游委员会模式

旅游委员会的规格等同于一个部或比部高出半级，主要是适应旅游业综合性的特点，对旅游业的发展起协调作用。因此，在很多国家属于协调部门，而非权力机构。这种模式只有苏联和少数东欧国家所采用。

（五）其他模式

一些国家和地区没有设立独立的旅游行政管理机构，而是通过旅游行业协会来指导、协调和管理旅游业。例如，由于传统体制上的原因，德国政府未专设部委级旅游管理机构。为了加强政府与旅游业界的联系沟通，德国政府专门指定一位联邦议会议员（副部长级）为旅游特派员，一位交通、建筑、住房部国务秘书（副部长级）担任德国旅游协会主席，主要负责上情下达，下情上传，政企协调，准确把握旅游业发展的脉搏，及时研商有关问题，制定相关政策。

二、国家旅游行政管理部门的职能

国家旅游行政管理部门的职能主要有以下几点。

（1）制定旅游业发展的战略规划，包括中、长期规划和年度计划并组织实施。

（2）制定旅游业各项行政法规、规章和方针政策，并监督实施。

（3）制定旅游行业标准和规范并组织实施。

（4）监督、检查旅游市场的秩序和服务质量，受理旅游者的投诉，维护旅游者的合法权益。

（5）培育和完善旅游市场。

（6）动用行政、法规等手段，对旅游市场及旅游业的发展进行宏观调控。

（7）做好对经营旅游业务的旅游企业的审批工作，对旅游业实施全行业管理。

（8）负责全国旅游统计工作，为发展旅游业提供信息服务。

（9）指导旅游教育和培训工作，制订旅游从业人员的职业资格制度和等级制度并指导实施。

（10）负责旅游资源的普查、规划，并协调旅游资源的开发利用和保护工作。

（11）组织并指导重要旅游产品的开发。

（12）制定开拓国际旅游市场的规划，组织国家旅游整体形象的宣传和重大促销活动。

三、中国旅游行政管理体制

资料：西班牙政府旅游管理部门的职能

中国旅游行政管理体制的发展经历了以下几个阶段。

1978年，设立中国旅行游览事业管理总局，归属外交部。

1983年，旅游局和中国国际旅行社总社分家，成立国家旅游局，为国务院直属局。

2014年，为贯彻落实《旅游法》，加强部门间协调配合，促进中国旅游业持续健康发展，中国正式建立国务院旅游工作部际联席会议制度（以下简称联席会议），同时撤销实施了14年之久的"全国假日旅游部际协调会议办公室"（其职能并入新成立的旅游工作部际联席会议制度）。

2018年，撤销国家旅游局，成立文化和旅游部。这种改革具有以下特点：一是保留了旅游，而且也是一种升"部"方式，使得旅游行政管理部门的级别在国家层面提高了半级；二是文旅融合，已经成为现实发展方向；三是要求旅游发展的文化导向和文化深入，符合转型升级的需求变化；四是使原来两个部门的矛盾纠纷在内部消化；五是成为国务院组成部门，有利于部门之间的协调。

中国国家旅游行政管理体制改革后，各省（市）、自治区也相继进行了旅游管理体制改革，纷纷将原旅游局并入文化厅，改为文化和旅游厅（海南省成立了旅游和文化广电体育厅，以彰显海南作为国际旅游岛，旅游业在海南省的地位和作用）。

第二节　旅游政策与旅游法规

【经典案例】

旅游者太多吃不消，威尼斯拟禁一日游

意大利"水城"威尼斯是著名的旅游胜地，吸引了海内外许多旅游者。但是旅游者的蜂拥而至也让这个小城变得越来越拥挤，为此当地打算推行一项激进策略，限制"一日游"的旅游者进城，只有在城内预订了当天酒店房间的旅游者才能进城游览。

威尼斯公共运输部门的负责人恩里科·明卡迪表示，旅游者前往威尼斯之前应当先预订好房间。他告诉当地媒体称，"如果已经订好了酒店房间，你就能进来，否则就不能进城。"

"要有一个具体的数量限制，（如果旅游者）超过这个数量我们就不再允许进城。"明卡迪还表示，威尼斯当地的居民"再也忍受不了"旅游者蜂拥入城导致的不适感。有关组织表示，在过去二三十年来人们一直就是否限制进城旅游者人数而争论不休。"争议性在于它违反了民主原则，每个人都应该有进入威尼斯的权利。"

另外，为了弥补旅游者对威尼斯建筑物造成的损害，该市市政府还曾考虑向旅游者征收高达50欧元的"进城费"，但是这遭到当地旅游业界的强烈反对。

一、旅游政策

旅游政策是国家为了实现旅游发展的目的，根据旅游发展的社会经济条件和旅游发展的具体情况，所制定的一系列与旅游有关的规章、规则、规定、制度、方针等。

在第二次世界大战后，特别是 20 世纪 50 年代以来，由于旅游的快速发展，给世界的社会经济带来越来越大的影响，为此，许多国家都非常重视旅游业，并通过制定有关政策，促进旅游业的发展。

有的国家对旅游者出入境所携带的物品实行较宽松的政策、限制较少。但有的国家则实行较严格的限制措施。例如，中国香港是世界著名的贸易自由港，旅游者购物是香港发展旅游的一大优势，因此，它对旅游者出入境所携带物品没有什么限制。

不同的国家推行不同的旅游价格政策，有的国家对本国旅游价格不实行行政干预，均由旅游经营者根据市场供求情况决定。有的国家则实行行政干预的政策，如旅游经营者不能决定旅游项目的价格，需在政府有关部门同意的情况下，由政府统一对外报价。

（一）制定旅游政策的目的

1. 促进旅游业的发展

有的国家政府实行有利于旅游者出境的海关、签证等规定。在一些国家，旅游者办理签证手续较为简单，时间花费也很短，对旅游者很方便。有的国家对入境旅游者实行"落地签证""上岸签证"，即不需事前办好签证，而是在抵达该国后，在海关再办理手续。这样，就可以使旅游者省去事前办理签证的麻烦，也省去了办理签证所等候的时间。此外，在一些国家之间，如美国和加拿大之间，以及欧盟一些国家之间，旅游者的旅游则实行免签，这就更加方便了不同国家之间旅游者的旅游活动。

2. 引导旅游投资

许多国家都在政府机构中设立旅游行政管理部门，以此来指导和调节该国旅游业的发展。旅游行政管理部门制定本国或本地旅游的发展规划和发展目标，规划和确定旅游区及其发展政策。在旅游区的开发中，政府引导投资者进行旅游投资，并经常采取某些优惠的政策，使旅游投资者的利益与政府计划实现的目标结合起来。

3. 促进地区经济社会的发展

政府有时为了支持和促进某个地区经济社会的发展，而确定在该地区使旅游业尽快发展起来，并在旅游设施的建设上给予支持(如交通、环境治理、供水、通信等支持)，使旅游业发展起来之后，就可带动和推进该地区经济社会的发展。

4. 保障旅游者利益

政府为保障旅游业发展和旅游者的经济利益，通常都要规定旅游企业的服务标准和服务质量，对旅游饭店划分等级，相应等级的饭店应该提供相应的服务质量和服务水平。

5. 减少旅游业负面影响

许多国家都很重视旅游发展与当地居民的关系，特别注意防止和调节旅游发展给当地居民所带来的负面效应。例如，旅游业的发展所出现的环境的破坏，旅游者在旅游活动中出现的对当地居民的干扰和不尊重等。在出现这些情况之下，政府就要调节所形成的矛盾，并通过一定的政策进行协调。

6. 实现旅游利益相关者的利益最大化

旅游目的地通过接待旅游者为其利益相关者(见图7-1)提供广泛的经济和社会利益。旅游政策确保旅游目的地在接待来访旅游者的过程中使利益相关者的利益最大化,同时最大限度地减少旅游业发展带来的成本和负面影响。事实上,旅游政策致力于为来访旅游者提供高质量的旅游经历,并确保旅游目的地的环境、社会和文化的完整性不被破坏,这对目的地利益相关者来说十分有利。

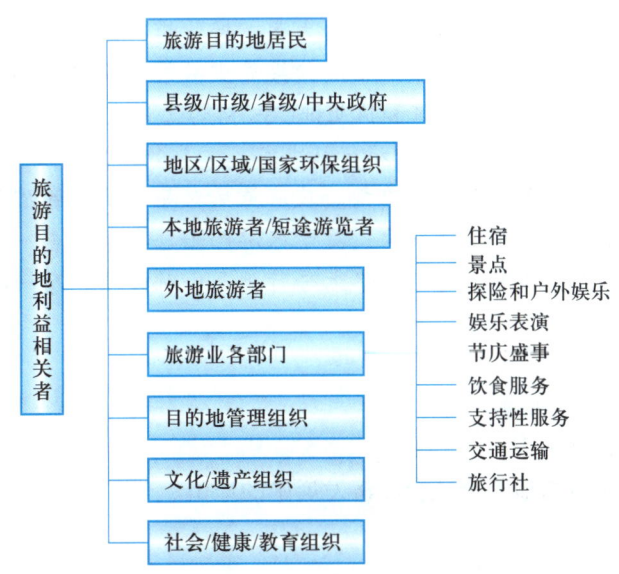

图7-1　旅游目的地利益相关者

7. 平衡国际收支

平衡国际收支也是政府制定旅游政策的重要考量。有的国家对出入境旅游者的外汇实行较放开的政策,既不限制本国居民出境旅游时所需带出的外汇,也不限制入境旅游者在出境时所要带走的外汇。对经济实力较强、外汇储备较充足的国家来说,大多实行这样的外汇管理政策。也有的国家因外汇短缺,对本国居民出境旅游时则限制带出的外汇数量,也有的国家对入境旅游者在入境旅游过程中所兑换的本国货币,如有剩余,在离境时则不能再换成他国货币。此外,对外汇储备较充足的国家,经济情况较好的国家,有时还要鼓励本国居民到境外旅游,以消费掉一部分外汇储备,如20世纪50年代,美国就曾鼓励和支持美国居民到他国旅游。又如20世纪80年代,日本也曾实施"海外旅游倍增计划",鼓励和支持日本居民到他国去旅游。有的国家原先外汇储备充裕,从而支持本国居民出境旅游,如韩国、泰国等,后因1997年东亚金融危机爆发,韩国、泰国等国家首当其冲,突然出现外汇奇缺的情况,在这种特定情况下,韩国、泰国等国又不得不临时由支持本国居民出境旅游的政策,而改变成适当限制居民出境旅游的政策。

综上所述,随着旅游的发展,随着旅游所给社会带来的越来越大的影响,很多国家都注意了政策引导,通过实行有关的政策,来保证和促进旅游业的发展,并限制和减少因旅游发展所带来的矛盾和问题。

链接

澳大利亚的旅游政策

为了鼓励发展旅游业，澳大利亚政府给予旅游企业良好的经营政策环境。一是企业只向政府纳税，无任何其他费用；二是旅游大巴除高速公路免费通行外，在市区和旅游景区也免费停放；三是城市公园、植物园、教堂、议会大厦、博物馆、国家森林公园等大部分景点免费开放，只有野生动物园、剪羊毛表演、企鹅归巢等少数景点收取门票；四是在导游管理方面，澳大利亚对导游人员没有持资格证和执业证（导游证）上岗这一规定，导游人员（通常由司机兼任，边开车、边讲解）是否聘用完全由旅行社决定。

澳大利亚政府对旅游安全管理极为重视。政府虽然对导游没有资质要求，但对旅游大巴驾驶员有严格的资质审定，每年审核一次；对于旅游巴士每半年检查一次，发现问题即责令维修或更换零部件；另外，规定在高速公路上每行驶 2 小时必须休息一次，车上装有行车记录仪，警察检查频率也很高。

（二）旅游政策涉及的领域

旅游政策涉及如下领域。

（1）旅游业在旅游目的地整个社会经济发展中的地位。

（2）旅游税收的税种和税率。

（3）旅游业融资的渠道和条件。

（4）产品开发与维护的性质及未来方向。

（5）可进入性和基础设施。

（6）管制状况（如航空公司、旅行社等）。

（7）环境保护和限制措施。

（8）旅游业的形象和诚信度。

（9）社区关系。

（10）人力资源与劳动力供给。

（11）工会和劳动法。

（12）技术。

（13）营销。

（14）出国旅游法规。

（三）中国的基本旅游政策

中国政府对旅游业的基本政策是大力支持，将旅游业培育成让人民群众满意的战略性支柱产业，并依靠旅游业拉动内需，依靠旅游实施扶贫战略，依靠旅游提高公民的幸福指数。

中国的旅游政策是多方面的，下面列出了主要的政策。

1. 健康文明，突出中国特色

早在 1981 年，在《国务院关于加强旅游工作的决定》中提出："中国式的旅游道路，就是要体现社会主义制度的优越性，发扬中国人民热情好客的优良传统，充分发挥中国的古老文化、山水名胜和多民族这些特点，开展具有中国特色的健康文明、丰富多彩的旅游活动"。

2. 重点发展国内旅游

随着社会经济的发展，国内旅游在中国社会经济中的地位越来越高，在旅游业中已占据主导地位，大力发展国内旅游对于扩大内需、调整产业结构、满足人民群众日益增长的物质文化需求和对幸福生活的追求、促进社会经济的可持续发展，都具有十分重要的意义。另外，通过大力发展国内旅游，客观上也可以有效地抑制出境旅游的过度发展，从而减少外汇支出，为国家经济建设节约大量外汇。因此，要进一步加强旅游基础设施建设，完善旅游交通网络和机场、口岸建设；加强旅游景区精品化建设，提高景区规划、管理、服务水平；进一步提高旅游企业服务质量；建立、健全旅游公共服务体系。

3. 积极发展入境旅游

为了进一步促进海南国际旅游岛的建设，扩大国际旅游岛的对外开放，吸引更多的国内外旅游者前来观光、游览，中国政府决定从 2011 年 5 月 1 日起，在海南国际旅游岛正式实施"离岛旅客免税购物政策"。从这天起，不仅境外旅客可以享受购物离境退税政策，而且内地旅游者也可以享受这一政策。这就是国家为了改善海南的旅游环境和旅游服务功能，增强海南作为旅游目的地的吸引力，从而促进海南旅游业发展而出台的旅游政策。

有时，为了限制旅游者数量，保护旅游目的地，政府也会采用反向的旅游政策。

入境旅游是中国旅游业的"三驾马车"之一，是中国增加外汇收入、平衡外汇收支的重要手段，改革开放以来，一直是中国旅游业发展的重点，在新的历史时期，仍然要积极发展国际入境旅游，加大中国在国际旅游市场上的促销力度。

4. 稳步发展出境旅游

推动出境旅游、国内旅游与入境旅游三大市场协调发展。做好已开放的中国公民出境旅游目的地的后续工作；建立双边旅游协作关系和工作渠道；同时抓紧研究针对出境游市场的危机处理机制和调控手段。图 7-2 为中国旅游者在国外旅游。

图 7-2 中国旅游者在国外靠手机翻译软件也可以解决与外国友人的语言沟通问题(刘伟 摄)

链接

中国旅游政策的演变

自 1978 年以来的近 30 多年中，由于中国经济社会发展的不同情况，对国际旅游和国内旅游实行了不同的政策。总的发展趋势是：从重视国际旅游，到重视国内旅游；从重点发展国际入境旅游，到重点发展国内旅游。

1978 年，在中国起步发展旅游时，国家确定的政策是重点发展入境国际旅游，通过入境国际旅游的发展，一方面可以加快中国的对外开放，另一方面，又能获取宝贵的外汇。针对这种情况，中国旅游企业招徕和接待的主要对象是入境旅游者，旅游企业所提供的旅游设施和旅游服务，都是以入境旅游者为其对象的。国家旅游主管部门工作的重点也是安排、布置、调节入境国际旅游活动。而对国内旅游的基本政策是：不提倡，不反对。不提倡是因为对大多数中国居民来说，旅游还没有提到人们生活的日程，不仅旅游的社会条件（如食、宿、交通等条件），不充分具备，而且人们还缺乏旅游的支付能力。因此，1985年以前，国内旅游尚未启动，就是少数的国内旅游者的旅游活动，也处在低水平的和自发的状态。

1985年后，随着中国经济社会的发展和人民生活水平的提高，人们的旅游意识有了一定程度的提高，一部分人的支付能力也有了较大的增加，旅游的社会条件也有了一定的改善。在这种情况，国家提出了发展国内旅游的政策，从过去的不提倡、不反对的政策，转变为注意国内旅游发展的政策。在政策的支持下国内旅游有了一定的发展，但一直到1989年前，国内旅游发展速度并不快。1990年以后，国内旅游发展的步伐加快了。国内旅游在整个旅游业中所占据的地位也日益重要。

20世纪90年代中期是中国国内旅游发展较快的时期，也是国内旅游的地位日趋重要的时期，在这种情况下，中国在旅游政策上重新提出国际入境旅游和国内旅游并行发展的政策。以前，国际入境旅游与国内旅游是二元化的旅游，即不论在旅游的设施条件和服务水平上，还是在旅游的花费上，都存在着非常明显的差别。随着国内旅游的发展，旅游的二元化状况有了变化，二者的差距在不断缩小。在原先只能向入境旅游者所提供的旅游设施和服务水平，国内旅游者也可以享受到了。

20世纪90年代以后，在国际入境旅游和国内旅游并行发展的同时，国家对中国居民出境旅游出台了新的政策。在20世纪90年代前，对中国居民出境旅游基本上是不办理的，因此，以旅游为唯一目的旅游活动，基本上是被限制的。20世纪90年代以来，随着中国经济的发展，外汇储备的增加，一部分人支付能力的提高，少数人出境旅游的愿望随之形成。在这种情况下，国家提出有控制地发展中国居民出境旅游的政策。在这种政策的指导下，国家旅游主管部门选定少部分国际旅行社办理出境旅游业务，并将出境游的目的地国家限定在一定的范围之内。在这一时期，中国在国际旅游和国内旅游方面的政策是：大力发展入境国际旅游，积极推进国内旅游，有控制地发展出境国际旅游。

从2005年开始，在新的形势下，中国"入境旅游、出境旅游、国内旅游"三大市场的旅游政策和发展战略调整为："大力发展入境旅游，规范发展出境旅游，全面提升国内旅游"。这样调整是为了适应市场发展变化的需要，体现旅游业发展导向，有利于开发国际国内两个市场、两种资源，使之互相促进、协调发展。

2009年，国务院在《关于加快发展旅游业的意见》中，将中国旅游发展政策再次调整为："以国内旅游为重点，积极发展入境旅游，有序发展出境旅游"。这是在新的形势下，国家对中国旅游发展战略的一次重大调整，第一次将国内旅游确定为中国旅游业发展的战略重点，充分体现了对发展国内旅游的重视。

2021年，在"十四五"旅游业发展规划中，国家再次将基本旅游政策调整为：分步有序促进入境旅游，稳步发展出境旅游，持续推进旅游交流合作。

二、旅游法规

这是一桩旅游消费者和旅游住宿企业之间因缺少相关法律、法规而引起的住房纠纷。在发展旅游业的过程中，每时每刻都在发生着这种旅游消费者、经营者、投资者之间的纠纷，因此，为了确保各方的权利和旅游业的健康发展，必须制定相关的法规来规范和调节旅游经济活动。

【经典案例】

16 日的房费该不该收？

20××年 7 月 19 日，一纸投诉书递交到北京市消费者协会，投诉北京××大厦无故多收客人一天的住宿费，而投诉人则是四川省的谷先生。谷先生说，这次来北京出差之前，他通过一家订房中心预订了 7 月 16 日至 7 月 19 日北京××大厦的一间客房，由于飞机晚点，他于 7 月 17 日凌晨 1：50 才抵达北京××大厦，所以，他不应支付 16 日的房费，而酒店则坚持收取了他 16~18 日的房费，因此，谷先生要求该大厦废止"不合理、违法"的规定，公开向广大客户道歉，退还多收的房费，并要求赔偿他因处理这一纠纷造成的误工、交通、文印、邮电等损失费用 600 元。而店方则认为，谷先生是 16 日半夜抵店的，理应收取 16 日的房费，这不仅符合国际惯例，也符合酒店业的经营特点和规律，因此，无法接受谷先生提出的一系列要求。

在现代旅游业的发展过程中，由于旅游规模和范围的不断扩大，旅游内容的增加，旅游方式的改变，产生了一系列错综复杂的社会关系。为了调整旅游活动中形成的各种社会关系，保护旅游业的健康发展，解决旅游业发展过程中遇到的矛盾和问题，有必要运用法律手段来规范旅游业发展。旅游法规也就应运而生。

旅游法规是调整旅游活动领域中各种社会关系的法律规范的总称。就中国的情况而言，旅游法规包括：全国人民代表大会及其常务委员会制定的旅游法律（确定一个国家发展旅游事业的根本宗旨、根本原则和旅游活动各主体根本权利义务关系）；国务院制定的旅游行政法规和条例；国家旅游行政主管部门制定的部门规章；地方旅游法规（含地方人民代表大会颁布的地方旅游管理条例）以及中国政府缔结、承认的国际旅游公约和规章等。

旅游法规是现代旅游业发展的必然产物，对于保护旅游业的健康发展起着保驾护航的作用。

旅游法规的调整对象，即调整的主要社会关系如下：

（1）国家旅游行政管理机关与旅游经营者之间的关系，这是一种纵向的法律关系。

（2）旅游者与旅游经营者之间、旅游经营者与相关部门之间、旅游经营者之间的关系，这是一种横向的法律关系。

（3）旅游企业内部的关系，这是一种综合的法律关系。

（一）　中国现行的主要旅游法规

1.《中华人民共和国旅游法》

《中华人民共和国旅游法》（以下简称《旅游法》）是中国旅游业发展的里程碑。内容包括总则、旅游者、旅游规划和促进、旅游经营、旅游服务合同、旅游安全、旅游监督管理、旅游纠纷处理，法律责任和附则。

新颁布的《旅游法》具有以下特点。

（1）保障性。《旅游法》首先是保障旅游者权益的，体现了以人为本原则，这是核心、基础和灵魂，是贯穿《旅游法》的一条红线。

（2）规范性。针对社会上反应最为强烈的旅游市场秩序混乱问题，《旅游法》对旅游经营、旅游服务合同、旅游监督管理进行专门规定，根据旅游活动的特点和需求，以市场机制为基础，实行统一的服务标准和市场准则，明确旅游经营者资质、从业人员资格以及经营规则，建立、健全旅游市场准入和退出机制，着力解决中国旅游市场失范、条块分割、服务设施不完善、旅游经营和管理不规范等问题。《旅游法》不仅规范了旅游经营者，也规范了旅游者；不仅规定了旅游者的权益，也规定了旅游者的义务。

《旅游法》还对旅游发展规划、统筹旅游资源保护和开发、旅游协调机制、支持和促进措施进行了规定，进一步明确了旅游发展规划编制的主体、内容，解决了旅游资源无序开发问题，实现社会效益、经济效益和生态效益的有机统一。

（3）内容详尽。《旅游法》内容十分详细，主要考虑是要提高《旅游法》实施的可操作性。《旅游法》对于当前一些地方存在的旅游资源盲目开发、低水平开发等问题，各部门旅游工作协调的问题，基层单位或政府任意圈地、设景区收费的问题，公共资源及景区门票价格规范的问题，"零负团费"的治理问题等，都做了较为详细的规定。

总而言之，作为中国第一部旅游大法，《旅游法》的颁布对于规范旅游市场秩序、保护旅游者和市场经营者权益，促进旅游及相关行业的发展具有十分重要的意义。

2.《旅行社条例》

中国第一部旅游行政法规是于 1996 年 10 月 15 日由国务院颁布的《旅行社管理条例》。2001 年 12 月 11 日，根据国务院的决定，有关部门对该条例做了重新修订，同日生效。

为了进一步加强对旅行社的管理，保障旅游者和旅行社的合法权益，维护旅游市场秩序，促进旅游业的健康发展，国务院于 2009 年制定了新的《旅行社条例》，新条例是在原《旅行社管理条例》的基础上形成的，于 2009 年 5 月 1 日起施行。新条例从旅行社的设立、旅行社经营、法律责任以及监督检查和外商投资旅行社等几个方面对旅行社进行了法律规范。

该条例分别根据 2016 年 2 月 6 日《国务院关于修改部分行政法规的决定》进行了第一次修订，根据 2017 年 3 月 1 日《国务院关于修改和废止部分行政法规的决定》进行了第二次修订。

3.《导游人员管理条例》

1999 年 5 月 14 日，国务院发布了《导游人员管理条例》，自 1999 年 10 月 1 日起施行。这是中国对导游人员进行管理的第一部行政法规。《导游人员管理条例》制定的目的是为了规范导游活动，保障旅游者和导游人员的合法权益，促进旅游业的健康发展。

资料:《旅行社条例》

依据最新修订的《导游人员管理条例》，在中华人民共和国境内从事导游活动，必须取得导游证。取得导游人员资格证书的，经与旅行社订立劳动合同或者在相关旅游行业组织注册，方可持所订立的劳动合同或者登记证明材料，向省、自治区、直辖市人民政府旅游行政部门申请领取导游证。依据《导游人员管理条例》的规定，导游证可分为正式导游证和临时导游证两种。

国家对导游人员实行等级考核制度。导游人员分为初级、中级、高级、特级 4个等级。原国家旅游局于 1994 年发布了《关于对全国导游员实行等级评定的意见》和《导游员职业等级标准》，开始了导游人员等级考核评定工作。这一制度在《导游人员管理条例》中得以确认，从而成为一项法定制度。

资料:《导游人员管理条例》

《导游人员管理条例》规定了导游人员依法享有的权利和必须履行的义务。导游人员违反有关规定时要受到相应的处罚。

4.《风景名胜区条例》

为了加强对风景名胜区的管理，有效保护和合理利用风景名胜资源，2006年9月19日，国务院颁布了新的《风景名胜区条例》，并从2006年12月1日起实施。条例所称风景名胜区，是指具有观赏、文化或者科学价值，自然景观、人文景观比较集中，环境优美，可供人们游览或者进行科学、文化活动的区域。

按照新条例，风景名胜区划分为国家级风景名胜区和省级风景名胜区。

本条例特别规定：禁止违反风景名胜区规划，在风景名胜区内设立各类开发区和在核心景区内建设宾馆、招待所、培训中心、疗养院以及与风景名胜资源保护无关的其他建筑物；已经建设的，应当按照风景名胜区规划，逐步迁出。

本条例还规定，风景名胜区管理机构不得从事以营利为目的的经营活动，不得将规划、管理和监督等行政管理职能委托给企业或者个人行使。风景名胜区管理机构的工作人员，不得在风景名胜区内的企业兼职。

5. 地方旅游法规

为了适应旅游业蓬勃发展的客观要求，除了上述部门法规以外，中国30多个省、自治区、直辖市都先后制定和颁布了《旅游管理条例》或《旅游业条例》等地方性法规，以明确地方旅游业发展的方针政策，调节旅游经济活动中的各种权利、义务关系，为旅游业的健康发展保驾护航。

（二）旅游相关法规

除了专门的旅游立法之外，中国现行的一些法律如《中华人民共和国宪法》《中华人民共和国民法典》（以下简称《民法典》）等相关法律，都在不同程度上对旅游活动中各种社会关系起到了调节作用，特别是《中华人民共和国消费者权益保护法》（以下简称《消费者权益保护法》）、《中华人民共和国合同法》（以下简称《合同法》），在《旅游法》出台之前，是中国各级旅游行政管理部门和司法部门调节和处理旅游经济活动中各种权利义务关系的重要法律依据。

1.《民法典》

《民法典》被誉为"社会生活百科全书"，不仅是作为平等主体的公民、法人或非法人组织从事民事活动的法律依据，也是作为行使公权力主体的各级政府及文化和旅游主管部门行使旅游市场监管职权的法律依据。

政府及文化和旅游主管部门在日常旅游市场监管工作中，应该在哪些方面、哪些环节、哪些工作中依据《民法典》作出监管决策、履行监管职能呢？从内容和意义上考量，《民法典》作为依法监管的法律依据，其对旅游市场监管工作的影响主要体现在以下几个方面。

（1）各级政府机关及文化和旅游主管部门在制定有关旅游监管方面的立法、规范性文件时应遵循《民法典》。基于依法行政要求，政府机关的行政行为必须遵循《民法典》的规定，不仅不得侵害旅游经营者在行政法上的权利（如旅行社在接受行政处罚中的陈述权、申辩权、提出行政复议权、提出行政诉讼权等），同样也不得侵害作为民事主体的旅游经营者在民法上的权利（如财产权、名誉权等）。如果行政机关的行政行为侵害了民事主体的民事权利，如违法关停旅游景区、违法要求旅游经营者对不可抗力引发的旅游纠纷承担法律责任等，旅游经营者可以行政相对人的身份申请行政复议或提起行政诉讼，因行政机关的违法行为遭受财产损失的，还有权申请国家赔偿。

（2）守法经营是《民法典》对旅游经营者明确设定的法律义务。《民法典》第八十六条规定："营利法人从事经营活动，应当遵守商业道德，维护交易安全，接受政府和社会的监督，承担社会责任。"旅游经营主体从事旅游市场经营活动，必须依法接受文化和旅游主管部门的行政监管。

（3）政府对旅游投资项目的监管应贯彻《民法典》确立的诚信原则。诚信原则是《民法典》总则部分确立的原则，也是市场经济正常运行的基本保障。目前，诚信原则已经引入政府管理、行政监管之中。地方各级政府及其有关部门应当履行向包括旅游经营者等市场主体依法作出的政策承诺以及依法订立的各类合同，不得以行政区划调整、政府换届、机构或者职能调整以及相关责任人更替等为由违约毁约。一些地方政府以生态保护、环境治理等为名，随意撕毁、变更旅游投资协议，给旅游投资者造成了巨额的非经营性损失，严重侵害旅游投资者的合法权益，影响当地政府的公信力。《民法典》确立的诚信原则，应当成为政府对旅游投资市场监管遵循的原则。

2.《消费者权益保护法》

为了保护消费者合法权益，维护社会经济秩序，促进社会主义市场经济的健康发展，1993 年 10 月 31 日，全国人民代表大会常务委员会第四次会议通过了《消费者权益保护法》，并于 1994 年 1 月 1 日起开始施行。

《消费者权益保护法》对消费者的权利、经营者的义务、国家对消费者合法权益的保护、争议的解决、经营者的法律责任等都做出了明确规定。

查阅相关资料，了解《消费者权益保护法》对消费者的权利、经营者的义务、国家对消费者合法权益的保护、争议的解决、经营者的法律责任等的规定。

3.《合同法》

《合同法》是维护经济运行秩序的基本法律，它作为规范市场行为的重要法律，在保护和促进旅游业健康发展方面起着非常重要的作用。在旅游业中，合同关系无处不在。例如，旅游者与旅行社之间，旅游者与其住宿的旅游饭店之间，旅游者与其购物的旅游购物商店之间，旅游者与游览景点、景区之间，都可以形成一定的权利义务关系，而这种权利义务关系在法律上就称之为合同法律关系。通过合同的形式将各种主体间纷繁复杂的旅游经济关系予以确认，并通过《合同法》的实施来保证旅游主体权利、义务的实现，把旅游活动纳入合法、有效的法制轨道，以促进旅游业的发展。

1999 年 3 月 15 日，第九届全国人民代表大会第二次会议通过了《合同法》，自 1999 年 10 月 1 日起施行。

4.《中华人民共和国劳动合同法》

2007 年，国家颁布了《中华人民共和国劳动合同法》（以下简称《劳动合同法》），并于 2008 年 1 月 1 日起实施。《劳动合同法》全面规定了企业和劳动者的权利和义务，特别是对企业对员工的聘用、解聘、合同的试用期以及违约责任等做了详细、明确的规定。这部法律的颁布在更全面保护劳动者权益的同时，也对旅游企业，特别是旅行社的经营产生重大影响。部分旅行社为了规避风险、减轻负担，不愿与导游签订劳动合同，兼职导游在一定程度上遭到遗弃，很多兼职导游从旅行社走向导游人员服务中心，使得旅行社的用工方式发生了重大变化。

5.《中华人民共和国文物保护法》

中国历来十分重视对人文旅游资源的保护。按照《中华人民共和国文物保护法》（以下简称

《文物保护法》）的规定，受国家法律保护的文物分为五类。

（1）具有历史、艺术、科学价值的古文化遗址、古墓葬、古建筑、石窟寺和石刻。

（2）与重大历史时间、革命运动和著名人物有关的，具有重要纪念意义和史料价值的建筑物、遗址、纪念物。

（3）历史上各时代的珍贵艺术品、工艺美术品。

（4）重要的革命文献资料及具有历史、艺术、科学价值的手稿、古旧图书资料等。

（5）反映历史上各时代、各民族的社会制度、社会生产、社会生活的代表性实物。

6.《中华人民共和国出境入境管理法》

《中华人民共和国出境入境管理法》（以下简称《出境入境管理法》）是为了规范出境入境管理，维护中华人民共和国的主权、安全和社会秩序，促进对外交往和对外开放制定。由全国人民代表大会常务委员会于 2012 年 6 月 30 日发布，自 2013 年 7 月 1 日起施行。

（三）国际旅游法规

国际上没有统一的旅游立法机构，国际旅游法律规范通常以公约、条约、协定等形式表现出来。其适用范围仅限于缔约国和承认参加国，不能侵犯未参加国的利益。国际社会依据旅游业发展的需要，根据各国对发展旅游业的通行做法，有关国家或国际旅游组织拟定了关于旅游业发展的草案、规程、公约、协议等。有的已被诸多国家的旅游组织所接受并参加该公约组织，以其规定为行为准则；有的被少数国家所接受和遵循；有的虽有较完整的条款，但在国际上未生效。随着中国旅游业的发展，特别是在加入 WTO 以后，中国加快了与国际惯例接轨的步伐，加入越来越多的国际组织，承认其制定的草案、规程、公约、协议等。

目前，国际上较为通行的国际旅游公约、协定如下：

1.《国际饭店规章》

《国际饭店规章》（International Hotel Regulations）是国际饭店业普遍承认的、由国际饭店协会执委会于 1981 年 11 月 2 日在尼泊尔的加德满都通过的国际饭店业行业规章。正如该规章的绪言中所指出的："《国际饭店规章》是在国际上得到一致承认的、有关饭店住宿合同方面的法律规范。国际饭店规章规定饭店的客人和饭店相互之间的权利和义务。这个规章可作为各国有关饭店住宿合同的辅助条款。如果有关国家立法无具体的关于饭店住宿合同方面的条款，就应履行该规章中的规定。"

资料：《国际饭店规章》

2.《旅游权利法案和旅游者守则》

1985 年 9 月 17 日至 26 日，世界旅游组织第六次一般性全体大会在保加利亚首都索菲亚召开。这次大会提出并通过了《旅游权利法案和旅游者守则》，对旅游者以及各国政府、旅游管理和服务机构、旅游供应商、旅游专业人员、旅游东道国（地）居民等在旅游活动中的权利和义务进行了划分，并提请各国根据他们本国的立法和管理程序实施《旅游权利法案和旅游者守则》中确立的原则。

《旅游权利法案和旅游者守则》除了对旅游者的权利和义务进行了规定以外，还对旅游东道国（地）居民在旅游活动中的权利和义务做出了如下规定。

（1）在过境和逗留地的东道国人民，要在态度上和行为上尊重自己的自然与文化环境，同时，他们有权自由享受他们自己的旅游资源。

（2）他们也有权要求旅游者理解和尊重他们的习俗、宗教和其他文化因素，因为这是人类遗产的一部分。为了促进这种理解和尊重，应当鼓励传播以下有关的信息。

① 东道国的习俗、传统、宗教，当地的禁忌以及必须尊重的神圣场所和圣地。

② 必须保存的艺术、考古和文化珍品。

③ 必须保护的野生及其他自然资源。

（3）在过境地和逗留地，东道国人民应以最大的热情、礼貌和敬重来接待旅游者，以利于发展和谐的人际与社会关系。

此外，《旅游权利法案和旅游者守则》还对各国政府、旅游管理和服务机构、旅游专业人员、旅游供应商的权利和义务做出了相应的规定。

资料：《全球旅游伦理规范》

3.《全球旅游伦理规范》

《全球旅游伦理规范》（Global Code of Ethics for Tourism）是由世界旅游组织于1999年10月1日在智利的圣地亚哥召开的该组织第十三届大会上通过的。在此之前，世界旅游组织共发表和颁布了3个对世界旅游业具有重要影响的宣言和文件，分别是：1980年的《马尼拉世界旅游宣言》、1997年的《关于旅游业社会影响的马尼拉宣言》和1985年在索非亚通过的《旅游权利法案和旅游者守则》。

世界旅游组织重申，《全球旅游伦理规范》是对众多同类文件、规范和宣言以及出现在历年出版物中的同类思想的综合，并根据社会的发展做了进一步的完善，因此，该规范可以作为世界旅游业利益各方在新世纪的一个参照框架。

第三节 旅游行业组织与行业管理

旅游行业组织是指为加强行业间及旅游行业内部的沟通与协作，实现行业自律，保护消费者权益，同时促进旅游行业及行业内部各单位的发展而形成的各类组织。

旅游行业组织通常是一种非官方组织，各成员采取自愿加入的原则，行业组织所制定的规章、制度和章程对于非会员单位不具有约束力。

为了实现对旅游业全行业的管理，必须成立旅游行业组织。旅游行业组织是对政府官方旅游行政管理机构的补充，在旅游行业管理中，发挥着重要作用。

一、旅游行业组织

（一）旅游行业组织的职能

总体来说，旅游行业组织具有服务和管理两种功能。但需要指出的是，行业组织的管理职能不同于政府旅游管理机构的职能，它不带有任何行政指令性和法规性，其有效性取决于行业组织本身的权威性和凝聚力。

具体而言，旅游行业组织具有以下基本职能。

（1）作为行业代表，与政府机构或其他行业组织商谈有关事宜。

（2）加强成员间的信息沟通，通过出版刊物等手段，定期发布行业发展的有关统计分析资料。

（3）开展联合推销和市场开拓活动。

（4）组织专业研讨会，为行业成员开展培训班和专业咨询业务。

（5）制定成员共同遵循的经营标准、行规会约，并据此进行仲裁与调解。

（6）对行业的经营管理和发展问题进行调查研究，并采取相应的措施加以解决。

（7）阻止行业内部的不合理竞争。

（二）旅游行业组织的种类

1. 按地域划分

旅游行业组织按地域可分为全球性旅游行业组织、世界区域性旅游组织、全国性旅游组织和国内区域组织等。

2. 按会员性质划分

按会员性质，旅游行业组织可分为旅游交通机构或企业的行业组织、饭店与餐饮业组织、旅行社协会组织以及由旅游专家和研究人员组成的旅游学会等。

（三）世界旅游行业组织

目前，世界性的旅游行业组织主要有以下几个。

1. 世界旅游组织

世界旅游组织（其标识见图7-3）是联合国下属的专门旅游机构，最早由国际官方旅游宣传组织联盟发展而来。1925年5月4日至9日在荷兰海牙召开了国际官方旅游协会大会。1934年在荷兰海牙正式成立国际官方旅游宣传组织联盟。第二次世界大战中停止活动。1946年10月1日至4日在伦敦召开了首届国家旅游组织国际大会，并成立专门委员会研究重建该联盟。1947年10月，在巴黎举行的第二届国家旅游组织国际大会上决定正式成立国际官方旅游组织联盟（International Union of Official Tourist Organizations，IUOTO）即世界旅游组织的前身，总部设在英国的伦

图7-3　世界旅游组织标识

敦，1951年迁至瑞士的日内瓦。1975年5月，该组织改名为世界旅游组织，总部迁至西班牙的马德里。1976年成为联合国开发计划署在旅游方面的一个执行机构。2004年，世界旅游组织成为联合国下属专门机构，为了避免混淆，从2005年起，世界旅游组织的英文缩写由原来的"WTO"改为"UNWTO"，以示与世界贸易组织（World Trade Organization，WTO）相区别。

世界旅游组织的宗旨是：促进和发展旅游事业，使之有利于经济发展，国际间相互了解，和平与繁荣以及不分种族、性别、语言或宗教信仰，尊重人权和人的基本自由。并强调在贯彻这一宗旨时，要特别注意发展中国家在旅游事业方面的利益。

世界旅游组织的主要任务及活动是：世界旅游组织近年来的工作任务主要围绕技术合作、信息、统计、教育培训、简化旅游手续、旅游者安全及旅游设施保护、旅游环境保护等方面进行。该组织负责收集、分析旅游数据，定期向成员国提供统计资料、研究报告，制定国际性旅游公约、宣言、规划、范本，提供技术专家援助，组织研讨会、培训班，召集国际会议。

1971年，世界旅游组织的前身，国际官方旅游组织联盟根据非洲国家官方旅游组织的意见，提出创立世界旅游日的设想。1979年9月27日，世界旅游组织第三次代表大会正式决定将每年的这一天（9月27日）确定为世界旅游日，它是旅游工作者和旅游者的节日。创立该节日的目的在于给旅游宣传提供一个机会，引起人们对旅游的重视，促进各国在旅游领域的合

作。其由来是因为国际官方旅游组织联盟于 1970 年 9 月 27 日在墨西哥城的特别代表大会上通过了将要成立的世界旅游组织的章程。此外，这一天恰好是北半球的旅游旺季刚过去，而南半球的旅游季节即将到来的时候，正是世界人民旅游、度假的好时节。

图 7-4　2010 年世界旅游日全球主会场庆典在中国广州举行
（图为时任世界旅游组织秘书长塔勒布·瑞法依先生
现场致辞　刘伟　摄）

在世界旅游组织第十七次全体大会上，中文成功列入世界旅游组织官方语言，中国当选为世界旅游组织执委会成员。

世界旅游组织为每年世界旅游日提出了一个宣传口号，以便突出一个旅游宣传的重点。世界各国根据这一口号的精神，开展旅游宣传，从而推动世界旅游业的共同发展。

2010 年世界旅游日全球主会场庆典在中国广州举行，如图 7-4 所示。

链接

2010 年以来的世界旅游日主题

2010 年　旅游与生物多样性
（Tourism, Biodiversity and Sustainable Development）
2011 年　旅游：连接不同文化的纽带
（Tourism：Linking Cultures）
2012 年　旅游与可持续能源，为可持续发展提供动力
（Tourism and Sustainable Energy：Powering Sustainable Development）
2013 年　旅游与水：保护我们共同的未来
（Tourism and Water：Protecting our Common Future）
2014 年　快乐旅游，公益惠民
（Tourism and Community Development）
2015 年　十亿名游客，十亿个机会
（1 Billion Tourists，1 Billion Opportunities）
2016 年　让人人享有旅游的权利
（Tourism for All – Promoting Universal Accessibility）
2017 年　可持续旅游促进发展
（Sustainable Tourism – a Tool for Development）
2018 年　旅游数字化发展
（Tourism and the Digital Transformation）

2019 年 旅游和就业：让所有人都有美好的未来

（Tourism and Jobs：A Better Future for All）

2020 年 旅游与乡村发展

（Tourism and Rural Development）

2021 年 旅游：促进共同发展

（Tourism for Inclusive Growth）

2022 年 重新思考旅游业

（Rethinking Tourism）

2. 世界旅游联盟

世界旅游联盟（World Tourism Alliance，WTA）总部位于中国杭州。2017 年 9 月 12 日，经国务院批准，由中国发起的第一个全球性、综合性、非政府、非营利的世界旅游组织——世界旅游联盟正式成立。

世界旅游联盟（会标见图 7-5）以"旅游让世界更美好"为核心理念，以旅游促进发展、旅游促进减贫、旅游促进和平为目标，加强全球旅游业界的国际交流，增进共识、分享经验、深化合作，推动全球旅游业可持续、包容性发展。联盟成员单位囊括各国全国性旅游协会、有影响的旅游企业、智库、研究院所等机构以及旅游领域专家学者等。

世界旅游联盟的成立显示了中国主动作为，致力于改善世界旅游治理体系的担当和能力。时任联合国世界旅游组织秘书长瑞法依评价，"中国在旅游业方面已经处于世界领先位置。世界的未来看中国，世界旅游业的未来也要看中国。"

3. 世界旅游及旅行理事会

世界旅游及旅行理事会（World Travel & Tourism Council，WTTC）（会标见图 7-6）成立于 1990 年，总部设在英国伦敦，是当今世界最具权威性的非政府国际组织。该组织以"提升政府、公众认识旅游、旅行对经济和社会影响力"为核心任务，通过与各国政府通力合作，推动旅游资源的开发，拓展国际旅游市场。目前，理事会会员包含世界上 100 个最著名的旅游及旅游相关企业集团的总裁（董事长、首席执行官）。会员企业的业务范围涵盖了旅游业的整个产业链，拥有对旅游业的宏观视野，对世界旅游产业的走势具有一定的影响力，是全球旅游业界的领袖论坛。世界旅游旅行理事会为了保持其组织的高规格和权威性，实行定额邀请加淘汰式会员制。会员企业必须达到全球性的经营范围，或者被认为是行业或地区内的重要参与者，才有资格被邀请加入。首旅集团是目前中国内地唯一的会员单位。

图 7-5 世界旅游联盟标识

图 7-6 世界旅游及旅行理事会标识

由世界旅游旅行理事会主办的"世界旅游旅行大会"自2000年起,每年4月或5月在世界不同城市召开,通过举办峰会、专项会议和社交活动,主要探讨全球旅游界关注的重大问题,旨在实现旅游业内公共及私有部门决策者最具实效的对话。大会的主要参加者包括世界旅游旅行理事会会员、相关国家政要、各国知名旅游企业领导、旅游学术界知名人士和世界著名媒体,被称为旅游界的奥林匹克。

第十届世界旅游旅行大会于2010年5月25日至27日在中国北京举行,显示了中国旅游业在国际旅游大家庭中的重要地位。

4. 世界旅行社协会

世界旅行社协会(World Association of Travel Agencies,WATA)经瑞士法律批准,于1949年正式成立,总部设在日内瓦。

世界旅行社协会是一个由私人旅行社组织而成的世界性非营利组织,其宗旨是将各国可靠的旅行社建成一个世界性的协作网络。

协会现有240多个会员,来自100多个国家和地区的230多个城市。凡财政机构健全、遵守本行业规定的旅行社均有资格成为其会员。超过300万人口的城市可有1名旅行社代表参加该组织,400万人口以上的城市可增加1名。原则而言,会员旅行社必须同时经营出境和入境旅游业务。

5. 世界旅行社协会联合会

世界旅行社协会联合会(Universal Federation of Travel Agents' Association,UFTAA)于1966年11月22日成立于意大利的罗马,它由1919年在巴黎成立的欧洲旅行社组织和1964年在纽约成立的美洲旅行社组织合并而成,总部设在比利时的布鲁塞尔(会标见图7-7)。

图7-7　世界旅行社协会联合会标识

世界旅行社协会联合会是一个专业性和技术性组织,其会员是世界各国的全国性旅行社协会,每个国家只能有一个全国性的旅行社协会代表该国参加。其宗旨包括以下几个方面。

(1)团结和加强各国全国性的旅行社协会和组织,并协助解决会员间在专业问题上可能产生的纠纷。

(2)在国际上代表旅行社会员同旅游业有关的各种组织与企业建立联系,进行合作。

(3)确保旅行社业务在经济、法律和社会领域内最大限度地得到协调,赢得信誉,受到保护并得到发展。

(4)向会员提供所有必要的物质上、业务上和技术上的指导和帮助,使其能在世界旅游业中占有适当的地位。

世界旅行社协会联合会共有近100个国家的全国性旅行社协会参加,代表1 500多家旅行社和旅游企业。此外,世界旅行社协会联合会还接纳有营业执照的旅行社为"联系会员"。

世界旅行社协会联合会的组织机构包括全体大会、理事会、执行委员会和总秘书处。主要活动为每年一次的世界旅行代理商大会,并出版月刊《世界旅行社协会联合会信使报》。

6. 国际饭店协会

国际饭店协会（International Hotel Association, IHA）是旅馆和饭店业的国际性组织，于1947年在法国巴黎成立，总部设在巴黎。下设8个委员会：财务委员会、法律委员会、经济政策研究委员会、出版发行委员会、宣传推销委员会、旅行社业务委员会、旅馆专业培训委员会、会员联系事务委员会。

国际饭店协会的宗旨是：联络各国饭店协会，并研究国际旅馆业和国际旅游者交往的有关问题；促进会员间的交流和技术合作；协调旅馆业和有关行业的关系；维护本行业的利益。

国际饭店协会的会员分为正式会员和联系会员。正式会员是世界各国的全国性的旅馆协会或类似组织；联系会员是各国旅馆业的其他组织、旅馆院校、国际饭店集团、旅馆、饭店和个人。

国际饭店协会的主要任务是：通过与各国政府对话，促进各国政府实行有利于旅馆业发展的政策，并给予旅馆业支持；参与联合国跨国公司委员会有关国际旅馆跨国企业方面的工作；通过制定和不断修改来完善有关经济法律文件；协调旅馆与其他行业的关系；进行调研、汇集和传播市场信息，提供咨询服务；为各会员提供培训旅馆从业人员的条件和机会。

国际饭店协会出版发行信息性双月刊《对话》、月刊《国际旅馆和餐馆》和季刊《国际旅馆评论》，以及年刊《国际旅馆指南》《旅行杂志》和《旅游机构指南》等。

（四）中国旅游行业组织

1. 中国旅游协会

中国旅游协会是全国性的旅游行业的社会团体。中国旅游协会由旅游部门与旅游业有关部门的人员和从事旅游实际工作、研究工作的专家学者组成，于1986年1月30日成立。

中国旅游协会的主要任务如下：

（1）对旅游业发展的战略、管理体制和有关方针政策、国内外旅游业发展态势和实践经验等进行调查研究，向国务院、国家旅游主管部门和有关方面提供建议和咨询。

（2）联系各旅游专业行业组织、旅游学术团体以及旅游企事业单位，交流情况和经验，研究有关问题，探索解决方法，促进旅游经营管理水平的提高。

（3）加强旅游经济等理论研究，开展学术交流活动。

（4）编辑出版有关刊物、资料，传播交流国内外旅游信息和研究成果。

（5）开展与国外旅游同行业组织的友好交往，促进旅游科技交流与合作。

（6）向政府有关部门反映国内外旅游者的意见和建议，承担政府和旅游主管部门交办的任务，接受旅游企事业单位委托的当办事宜等。

2. 中国旅行社协会

中国旅行社协会（China Association of Travel Services, CATS）成立于1997年10月，是由中国境内的旅行社、各地区性旅行社协会或其他同类协会等单位，按照平等自愿的原则结成的全国旅行社行业的专业性协会。中国旅行社协会接受文化和旅游部的领导、民政部的监督管理和中国旅游协会的业务指导。中国旅行社协会的主要任务如下。

（1）宣传贯彻国家旅游业的发展方针和旅行社行业的政策法规。

（2）总结交流旅行社的工作经验，开展与旅行社行业相关的调研，为旅行社行业的发展提出积极并切实可行的建议。

（3）向主管单位及有关单位反映会员的愿望和要求，为会员提供法律咨询服务，保护会员的共同利益，维护会员的合法权益。

（4）制订行规行约，发挥行业自律作用，督促会员单位提高经营管理水平和接待服务质量，维护旅游行业的市场经营秩序。

（5）加强会员之间的交流与合作，组织开展各项培训、学习、研讨、交流和考察等活动。

（6）加强与行业内外的有关组织、社团的联系、协调与合作。

（7）开展与海外旅行社协会及相关行业组织之间的交流与合作。

（8）编印会刊和信息资料，为会员提供信息服务。

3. 中国旅游饭店业协会

中国旅游饭店业协会成立于 1986 年 2 月 25 日，是由经营接待国内外旅游者的饭店及其主管部门和相关部门组成的行业性组织。旨在研究改善旅游饭店的经营管理，帮助提高服务质量和经济效益，促进旅游饭店业的发展。中国旅游饭店业协会面向基层，为会员饭店服务。其主要任务是维护旅游饭店的合法权益；研究交流旅游饭店管理经验；举办专业讲座，提高旅游饭店管理人员的业务水平；开展饭店经营管理方面的咨询服务；组织与国外饭店业之间经验交流与合作；向旅游饭店的行政管理部门提出建议及出版有关旅游饭店经营管理的刊物。

中国旅游饭店业协会设有"星评办"，协助文化和旅游部开展旅游饭店星级评定工作。

4. 中国旅游车船协会

中国旅游车船协会是由全国各旅游汽车和游船企业自愿组成的联合组织，该协会挂靠文化和旅游部。

中国旅游车船协会的宗旨是：加强对旅游车船行业的理论研究和经验交流，组织旅游车船行业在信息、人才、物资诸方面的协作，促进中国旅游车船事业的改革与发展，更好地为旅游事业服务。

资料:世界旅游城市联合会和国际旅游山地联盟

二、旅游业行业管理

旅游业行业管理就是面对旅游业全行业，通过旅游政策、法规等引导市场趋势，建立市场规则，协调、监督和维护市场秩序，规范全行业企业行为，从而达到提高全行业服务质量和经济效益的目的。

旅游业是个朝阳产业，具有广阔的发展前景，因而吸引了各行各业的投资者；旅游业又具有综合性的特点，涉及国民经济诸多方面和部门。为了给旅游企业的经营创造良好的经营环境，提高旅游业的服务质量和宏观经济效益，同时，保护旅游消费者权益，必须实施旅游业的全行业管理。

（一）行业管理的对象和主体

旅游业行业管理的对象是从事旅游经营活动的所有企业和单位，而不管其投资主体是谁或隶属关系如何。这就如同交通管理，不论是哪个单位或个人的车辆，只要是在马路上跑，就必须遵守交通规则，必须服从交通警察的指挥，驾驶员的考核和车辆的检查，也必须统一由交通管理部门进行。

旅游行业管理的主体有两类：一是政府部门；二是行业组织。

政府的基本功能是行政功能。行政功能有多种划分，从所作用的领域看，可以划分为政治功能、经济功能、文化功能、社会功能等。其中，经济功能是通过政府管理经济的部门实施领导、组织和管理社会经济来实现的。行业管理也是政府经济功能的体现。

行业组织是行业成长和市场发育的自然结果，有很多种类型，如行业服务性组织、行业信息性组织、行业销售性组织以及行业联谊性组织等，行业管理组织是其中之一。

行业管理组织作为行业管理主体之一，既是政府管理职能的延伸，又是行业整个利益的代表，因此，其实质是介于政府和企业之间的市场中介性组织。

完整的行业管理主体应当是政府的行业管理部门与市场自发形成的行业管理组织的有机结合。因为市场自然形成的行业管理组织有活力，但缺少权威；而政府的行业管理部门有权威，但容易顾此失彼，更难以按照每一个行业的具体情况和特点发挥效能。

（二）行业管理的内容

行业管理的内容主要有以下几个方面。

1. 市场引导和维持秩序的内容

（1）通过长远规划和短期计划，引导行业的投资和经营方向。

（2）通过产业政策和可能的经济杠杆，调节市场供求关系。

（3）通过建立执法队伍，进行运行监督。

2. 服务性内容

（1）通过行业性服务，组织培育市场。

（2）直接进行重大经济技术项目的配置。

（3）组织行业性的市场促销，提高竞争力。

3. 协调性内容

（1）协调与有关部门的关系，形成有利于行业发展的政策方针。

（2）指导和协调下级行业管理部门的工作。

（3）加强行业的国际间联系，建立国际合作机制。

以上9个方面构成旅游业行业管理的主要内容。

（三）行业管理的方式

行业管理的方式是实行间接管理，即通过培育市场，建立市场规则，运用行政、法律等手段，维护市场秩序，规范企业行为。

间接管理并非意味着管理部门不与企业发生关系，而是不与企业形成直接的关系、财务关系及人事关系，不干扰企业合法的自主经营决策与正常行为。同理，管行业不管企业也是如此，不干预企业正常行为，但要规范企业行为；不直接干预企业决策，但要引导企业决策。

（四）行业管理的手段

旅游业行业管理的手段因行业管理的主体不同而不同。对于行业管理组织来说，应以服务为中心建立手段体系，而对于政府的行业管理部门来说，则是以行政手段为中心建立手段体系。

一般常说，传统的管理手段是行政手段，似乎在改革中当予摒弃。实则不然，行政手段永远是必要的。政府部门的主要管理手段就是行政手段。无论是建立市场规则还是维持市场秩序，离开行政手段都是不可能的，关键在于将行政手段用于何处。在政企不分的基础上，行政手段的施行意味着从企业内部进行行政命令，会使企业失去活力；而在政企分离的基础上，以行政手段进行外部规范，可以使企业运行符合市场的多方面要求。

行政、经济、法律是实施旅游行业管理的 3 种基本手段，可化为 10 种具体手段。

（1）法规手段。

（2）计划手段。

（3）审批手段。

（4）监理手段。

（5）考核手段。

（6）检查手段。

（7）奖励手段。

（8）命令手段。

（9）服务手段。

（10）新闻手段。

（五）中国旅游行业管理情况

1. 中国旅游行业管理的基本情况

改革开放以来，中国旅游业得到了突飞猛进的发展，成为中国新兴的经济产业，在国内初步形成了行业规模，1986 年被正式纳入国家"七五"国民经济发展计划。在这种背景下，就迫切需要加强对旅游业进行全行业管理。1987 年初，中央把国家旅游主管部门实行对旅游全行业管理问题，作为一项大政方针，要求当时的国家旅游局研究贯彻与落实。

为了适应这一形势，加强对旅游业的全行业管理，原国家旅游局按照政企分开和精简、统一、效能的原则，于 1988 年、1994 年、1998 年、2000 年、2014 年、2018 年等先后多次进行了机构改革，加强了宏观协调、控制的业务部门，强化了对旅游全行业进行政策指导和宏观控制的职能。为了加强对旅游业的管理，提高"旅游黄金周"的服务质量，2000 年，国务院专门成立了由有关部委组成的全国假日旅游部级协调办公室，负责协调"黄金周"期间的全国旅游服务工作，并通报旅游需求和供给信息，处理旅游投诉。如今，这一机构已被更高级别、更具权威性的国务院旅游工作部际联席会议所取代。

除了从体制上进行不断改革，以适应旅游行业管理的需要，国家旅游行政管理部门、旅游饭店协会等还先后通过制定《旅游饭店星级的划分及评定》标准、《中国旅游饭店行业规范》，并通过评比、检查等手段，加强了对饭店行业的管理；通过颁布《旅行社条例》《导游人员管理条例》等法规，加强了对旅行社行业的管理；通过制定《旅游区（点）质量等级的划分与评定》标准，实施了对旅游资源开发、旅游景区规划、建设和管理的行业管理；同时，通过推行《中国优秀旅游城市》的评比和创建工作，树立了大旅游的概念，促进了旅游大环境的建设和城市旅游的发展，使旅游不断深入人心。此外，还通过与民航、铁路等交通部门建立"黄金周"假日旅游协调机制，促进了假日旅游的健康发展；通过整顿规范旅游市场秩序，确保了中国国内旅游和出境旅游的健康发展，这些都已成为旅游行业管理的重要手段和抓手，取得了很大成效，同时，也取得了对旅游实施行业管理的宝贵经验。

2. 中国旅游行业管理的主要问题

经过多年的改革和实践，中国旅游行业管理已初见成效，但也存在不少问题，表现在：

（1）行业管理的力度不够。

（2）对旅游行政部门的职能和实施行业管理的方式、手段认识不清。

（3）有的地区旅游行业管理的体制尚未理顺。

（4）旅游行业协会的作用发挥不够。

3. 中国旅游行业协会改革的方向

中国旅游行业协会改革的方向是：实现民间化和自治化。行业协会应该是民间组织，不应由政府部门成立，更不应由政府公务员兼职。例如，近年来，广东省旅游行业协会进行了大胆改革，广东酒店行业协会、广东旅行社行业协会、广东温泉行业协会、广东省自驾旅游协会4个专业协会，全部实现按"自愿发起、自选会长、自筹经费、自聘人员、自主会务"和"无政府主管部门、无行政级别、无行政事业编制、无国家机关工作人员任职"的"五自、四无"原则运作，实现了民间化和自治化。这4个专业协会的机构、人事、资产、财务一律与国家机关和企事业单位分开，其办事机构不与国家机关和企事业单位的工作机构合署办公，广东省文化和旅游厅只作为4个专业协会的"指导部门"发挥作用。

政府应加大扶持力度，要让渡一部分行政空间。把政府可以不管、不宜管的事务和不适宜行使的职能转移到协会来。如旅游饭店星级评定、A级景区评定、导游人员等级评定、内河旅游船星级评定、旅游规划设计单位资质认定、旅游交易会等具体工作交给协会。

第四节　旅游统计与旅游卫星账户

很久以前，人类就进行着各种各样的旅行活动。然而，直到20世纪，旅游才被承认是一种重要的社会和经济现象，它的作用也不断地被方方面面所认知。由于旅游业对社会不断加深的影响，在理论上对旅游进行深入研究就显得越来越重要。科学地做好旅游统计工作，对于正确认识旅游业在我国国民经济中的地位和作用，做好旅游业的宏观管理工作，都具有重要的意义。

从统计的角度来说，首先，我们必须明确我们到底应该统计什么？我们的统计范围、统计口径是什么？

一、旅游统计

旅游是一个综合性很强的经济产业，从旅游需求方来看比较单一，是旅游者，从旅游供给方来看，则涉及国民经济众多产业。由于旅游供给涉及众多产业，因此，旅游统计是从需求方开展的统计，是通过对旅游者旅游花费支出进行的调查和统计。

资料：旅游统计指标

这也是传统的国民经济核算体系没有也不可能将旅游业作为一个单列产业的原因所在，因为在国民经济核算体系中，产业是建立在它们的产出基础上，而非它们的消费对象数据的基础上。

尽管旅游业是从需求方定义的，不存在单一的产品供给或产业与之对应；但旅游业在国民经济中并非不存在，事实上，旅游经济活动是隐藏在运输、住宿、餐饮消费、娱乐、旅行代理等经济活动中，有关旅游经济活动的流量实际上已隐藏于一国的国民经济核算体系，或隐藏于现有的不同宏观经济变量中。也正是由于旅游统计是通过需求方开展的，导致旅游需求、旅游者消费、旅游生产活动的实际规模和产出水平在以供给方定义的国民经济核算及投入产出表中得不到真实反映。也正是由于这个问题的存在，才产生了旅游卫星账户。

二、旅游卫星账户

卫星账户(satellite account,也称为附属账户)是用于测量那些在现有国民核算体系(system of national account,SNA)中尚未或不能被作为一个产业的经济部门的规模的一种核算方法。对卫星账户的重视和研究是随着联合国"新国民经济核算体系(93′SNA)"的出现而发展起来的。建立卫星账户的目的,是在不过分加重国民经济核算体系负担或打乱该体系的前提下,针对所选择的社会关心领域(如旅游、环境等),以充分灵活的方式扩大国民经济核算的分析容量。

总体而言,卫星账户在保持与中心账户的密切联系的同时,在宏观经济账户内加强了对专有领域的分析。不同领域的卫星账户还有助于将各专业领域的分析联系起来。因此,卫星账户一般具有双重作用,既作为分析工具,也作为统计协调的工具。此外,一个卫星账户也可以被用作进行国家间比较的手段。

(一) 旅游卫星账户的兴起与发展

1999年,成立了包括世界旅游组织、经济合作与发展组织和欧共体(欧盟前身)统计处组成的联合工作小组,目的是根据法国尼斯大会的决议,制定一个编制旅游卫星账户的方法框架。2000年3月,联合国统计委员会批准了由这3个机构共同参与编制的《旅游卫星账户:建议的方法框架》。

(二) 旅游卫星账户的作用

1. 可以较为客观地衡量旅游业对国民经济的贡献

正是因为有了旅游卫星账户,才得以将旅游业的经济活动作为一种经济现象归入宏观经济统计的主流。通过旅游卫星账户,可以核算旅游业的产业规模(如旅游业的GDP值、旅游就业的总体情况),可以较为客观地衡量旅游业对国民经济的贡献,从而全面分析旅游业在国民经济中的产业地位和作用。

2. 可以将旅游业与其他传统产业作一个可信的比较

旅游卫星账户是一个新的统计工具,旨在帮助各国依照一个共同的核算框架来测量旅游及相关的产品和服务,从而可以将旅游业与其他传统产业作一个可信的比较,并进一步对国家、地区之间的旅游经济进行比较。

3. 可以较全面地反映旅游活动的供需情况

旅游卫星账户作为一个国民经济核算的工具,除了提供国民经济核算中有关旅游业的准确内容与数据(如游客消费、旅游产业活动的供给等),从经济学意义上,它还可以较全面地反映旅游活动的供需情况、供需的对应与平衡问题,即:游客消费是由哪些产业提供和满足的?满足程度如何(国内生产或进口比例情况)?可以较深入地了解和分析游客消费、旅游供给的总量和结构状况,从而了解旅游需求和产业的市场总体均衡状况。

4. 为政府的公共政策提供依据

作为一个较全面的数据库,旅游卫星账户的基础数据还可以为政府的公共政策提供依据(如游客消费政策、旅游就业政策等)。

(三) 旅游卫星账户的主要内容

旅游卫星账户为我们提供了一个研究分析框架,我们可以知道:哪些产业生产的产品构成了旅游需求的组成部分,哪些产业的存在很大程度上依赖于对旅游的需求。为了满足上述分析要求，旅游卫星账户主要包含以下三个方面的内容。

（1）旅游产品的供给。主要反映哪些是旅游产品，人们主要消耗的旅游产品是什么，这些产品由哪些产业生产？

（2）旅游产品的消费。反映了游客、居民、政府、企业等对旅游产品的消费支出以及在不同旅游产品上的支出结构。

（3）旅游产业中的经济活动单元在生产过程中所创造的增加值、所吸收的就业等。

从旅游卫星账户表示的内容上来看，旅游卫星账户重点考察游客消费、旅游供给及其关联。旅游卫星账户的核心内容包括 10 张内容上相互连接的账户和表格，建立旅游卫星账户，也就是完成这 10 张表格的编制工作。从这些内容上看，旅游卫星账户可以在国民经济核算通用概念、体系内，实现对旅游业的生产、消费、就业、投资等领域的核算，提升了传统的以需求方调查为主的旅游统计指标体系。

第五节　旅游业危机管理

旅游业具有脆弱性的特点，易受各种事件的影响和打击，从而造成旅游业的危机，影响旅游业的正常发展。旅游发展中的不确定性因素很多，风险频繁，旅游业注定要与风险同行，因此，必须把危机管理作为一种日常性的工作加以确立，对旅游业的危机进行管理，具有重要意义。

一、旅游业危机管理的含义

世界旅游组织把危机定义为：影响旅游者对一个目的地的信心和扰乱继续正常经营的非预期性事件。所谓危机管理，就是当旅游业针对战争、瘟疫、恐怖活动、政治动乱等可能对旅游业造成重大影响的非预期性事件时，应该采取的对策，以期将损失降到最低。

众所周知，脆弱性是旅游业最显著的特点之一。战争、瘟疫、恐怖活动、政治动乱等会给旅游业带来致命的打击。以 2003 年的 SARS 和 2020 年的新冠疫情为例，使正在高速发展的中国旅游业及世界旅游业受到了前所未有的灾难性的打击，旅游业自第二次世界大战以来，从来没有遇到过这样的灾难。在全球范围内，受疫情影响，许多国家的航空公司纷纷取消了国际国内航班，饭店客房空置，更多的业内员工被解聘或被迫辞职，遭遇 2 年多时间的寒冬，旅游业被冰封……

因此，做好危机管理具有重要意义，危机管理是旅游业研究的重要课题。

二、旅游业危机管理的目标和主体

（一）危机管理的目标

危机的发生，会危及旅游者的生命和财产的安全，严重影响旅游企业的正常经营活动，为旅游业和地方经济的发展带来严重危害，甚至造成大规模失业等社会问题，危机管理的目标就是尽可能地减少这种损失和危害。

（二）危机管理的主体

危机的发生，涉及社会的各个方面。危机管理的主体包括：

（1）各级政府。包括中央政府和地方政府等。

（2）旅游主管部门。包括国家和地方旅游主管部门。

（3）其他相关部门。如一个国家的民航、卫生、交通等部门。

（4）旅游行业组织。如世界旅游组织、世界旅游与旅行理事会、旅游饭店协会、旅行社协会等。

（5）相关行业组织。如世界卫生组织等。

（6）旅游企业。危机发生后，旅游企业是首当其冲的受害者，应该采取一切必要的措施来减少这种损失，因此，旅游企业理所当然是危机管理的主要参与者之一。

根据危机的性质、大小和影响的范围的不同，每次危机管理的主体也会有所不同。假如危机只发生在一个企业内部，而不涉及整个行业，那么，遭遇危机的企业便成为危机管理的唯一主体；而如果危机的发生，影响到整个行业，则需要各有关部门、机构、行业组织和旅游企业共同参与对危机的管理。

三、旅游业危机管理的途径

如前所述，危机管理涉及不同的管理主体，因此，在危机管理的不同阶段，不同的管理主体要采取不同的管理措施，发挥不同的作用。

（一）危机之前

1. 建立旅游危机预警机制

旅游预警系统就是对危机发生的因素进行管理，评价危机形成概率与一旦危机形成将会对旅游业的发展造成什么样的后果。

2. 制定危机管理计划和程序

世界旅游组织告诫：永远不要低估危机对旅游业的可能危害，它们是极端危险的。把危机影响最小化的最佳途径就是充分做好准备。为此，有关方面可以预先制定一套科学的危机管理计划和程序。必要时要对危机管理计划进行预演排练，并不断修正和完善。

3. 设立危机基金

以便在危机发生时，能够及时运用这笔基金，根据危机情况，做出迅速、灵活的反应，而不必经过一个冗长复杂的行动程序。该基金可以用于对旅游企业各种形式的援助，危机过后旅游业的推广，也可以用于奖励、资助那些在危机中表现突出、为对抗和尽快结束危机做出突出贡献的单位、组织和个人。

（二）危机期间

1. 发布信息

危机发生后，要根据危机涉及的范围、严重程度等，由旅游主管部门、旅游行业组织、国家及地方政府等，通过新闻媒体等，适时地向社会公众发布信息，使外界和社会公众能够及时了解危机的客观情况，防止谣言的散布，甚至造成社会的不安定。为此，可设立一个新闻中心，迅速通过媒体发布危机方面的信息。信息的发布要客观、准确、诚实、透明，既不能夸大事实，也不能为了达到某种目的而隐瞒或扭曲事实真相。

2. 制止危机

危机发生后，有关政府部门、行业组织和旅游企业要尽快积极采取措施，制止危机，防止危机的扩大，避免对旅游业造成更大的损害。

3. 确保安全

危机期间，政府部门可采取强制措施，要求旅游企业确保旅游者的安全。旅游部门应任命专人负责与其他政府部门、专业服务机构、旅游行业和世界旅游组织在安全保障方面的联络。旅游部门要制定旅游行业安全保障措施，并在改进安全保障方面担当积极的角色。必要时，应组建能用多种语言提供服务的旅游警察队伍和紧急电话中心。

4. 实施金融救助和财税措施支持旅游企业

危机发生后，旅游企业要通过行业协会，呼吁政府给予旅游企业各种类型的支持，帮助企业渡过难关。此时，行业协会应坚决地站在行业的立场上，客观反映行业的现状，维护行业的利益，与政府进行充分沟通，争取政府的各项政策支持。而各级政府也要充分理解旅游企业的困境，主动给予旅游企业在各种行政费用、税收等方面的优惠政策。

（三）危机过后

危机过后，旅游业面临的首要任务是恢复和发展。首先是恢复公众的信心、恢复旅游者的信心。

1. 宣传旅游地的安全形象

通过报纸、电视等新闻媒体，大力宣传旅游地的安全形象，尽快恢复国内外旅游者的信心。必要时，可请国家和地方政府领导人出面，亲自对旅游业进行宣传促销。

2. 启动各种旅游促销活动

危机过后，政府有义务加大投入，启动各种旅游促销活动。如前所述，危机过后，恢复旅游业的核心，是恢复旅游者对旅游地的信心，而政府及新闻媒体的宣传对于恢复旅游者的信心尤为重要。

根据旅游业的特点和旅游业发展规律，危机过后，旅游业的恢复是有先后的，一般说来，国内旅游和出境旅游要优先于国际入境游；近距离旅游优先于中、远距离旅游；商务旅游优先于休闲度假和观光旅游；散客和家庭旅游优先于团队旅游；小包价和半包价旅游优先于全包价旅游。因此，旅游业在危机过后的市场营销中，要讲究技巧和灵活性。要有计划、有针对性、有重点、有步骤地进行，以期取得事半功倍的营销效果。

首先要将侧重点放在专业兴趣市场上，如高尔夫、滑雪、体育赛事、文化节庆以及蜜月旅行等，这些方面的需求往往对危机事件具有较强的"免疫力"。有经验的旅行者和经常往返于某地的旅行者往往最不容易被危机吓跑。

危机促销的另一个重点应该是集中在周边国家和地区，因为那里的居民对该国的社会经济状况比较熟悉，不易受到危机负面报道的影响。特别要注意加强国内市场宣传，国内旅游在危机恢复时期可以弥补外国旅游需求的不足。

保持促销内容的可信度也至关重要。因为过度推销或者在宣传材料中对旅游产品进行不恰当的表述都将犯下严重错误，不仅损失机构美誉，甚至可能制造咎由自取的危机。

3. 邀请境内、外媒体记者进行宣传报道

邀请境内、外媒体记者进行宣传报道，是一种很好的旅游宣传方式，宣传效果好，且影响面广。例如，SARS 过后，上海市便组织江浙旅游专栏记者来沪采风，向江浙旅游者推出 SARS 后上海旅游新形象、新产品。

此外，重大灾害事件的纪念日，如 100 天、6 个月、1 周年等。媒体通常在这些时间里回顾灾害造成的伤亡、损失等，而这些日子也是受众们着重留意受影响地点现状的时机。如能够利用这些时机，充分提供积极正向的宣传，也可以帮助受危机影响地区吸引游客。

四、旅游业危机管理的策略

在旅游业的危机发生之后，旅游目的地应该采取以下传播和沟通策略，以期恢复和改进目的地形象。

（一）淡化危机

当面临形象危机时，最简单的对策就是当什么也没有发生，以不变应万变。有些旅游目的地在危机事件发生后并不采取挽回形象的举措，而是期望随着时间的推移以及其他热点事件的发生，使旅游者忘掉过去的不快。例如，当西班牙的几个城市在 2001 年遭到埃塔组织恐怖袭击后，当地政府采取了"一切如常"的方式处理，在这些城市的旅游广告中对袭击事件只字未提。

但是，在外部媒体压力下，并非任何情况下都能够应用这种方法。这时，则可以设法减轻公众对危机事件严重程度的感觉。例如，在突尼斯市遭到一次恐怖袭击后，一位当地官员告诉媒体，只有一座犹太教堂遭到攻击，是一次偶发事件，突尼斯仍然是安全的旅游目的地。同样，当开罗受到自杀式炸弹袭击后，埃及旅游部门试图向媒体说明，那只是一个孤立的事件，其背后并没有恐怖网络组织的支持。在上述案例中，官方都努力强调危机事件的偶然性，试图说明再次发生类似事件的可能性极小。

（二）使用正面信息

这一策略主要包括两种具体方法，一是直接通过公关和广告做正面宣传，二是对目的地进行重新定位包装。

使用第一种方法时，所传递的信息要针对原有形象中的负面因素，努力改变原有的不够安全、不够稳定或不够卫生等不良形象。如果某目的地被认为是不安全的，广告内容可以安排去过的旅游者介绍他们的成功旅行经历和良好的安全感。同样地，受到恐怖袭击困扰并在国际媒体上出现过相关负面报道的国家，则可以发起正面宣传，大力传播有利的正面信息。例如，在一次 20 人遇难的恐怖袭击事件后，突尼斯旅游局发起了一场广告宣传活动，向旅游者传播"和平与宁静"的形象。许多安全形象不佳的国家与地区都采取了这一方法，如叙利亚、以色列和北爱尔兰，目标是在旅游者中建立安全旅游地的形象。

尽管印度旅游资源非常丰富，但是每年的海外旅游者数量总是很少。在许多海外旅游者心目中，印度是一个贫困的国家。为此，印度国家旅游局发动了一场旨在传播正面信息的宣传活动，力图向外界传播一个完全不同的印度形象：和平、美丽、文化灿烂、充满精神魅力。事实证明这种重新定位包装是一种改变原有不良国家形象的有效办法。

德国文化局针对欧洲市场发动了一场宣传攻势，目的也是传播正面信息。其内容主要是要改变人们对德国人都是缺乏幽默感的工作狂的刻板印象，努力传播当代德国生活的崭新图景。广告宣传片中展现了一个充满魅力和浪漫时尚的德国：人们一天工作 7 小时，有大量休假，古老教堂前的婚礼队伍，超级名模克罗迪娅·席弗，足球明星贝肯鲍尔……

（三）承认负面形象

在有些情况下，直接承认负面形象是最有效的手段。这一策略可以用在危机中或危机刚刚结束时，目的是形成一种诚实可信的形象。而当危机过去以后，可以通过广告介绍某目的地过去曾经不安全、不卫生或缺乏旅游服务，但是现在已经彻底改观，面貌一新。有些国家还运用这种策略说明国内某地确实存在问题，坦率地奉劝旅游者不要前往该地。例如，英国旅游局曾通知旅游者不要前往爆发口蹄疫的英格兰农村地区。

（四）地理隔离策略

当某个旅游目的地所在的国家或地区形象不佳的时候，可以考虑地理隔离策略，即将该地与有问题的地区互相隔离开来。例如，在巴以冲突之后，约旦旅游部门大力宣传约旦与以色列不同，是非常安全的目的地。

（五）化不利因素为有利因素

这一策略在承认负面形象基础上再进一步，设法将导致负面形象的不利因素转化为有利因素。例如，分兰的拉普兰地区多年来给世人的印象是边远的苦寒之地，鲜有旅游者问津。如今随着全球暖冬现象，这里的寒冬反而成为吸引旅游者的优势。当地旅游部门组织了大量冬季文化游艺节庆活动，大力宣传拉普兰"拥有真正的冬天"。

（六）改变名称、口号或标志

当提到某个国家时，通常人们首先想到的是它的名称、口号或标志。因此，为了改变目的地的形象，首先应当考虑改变这些重要元素。例如，波兰旅游部门正在考虑将风筝作为国家的新标志，来改变波兰的总体形象并促进旅游业发展。因为风筝具有许多正面的象征意义，包括自由、年轻、爱情、希望和热爱生活等。这一推广活动希望将波兰与风筝联系起来，以消除波兰原来的封闭、保守、贫困、死板的灰色形象。

旅游目的地也可以改变口号，以强调其崭新的形象，例如，泰国的新口号是"令人惊喜的泰国"（Amazing Thailand）。

（七）改变目标受众

最后一个处理形象危机的策略是寻找可能受危机影响较小的特定目标受众群体。有时候由于危机本身性质较为严重，要想改变现有目标受众几乎已不可能，目的地营销人员则可以设法找到另外的受众。近年来，中东地区的一些国家就采取了这一策略。例如在以色列，广告宣传的重点已经不再是一般西方旅游者，而是对负面新闻报道不太敏感的宗教旅游者。这些人主要是西方国家的犹太人和耶稣福音会成员，充分利用这些旅游者的虔诚宗教信仰来吸引其访问圣城耶路撒冷，宣传广告语是"不要让你的灵魂再等待了，来以色列吧！"

以上危机管理的传播和沟通策略必须视实际情况，灵活运用。

// 本 章 小 结 //

■ 国家旅游管理体制是一个国家对旅游业实行全行业宏观管理的行政管理体制。通常有旅游委员会模式、旅游部模式、旅游局模式和混合职能模式几种类型。

■ 旅游业行业管理的对象是从事旅游经营活动的所有企业和单位。旅游行业管理的主体有两类：一是政府部门；二是行业组织。

■ 行业管理的内容包括：市场引导和维持秩序性内容、服务性内容、协调性内容。行政、经济和法律手段是行业管理的基本手段。

■ 旅游行业组织是指为加强行业间及旅游行业内部的沟通与协作，实现行业自律，保护消费者权益，同时促进旅游行业及行业内部各单位的发展而形成的各类组织。旅游行业组织通常是一种非官方组织，各成员采取自愿加入的原则，行业组织所制定的规章、制度和章程对于非会员单位不具有约束力。旅游行业组织是对政府官方旅游行政管理机构的补充，是旅游行业管理的重要手段之一。

■ 卫星账户是用于测量那些在现有国民核算体系中尚未或不能被作为一个产业的经济部门的规模的一种核算方法。旅游卫星账户是一个新的统计工具，旨在帮助各国依照一个共同的核算框架来测量旅游及相关的产品和服务，从而可以将旅游业与其他传统产业作一个可信的比较，并进一步对国家、地区之间的旅游经济进行比较。

■ 旅游政策是国家为了实现旅游发展的目的，根据旅游发展的社会经济条件和旅游发展的具体情况，所制定的一系列与旅游有关的规章、规则、规定、制度、方针等。

■ 中国现行基本旅游政策是：健康文明，突出中国特色；重点发展国内旅游；积极发展入境旅游；稳步发展出境旅游。

■ 旅游法规是调整旅游活动领域中各种社会关系的法律规范的总称。就中国的情况而言，旅游法规包括：全国人民代表大会及其常务委员会制定的旅游法律；国务院制定的旅游行政法规和条例；国家旅游行政主管部门制定的部门规章；地方旅游法规（含地方人民代表大会颁布的地方旅游管理条例）；中国政府缔结、承认的国际旅游公约和规章等。

■ 中国现行旅游法规主要包括《旅游法》《旅行社条例》《导游人员管理条例》《风景名胜区条例》以及各地方颁布的地方《旅游管理条例》和《旅游业条例》等。旅游相关法规包括《合同法》《消费者权益保护法》等。

■ 做好旅游业危机管理对于实现旅游业的健康和可持续发展具有重要意义。

// 复习思考 //

1. 国家旅游管理体制通常有哪几种模式？
2. 国家旅游行政管理部门的职能有哪些？
3. 简述旅游行业组织的性质和职能。
4. "世界旅游日"是由哪个组织确定的？在哪一天？为什么要确定在这一天？
5. 简述中国旅游法规体系。
6. 简述中国旅游政策。
7. 什么是旅游卫星账户？
8. 如何做好旅游业的危机管理？

// 案例讨论 //

与常识相悖的国内旅游人数数据统计，为何会遭到众人质疑？[①]

目前，国内旅游统计数据的准确性受到学界、业界人士的质疑。

1. 对目前国内旅游数据存在的疑问

疑问一：国内旅游人数为什么"纵向不可加，横向不可比"？

对比 2016 年、2017 年原国家旅游局公布的和各省级行政单位公布的国内旅游人数数据（见图 7-8），笔者发现后者各地加总的数据均是原国家旅游局公布的国内旅游人数的 2.5 倍左右，如 2017 年各地加总的国内旅游人数为 130.75 亿人次，原国家旅游局公布的数据仅有 50.10 亿人次。

以贵州省和广东省为例，广东省人口基数约为贵州省的 3 倍，经济发展程度远高于贵州省，按常理推测，广东省国内旅游人数应大于贵州省，而公布的统计数据并非如此。

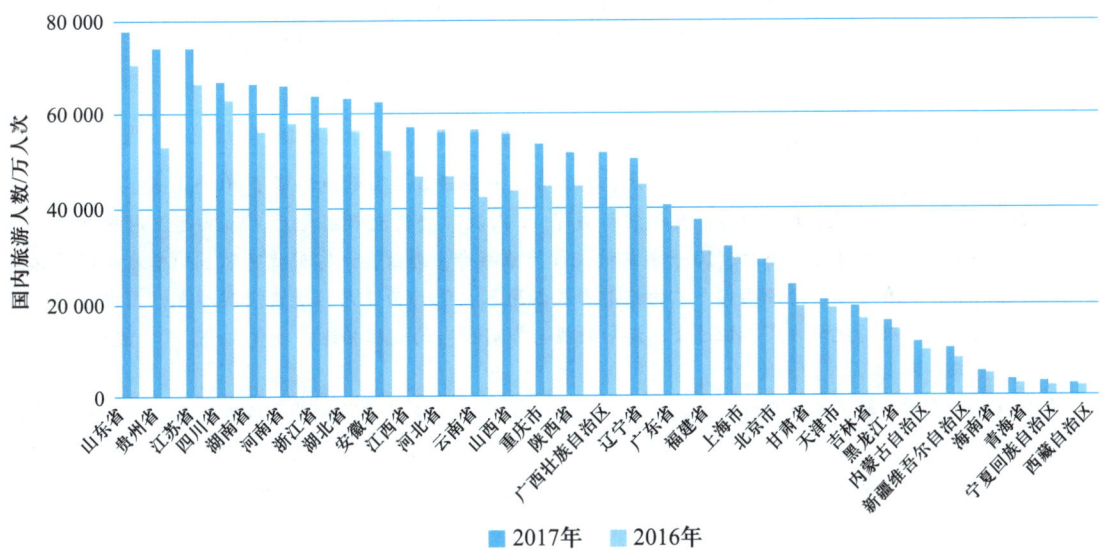

图 7-8　全国 31 个省、自治区、直辖市的国内旅游人数（2016 年、2017 年）

注：（1）数据来源于各省、直辖市、自治区 2016 年和 2017 年国民经济和社会经济发展统计公报；
2017 年重庆市旅游业统计公报；2016 年天津市统计年鉴；2017 年山东省旅游业统计公报；贵州省
2017 年数据来源于 2018 年 2 月 7 日网易新闻。（2）统计范围不包括中国香港、中国澳门和中国台湾地区。

疑问二：国内旅游人数是否与常识相悖？

航空通常是外省市旅游者进入某一省份的主要交通方式，因此可以借用机场吞吐量数据来粗略估计省外旅游者的规模。分析 2017 年各省会城市的机场吞吐量与国内旅游人数的比值（见图 7-9），笔者发现大部分城市的比例偏低。2017 年贵阳市的国内旅游者人数超过昆明市，约为广州市的 3 倍；而同期贵阳龙洞堡机场的旅客吞吐量仅是昆明长水机场的 40%，广州白云机场的 27%。这些数据与航空为省外旅游者主要交通方式的常识相悖。

---

① 保继刚. 将尺度观引入旅游统计工作的几点思考. 旅游导刊，2019，3（1）：1—8.

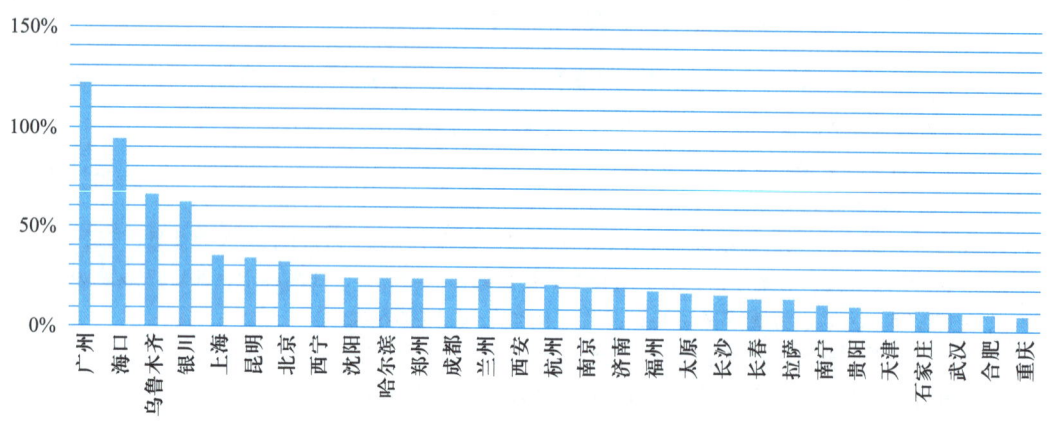

图 7-9　2017 年各省会城市机场吞吐量与国内旅游人数的比值

注：国内旅游人数来源于各城市 2017 年国民经济和社会经济发展统计公报；机场吞吐量数据来源于中国民用航空局
2017 年民航机场生产统计公报；呼和浩特、南昌未公布相关数据。

2. 目前国内旅游人数是怎样统计出来的

在使用大数据之前，统计的计量单位是人次，如果 1 名旅游者在某目的地游览了 10 个景点，就被统计了
10 次，加上住宿再统计 1 次，1 名旅游者就被统计成了 11 人次。使用大数据之后，如果是使用手机漫游数
据，并且假如设定离开居住地 6 小时、10 千米就被统计为旅游者，那么在大都市就有很多的本地人因为通勤
被统计为旅游者，还有可能一名带两部手机的旅游者或本地人被统计为 2 名旅游者。实际上，国内过夜旅游
者的住宿登记是最准确的统计方式，但过夜旅游者数据与当前公布的数据相比，数量太小，"非常难看"，目
的地一般不愿意公布。

与旅游者数量相关的另一个指标是旅游总收入。目前统计方法是用旅游者抽样调查的人均消费水平乘以
人次，而且旅游者抽样调查更多的是对外地旅游者进行抽样，他们的消费水平远远高于本地旅游者，所以得
出了旅游收入又一个"天文数字"。为什么要公布一个没有多大决策及投资参考价值的"天文数字"，这不是
本文要讨论的问题。本文要讨论的是在现有大数据技术条件下如何改进统计工作。

3. 国内旅游人数的概念辨析——尺度"缺位"

目前关于国内旅游人数的定义主要围绕旅游者的旅游动机和停留时间进行说明，但旅游活动作为从一个
地方到另一个地方的空间流动过程，必然涉及地理尺度的转换，现有定义却缺乏对地理尺度的界定。客源地
和目的地两个"地方"之间的边界是什么？以往的概念中都没有具体言明。笔者认为，根据现有概念，旅游
人数应是统计某一行政边界外的人进入该边界内旅游的人数，对应中国的行政区划体制，国内旅游的尺度转
换表现在"国家—省—市—县" 4 个层级。本文通过测算，发现不同尺度的旅游人数统计结果会产生极大差
异，进一步说明了在旅游统计中进行尺度划分的重要性。另外，将尺度观引入旅游统计的现实意义如下：

（1）分层级的旅游统计数据对旅游决策具有针对性的指导意义。

回应文首提出的第一个疑问，旅游的本质是产品出口的一种形式，外地人在本地的旅游消费，才能真正
反映旅游对本地区的经济贡献。就国内旅游统计而言，不同级别的政府关注不同尺度的旅游统计数据，从而
可以对辖区内的旅游发展现状进行正确的评估和判断。国家层面应该更多关注入境旅游，省级层面除关注入
境旅游外，国内旅游方面应主要关注省际旅游，地级市和县级层面依次类推。当旅游统计概念体系增加尺度
要素后，就可以满足此类诉求。"国家—省—市—县" 4 类不同尺度的数据，统计对象也各不相同。

（2）尺度观的引入可以论证地方旅游统计出现"天文数字"的可能性。

回应文首提出的第二个疑问，根据文中测算，可知尺度与旅游人数呈现一定的负相关关系。对于某些热
门的旅游地，尺度越小，国内旅游人数可能越大。因为尺度越小，相应的地理边界范围越小，边界两侧的互

动更加频繁，边界外的人口更多，意味着拥有更多的潜在旅游者。

4. 构建"省—市—县"的国内旅游数据层次体系

综上，笔者认为国内旅游人数统计应按照"省—市—县"进行尺度划分，分为 3 个层级。

（1）省际国内旅游人数。以省界为边界，指来自该省级行政区以外其他省份的国内旅游者人数。

（2）市际国内旅游人数。以市界为边界，包括 2 类：一是该市级行政区以外的省内旅游者人数；二是省外旅游者人数。

（3）县际国内旅游人数。以县界为边界，包括 3 类：一是该县级行政区以外的市内旅游者人数；二是所属市以外的省内旅游者人数；三是省外旅游者人数。

需要说明的是，在进行上层级尺度国内旅游人数统计时不计算下层级尺度内部的旅游流动，因此上层级统计人数并非下层级统计人数的累计加总。国家在发布国内旅游数据的时候，可以分层级发布，如省际的国内旅游者数量、地级市之间的国内旅游者数量、县级之间的国内旅游者数量。表 7-1 为关于"旅游"与"国内旅游者"等概念的梳理。

表 7-1　关于"旅游"与"国内旅游者"等概念的梳理

来源	概念	含义
世界旅游组织	旅游	一个人旅行到他/她通常环境以外的地方时间少于一段指定的时段，主要目的不是为了在所访问的地区获得经济效益的活动（鲁澎，1992）
	国内旅游	一国的居民到他/她通常环境以外的国内另一个地方旅行，时间不超过 6 个月，主要目的不是为了从访问地获得经济效益
《旅游地理学》（保继刚主编）	国内旅游者	在本国某目的地旅行超过 24 小时而少于 1 年的人，其目的是娱乐、度假、运动、商务、会议、学习、探亲访友、健康或宗教（保继刚，楚义芳，2012）
文化和旅游部	国内旅游者人数	指报告期内在中国（大陆）观光游览、度假、探亲访友、就医疗养、购物、参加会议或从事经济、文化、体育、宗教活动的中国（大陆）居民人数，其出游的目的不是通过所从事的活动谋取报酬。统计时，国内旅游者按每出游 1 次统计 1 人次（实际统计时，以离家 6 小时、10 千米计算）

5. 结语

为保障旅游统计数据的准确性与真实性，亟须将尺度观引入旅游统计，建立"省—市—县"的国内旅游统计层级体系。在确定按地理尺度统计旅游者后，从技术层面上，可以统计人和人天，还可以统计过夜旅游者人数等。但无论哪种指标，都将为政府相关部门、旅游企业提供更具针对性的决策依据。

问题：

（1）你如何看待国内旅游统计？

（2）你是否同意上文所提到的国内旅游统计方法的改革？

（3）你认为应该如何对国内旅游统计方法进行改革？

∥ 课 后 训 练 ∥

阅读下面的案例，分析相关问题，提交分析报告，并分组讨论。

行程缩水，旅游者状告旅行社，旅行社该赔钱吗？

20××年12月28日，刘女士等4人参加广州市某旅行社组织的"迎春贺岁、醉爱大堡礁8天之旅"，出发时间为20××年1月31日，共向旅行社缴纳团费合计40 298元。合同约定，因不可抗力原因导致合同无法履行，旅行社应当及时通知旅游者，并采取适当措施防止损失扩大。

然而，受台风天气的影响，原本游玩的重头项目"游览大堡礁"被取消。刘女士等人称，计划游览大堡礁为2天时间，实际未进行，他们在酒店住了三天半；另外，在布里斯班游览梦幻世界，参观了不到1个小时，梦幻世界就下班了。进入悉尼的时间由于当地地陪误导，造成在机场滞留3小时，悉尼游览时间缩水3小时。

回国后，刘女士等人认为此次旅游货不对板，要求旅行社赔偿。旅行社对此的处理意见是：退回大堡礁出海费用、梦幻世界门票、2月2日及3日在凯恩斯酒店休息的车费合计成人1 239元、小童831元。刘女士等对此方案不满意，向越秀区法院提起诉讼。要求旅行社赔偿团费损失共计82 196元、精神损害赔偿金40 000元。

问题：

（1）你认为游客的诉求合理吗？

（2）根据《旅游法》等现行相关法律、法规，旅行社是否应该承担责任，以及在多大程度上承担责任？

∥ 拓 展 阅 读 ∥

最高人民法院《关于审理旅游纠纷适用法律若干问题的规定》

2010年11月1日，最高人民法院发布《最高人民法院关于审理旅游纠纷适用法律若干问题的规定》（以下简称《规定》），《规定》全方位维护旅游者的合法权益，支持旅游者主张霸王条款无效，并第一次提出对消费者个人信息进行保护。其主要内容包括：

1. 有欺诈行为要赔双倍

根据《规定》，旅游经营者以格式合同、通知、声明、告示等方式作为对旅游者不公平、不合理的规定，或者减轻、免除其损害旅游者合法权利的责任，如果旅游者遇到类似霸王条款，旅游者请求依据消费者权益保护法有关规定该内容无效的，人民法院应予支持。

根据《规定》，因不可抗力等不可归责于旅游经营者、旅游辅助服务者的客观原因变更旅游行程，在征得旅游者同意后，旅游经营者请求旅游者分担因此增加的旅游费用或旅游者请求旅游经营者退还因此减少的旅游费用的，人民法院应予支持。

旅游经营者违反合同约定，有擅自改变旅游行程、遗漏旅游景点、减少旅游服务项目、降低旅游服务标准等行为，旅游者请求旅游经营者赔偿未完成约定旅游服务项目等合理费用的，人民法院应予支持。

旅游经营者提供服务时有欺诈行为，旅游者请求旅游经营者双倍赔偿其遭受的损失的，人民法院应予支持。

另外，如果旅游经营者向旅游者推荐购物场所，导致旅游者买到假货，且旅游者有证据证明旅游经营者与销售者有串通行为，旅游经营者需担责，如果没有证据证明这类串通行为的，只有销售者担责。

2. 泄露旅游者信息要担责

根据《规定》，因飞机、火车、班轮、城际客运班车等公共客运交通工具延误，旅游者要求赔偿，人民法院不支持，但是如果由于交通工具延误导致合同不能按照约定履行，或者改变了旅游行程，产生了需要退费的情况，旅游者请求旅游经营者退还实际发生的费用，法院支持。

旅游经营者、旅游辅助服务者泄露旅游者个人信息或者未经旅游者同意公开其个人信息，旅游者请求其承担相应责任的，人民法院应予支持。

《规定》明确，如果旅游者因拒绝旅游经营者安排的购物活动或者另行付费的项目，旅游经营者增收费用，旅游者可以要求旅游经营者返还；在同一旅游行程中，旅游经营者提供相同服务，因旅游者的年龄、职业等差异而增收的费用，旅游者也可以要求返还，这两类返还费用的请求，人民法院均予以支持。

3. 代管行李不赔偿情况

旅游者托管的行李物品损毁、灭失，可请求赔偿损失，但下列情形除外。

（1）损失是由于旅游者未听从旅游经营者或者旅游辅助服务者的事先声明或者提示，未将现金、有价证券、贵重物品由其随身携带而造成的。

（2）损失是由于不可抗力、意外事件造成的。

（3）损失是由于旅游者的过错造成的。

（4）损失是由于物品的自然属性造成的。

∥ 本章配套微课 ∥

从"青岛大虾"事件看旅游业的危机管理，详情请扫描二维码观看。

视频：从"青岛大虾"事件看旅游业的危机管理

美丽中国——中国旅游目的地宣传口号和旅游形象定位

8

第八章　旅游目的地营销

　　旅游目的地营销是指以旅游目的地政府旅游主管部门、旅游企业等作为营销主体，以旅游目的地整体形象、旅游企业及其产品等为营销客体，在国内外旅游市场上进行的旅游营销活动、旅游目的地营销是实现旅游业发展战略、提高旅游经济效益的重要手段。

通过本章的学习，应该能够：

- 了解旅游市场。
- 掌握旅游市场细分的方法。
- 掌握目的地营销的方法，能够进行有效的旅游宣传和促销工作。

关键概念：

旅游目的地　营销

Key Words：

Tourist Destination　Marketing

第一节　旅游市场

进行旅游目的地营销，离不开对旅游市场的研究，而旅游市场是由旅游需求和旅游供给构成的，因此必须首先研究影响旅游需求和旅游供给的因素以及旅游需求规律和旅游供给规律。

旅游市场，从狭义上理解，是旅游产品交换的场所。如各国、各地区经常举行的旅游交易会、旅游博览会，就是一种旅游产品交换的场所。

在很多情况下，旅游市场还特指旅游客源市场，即能够被旅游目的地所吸引，并能购买其旅游产品的消费者群体及其所在国家和地区，如我们平时经常说的美国市场、西欧市场、日本市场等。

旅游市场不仅包括现实的旅游购买者，也包括潜在的旅游购买者。潜在的旅游购买者由于可自由支配收入、闲暇时间等的限制，在某一时点上不能产生购买行为，但是，一旦条件具备，潜在旅游购买者将转化为现实旅游购买者。

一、旅游需求

旅游需求是人们为了满足旅行游览、休闲度假等需要所引发的对一定量旅游产品的需求。这种需求不以人们的某种欲望为转移，它必须要有一定的条件为基础。具体来说，要有两个基本条件，一个是要具有可自由支配的收入（或一定的支付能力），另一个是要具有可自由支配的时间（或一定的余暇时间）。因此，旅游需求就是具有可自由支配的收入和时间的人们，愿意按照一定价格水平所购买的旅游产品的数量。

旅游需求的形成，有客观的因素，也有主观的因素。

首先，人们物质文化生活水平的提高，是形成旅游需求的基础；其次，交通条件的不断改善，为人们旅游需求的形成创造了条件；再次，社会劳动生产率的不断提高，使劳动者和工作人员的劳动时间缩短，使人们的闲暇时间增多，这就为旅游需求的形成提供了时间上的保证；最后，旅游动机则是形成旅游需求的直接原因，旅游动机对人们的旅游行为有启动作用，当人们具备了外出旅游的支付能力和余暇时间的条件后，再加上已有的旅游动机，便形成了现实的旅游需求。

（一）影响旅游需求的因素

1. 旅游价格

一般说来，在其他条件不变的情况下，旅游价格与旅游需求成反方向变化，即旅游价格上升，旅游需求下降，反之，旅游价格下降，则旅游需求上升。

2. 可自由支配的收入水平

一般说来，人们可自由支配的收入与旅游需求成正方向变化，即人们可自由支配的收入越大，对旅游需求越大；反之，人们可自由支配的收入越小，对旅游需求越小。

3. 闲暇时间

人们开展旅游活动，需要一定的闲暇时间。闲暇时间与旅游需求的关系是：在具有旅游支付能力的前提下，人们的闲暇时间与旅游需求成正比例。

4. 旅游客源国或地区的人口数量

一般说来，旅游客源国或地区的人口数量越多，所形成的旅游者数量越多，从而所形成的旅游需求量也越大。

5. 人口的地理分布

人口的地理分布状况不同，所形成的旅游需求量也会有很大差异。一般说来，在大中城市和经济文化比较发达的地区，人们的生活水平相对要高，再加上交通、信息等方便的条件，人口的出游率要远远高于农村等经济不发达地区。

6. 人口结构

这里所说的人口结构，主要是指人口的年龄结构、性别结构和职业结构等。旅游需求与人口结构有着十分密切的关系。

不同年龄段的旅游者，对旅游需求的程度是不同的，同时，由于他们的身体状况、人生经历、收支状况、余暇时间等方面也有较大的差别，这样必然造成他们间旅游需求量和旅游需求结构等方面的差别。年轻人身体健壮、精力充沛、好奇心大、活动能力强，喜欢活动量大、带有一定探险求奇的旅游方式，但他们收入不高，旅游过程中对食宿交通等不求奢侈，只求方便实惠。中年人大都有固定的职业和工作，余暇时间不多，但收入水平较高，支付能力较强，在旅游活动中对食宿较为注重，他们更喜欢度假、休闲、体育(如打高尔夫球、网球、保龄球等)等旅游活动内容。老年人身体状况下降，支撑能力和活动能力不强，不适宜活动量大、较费体力、有一定冒险性的旅游活动项目，而喜欢观光游览、文化娱乐、轻松自由的旅游活动。此外，他们余暇时间较多，也有较高的旅游支付能力，他们希望在食、宿、交通等方面能有较好的条件。

7. 家庭人口状况

这里所说的家庭人口状况，主要是指家庭人数的多少。家庭人口多，需要养育的人口也就多，家庭生活负担就重，可自由支配收入就相对要少，反之，可自由支配收入就相对要多。这就形成了不同家庭在旅游需求上的差别。从社会的发展趋势上看，家庭的平均人口数是减少的。家庭需要养育的人口少了，旅游的支付能力就提高，旅游需求量也就增加。

8. 受教育程度

一般来说，人们受教育的程度越高，旅游需求就越大，反之，则小。这是因为旅游活动是一种精神文化活动，许多旅游吸引物具有较多的知识含量，文化水平越高，旅游中的收获就越多，旅游活动的范围就越广，能被吸引的旅游资源也就越多。例如，文化水平高的旅游者很愿意到博物馆、绘画馆、科技馆、名人故居故地、文物荟萃之地等参观游览，由于能欣赏和理解所见之物，往往精神贯注，流连忘返。反之，文化水平不高，对上述的旅游点、旅游地就没有什么兴趣，不愿费时、费钱参观游览，在这种情况下，这些文化水平低的人，也就失去了不少的旅游机会。

9. 政治因素

这里所说的政治因素，包括各国的政策、国家间关系、各国政治经济形势、国际重大政治事件、军事冲突、恐怖活动等，这些因素对旅游需求影响极大，有的政治因素对旅游需求的影响是致命的。

10. 货币汇率

货币汇率的变化对国际旅游(国际入境旅游和国际出境旅游)有较大影响。由于各国的经济形势不同，各国的货币币值的变化，就会引起不同国家间货币兑汇比率的变化。

11. 交通费用

国际或国内交通费，是旅游花费的重要组成部分。来华入境旅游者在华长途交通费占全部旅游费用的26%~30%。在中国国内旅游方面，交通费用占旅游费用的比例则更大。以从北京到广东5日游为例，假定乘坐飞机，往返飞机票每人3 000元左右，每天每人食宿游费用平均500元，5天共计2 500元。此时，交通费占全部旅游花费的55%。由此可见，国际旅游和国内旅游中的交通费所占旅游花费的比例是相当大的。正因如此，交通费的增加或减少，都会对旅游者的旅游需求形成较大影响。

12. 旅游目的地(国)的物价水平

旅游目的地(国)物价水平的高低，对旅游需求影响很大。物价水平越高，旅游者的旅游费用就越大，旅游需求就会相应减少。例如，日本的东京是个物价水平很高的城市，虽然日本也是中国政府所确定的中国公民的旅游目的地国家之一，但赴日旅游的中国旅游者人数远不如其他东南亚国家那么火爆，主要原因不是这个旅游目的地国家的吸引力不强，而是受到其高昂的物价水平和旅游费用的限制所致。

13. 旅游目的地(国)的旅游供给状况

旅游目的地(国)旅游供给包括旅游资源、各种旅游设施、旅游服务水平等。一般说来，在旅游目的地(国)拥有丰富的、品级高的旅游资源，有能使旅游者得到满足的各种旅游设施，就能构成对旅游者的吸引，从而引发旅游者的旅游需求，反之，如果旅游目的地(国)旅游资源较平淡无奇，各种旅游设施条件较差，常常给旅游者带来不便，就会降低对旅游者的吸引力，从而，也难引发旅游者的旅游需求。

分析影响旅游需求的各种因素，主要目的在于，寻求解决的办法和途径，以及我们应该采取的措施。在影响旅游需求的因素中，有的是可以经过努力较快得以解决的问题，有的则是虽经努力，但却需较长时间才能解决的问题，要具体问题具体分析。

(二) 旅游需求的衡量指标

一国或一地的旅游需求的大小，是通过旅游需求的指标来衡量的。衡量一个国家或地区旅游需求量的是总体指标，衡量个别旅游企业旅游需求量的是个体指标。我们这里介绍的是衡量旅游需求量的总体指标。

1. 旅游者人次数

旅游者人次数包括两部分：国际旅游人次数和国内旅游人次数。国际旅游人次数又分为入境旅游者人次数和出境旅游者人次数。前者是指一个国家(或地区)在报告期内所接待的国外(境外)旅游者人次数，而后者则是指报告期内一国(或一个地区)居民出国(出境)旅游的人次数，旅游者每出入境一次，统计1人次。国内旅游人次数，是指报告期内一国居民离开常住地，在境内其他地方旅游的人次数。旅游者每出游一次统计1人次。

2. 一日游旅游者

一日游旅游者分为国际一日游旅游者和国内一日游旅游者。

国际一日游旅游者：指一个国家所接待的入境旅游者中，未在该国旅游住宿设施内过夜的外国人等境外旅游者。国际一日游旅游者包括乘坐游船、游艇、火车、汽车去(或途经)一国旅游，在车(船)上过夜的旅游者和机、车、船上的乘务人员，但不包括在境外(内)居住而在境内(外)工作，当天往返的周边国家的边民。

国内一日游旅游者：指一国居民离开常住地，出游时间不足 24 小时，并未在境内其他地方的旅游住宿设施内过夜的国内旅游者。

3. 接待旅游者人天数

反映报告期内一个国家或地区的旅游住宿设施实际接待的各类旅游者的规模。

旅游者人天数是旅游者人次数与旅游者人均停留天数的乘积，其公式为：

$$旅游者人天数 = 旅游者人次数 \times 旅游者人均停留天数$$

4. 人均停留天数

旅游者在一国或一地的人均停留天数是反映旅游需求的又一指标，其计算公式是：

$$人均停留天数 = \frac{\sum 旅游者人次数 \times 停留天数}{\sum 旅游者人次数}$$

5. 出游率

出游率是指在一定时期内一国或一地区出外旅游的人次与其总人口的比率。其计算公式是：

$$G = \frac{N_t}{N_p} \times 100\%$$

式中，N_t 表示出外旅游人次，N_p 表示总人口数。通过这一指标，可以看出该国或该地区形成旅游需求的能力。

6. 重游率

重游率指一定时期内，一国或一个地区多次外出旅游的旅游者人数占该国在该时期内外出旅游的旅游者总人数的比例。其计算公式是：

$$R = \frac{T_n}{T_N} \times 100\%$$

式中，R 表示重游率；T_n 表示一定时期内多次外出旅游的人数；T_N 表示该时期外出旅游的总人数。

以上指标，是从不同角度衡量旅游需求的总体指标，通过这些指标，我们可以了解一国或一地区旅游需求的过去、现在状况，这对于我们提供旅游供给，更好地满足旅游者的旅游需求，从而使旅游业得到更好的发展，都是非常重要的依据。

二、旅游供给

旅游供给就是在一定时期内，旅游产品生产者和经营者按照一定的价格向旅游市场所提供的旅游产品和服务的总和。主要包括旅游者需要的住宿、餐饮、交通、旅游资源等以及由它们所组成的组合性旅游产品。

1. 旅游资源

旅游资源(或旅游对象物、旅游吸引物)不仅是旅游者的旅游吸引物，而且也是旅游产业和旅游相关产业进行旅游经营的凭借，正是由于旅游资源的吸引，才能使旅游者前往旅游目的地，从而形成旅游活动过程中的一系列需求，从这一意义上说，没有旅游资源这种特定产品的供给，其他旅游产品的供给就难于实现。所以，作为一个旅游目的地国或地区，首要的是做好旅游资源这种特定产品的供给。旅游资源的供给，有数量问题，也有质量或品级的问题，但更为重要的是质量或品级问题。

被开发和利用的旅游资源在不断向市场进行供给时，需要适时地、有步骤地进行再开发或深层次地开发，只有使旅游资源不断完善、不断丰富、不断提高，才能实现对市场的持续供给。

2. 旅游食宿设施

旅游食宿设施是最重要的基本旅游供给，是使旅游者在旅游过程中具有健康的身体、充沛的精力，并能按原定计划完成全部旅游活动的重要保障。由于不同旅游者的需求情况不同，食、宿旅游设施应该是多种多样的。图8-1为本书作者通过某民宿预订平台订到的英国牛津某民宿，民宿主人会为入住民宿的客人准备好早餐。

图8-1 民宿是现代很多游客出国旅游的首选（刘伟 摄）

3. 旅游服务

旅游服务主要是指旅游接待人员和服务人员向旅游者提供的服务劳动，这种服务劳动能够直接或间接满足旅游者在旅游过程中的多方面需要。旅游服务作为一种特定的旅游产品（服务产品），一般不是预先被"生产"出来，而是旅游者到达旅游目的地需要进行旅游消费时，它才开始"生产"，即旅游服务人员面对旅游者提供服务劳动。为了向旅游者提供高质量的旅游服务，旅游企业必须不断提高管理水平，提高服务人员的素质和服务水平（图8-2为广州从化碧水湾温泉度假村员工热情接待来到度假村的客人）。

4. 旅游交通

旅游交通是旅游活动的前提条件，没有便捷舒适的旅游交通，旅游活动就难于进行，甚至就根本无法进行。民航、铁路、公路、航运等交通系统，是面对全社会、服务于全社会的，旅游交通是这一社会大交通系统的有机组成部分。随着旅游的发展，旅游交通在大交通中所占比例有不断提高的趋势。为了更好地形成旅游的供给，交通部门应根据市场需求，开辟直接服务于旅游者的航线、航班、车次等。民航部门可更多开辟旅游包机业务，铁路部门可开辟更多的旅游专线

图 8-2 酒店接待服务（刘伟 摄）

车，公路部门可以增加通过旅游地、旅游点的专项公路，增加班车次数。水路方面，可以增加游船的数量等。

5. 旅游娱乐和购物设施

娱乐和购物活动是旅游活动的重要环节，也是旅游供给的重要内容。旅游目的地国家（或地区）应加强对旅游市场的调研，根据旅游者的文化背景，为旅游者安排他们所喜爱的娱乐节目和参与性强的娱乐活动。另外，要研究、设计和生产受旅游者欢迎的旅游购物品，满足旅游者的购物需求。

第二节 旅游目标市场的选择

旅游目的地营销，首先必须选好自己的目标市场，这样才能进行有针对性的营销，提高目的地营销的效果。

一、旅游市场细分

对旅游市场进行细分是旅游地选择目标市场的前提条件，要选择目标市场，首先要对旅游市场进行细分。市场细分、选择目标市场及市场定位的关系如图 8-3 所示。

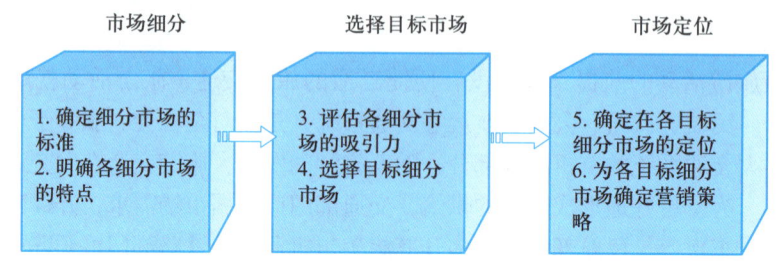

图 8-3 市场细分、选择目标市场和市场定位的关系

每一个客源市场的需求是有差异的，旅游目的地国家（或地区）无法同时满足每一个市场的需求。此外，在不同客源市场进行宣传促销时的投入产出比也是不同的，也就是说，在有些市场上投入一定的资金进行宣传促销，能够取得很好的效益，而有些则不行，因此，旅游目的地国家（或地区）必须对客源市场进行细分，从中选择自己的目标市场。

所谓旅游市场细分，就是将整体客源市场按照地理位置、旅游者特征以及需求特点等，划分为不同的消费者群体的过程。每一个消费者群体就是一个细分市场。

（一）市场细分的意义

搞好市场细分工作，有以下作用。

1. 有助于发现营销机会

通过市场细分，可以发现哪些消费者群的需求尚未得到满足，这样，就可考虑提供这些细分市场需要的产品和服务，来增加销售量和利润。

2. 有助于制定和调整营销因素组合

通过营销调研，集中了解目标市场的需求和愿望，就能更好地确定营销因素组合，生产适销对路的旅游产品。

3. 有助于取得有利的竞争地位

旅游目的地国家（或地区）集中全力对一个或几个细分市场开展营销活动，就更满足目标市场消费者的需要，使自己的产品和服务成为他们的第一选择。从而，在激烈的旅游市场竞争中，处于有利的地位。

4. 可以更有效地使用各种资源

有助于旅游接待国根据细分市场的特点，集中使用人力、物力、财力等各种资源，通过满足目标市场的需要，提高经济效益。

（二）细分市场的方法

一般说来，要细分市场，需考虑3个方面的因素，即市场的有形属性、消费者的行为特点、市场质量，如图8-4所示。

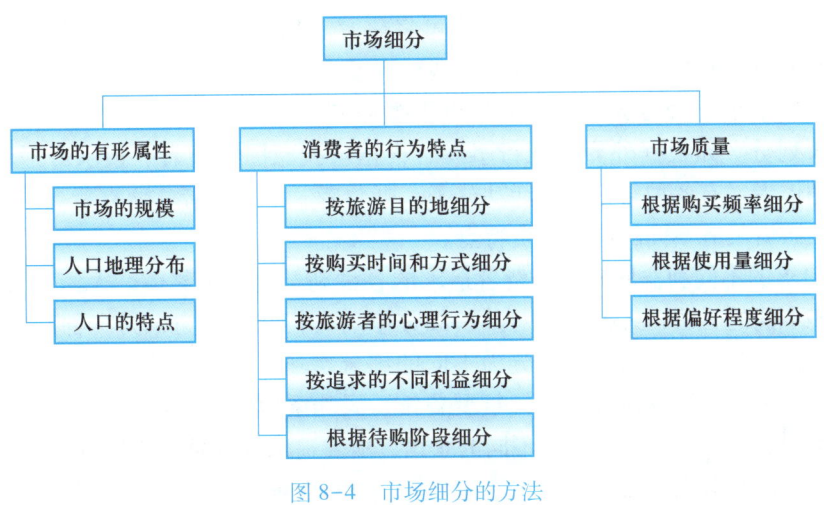

图8-4 市场细分的方法

1. 市场的有形属性

（1）市场的规模。要识别市场，就要了解市场的规模，即了解购买者人数和销售收入。

（2）人口地理分布。旅游业的接待对象来自世界上各个地区，地理因素是细分市场的重要标准之一。

旅游目的地国家（或地区）不仅应当根据客源区域（如北美市场、西欧市场）、国家和地区（如日本市场、中国港澳市场）来划分市场地区，而且应当将主要客源国划分为若干地区市场。如一个国家的东部地区、西部地区、南部地区和北部地区等。以中国为例，还可以划分为珠江三角洲地区、长江三角洲地区以及东北地区、西北地区等。

地理因素是一种相对稳定的因素，比较容易辨别和分析。但是，从同一国家或同一地区来的旅客在需求上也有很大的差别，因此，还要考虑其他因素，才能选择最佳的目标市场。

（3）人口特点。旅游市场也可根据消费者年龄、性别、家庭规模、收入水平、职业、文化程度、宗教、民族、种族等人口因素进行细分，由于消费者的愿望、偏爱和旅游频率常和人口因素有着密切的联系，这些人口特征方面的因素又比较容易衡量，因此，根据人口因素细分市场是最常采用的方法。

2. 消费者的行为特点

（1）按旅游目的细分。根据旅游目的细分市场是广泛使用的一种方法。一般说来，旅游目的有以下4种。

① 公务和会议。公务旅行者包括商务旅行者、参加会议者（包括各种展览会、交易会等）和其他出差人员。这类旅游者的需求量受价格影响较少，旅行目的地以大城市为主。

② 观光旅游。这类旅游者的旅游目的主要是了解异国他乡的历史、文化、民俗风情以及参观游览当地的自然景观等。

③ 休闲度假旅游。这类旅游者对价格变化的反应较敏感，其需求表现出较强的季节性。

④ 探亲访友。这类消费者对价格比较敏感，不太受各种营销活动的影响。

（2）按购买时间和方式细分。对旅游企业来说，了解一年中、一个季度中、一个月里、一周中的哪个时期旅游者最多，以及旅游者的购买方式，是相当重要的。据此，可以将旅游者划分为不同的细分市场，如按照购买方式可将旅游者划分为团体和零散两类，同时，也可以划分为旅游者自己购买和通过旅行社购买两种类型。

（3）按旅游者的心理行为细分。通常可根据旅游者的生活态度、生活方式、个性特征、消费习惯等来划分。如根据外界标准行事者、根据自我意图行事者、追求舒适者、冒险者、探险者、不随俗者、有各种癖好者、活动分子、野营者、不安宁者、便宜货寻求者等。其中，不同类型的旅游者具有不同的旅游消费特点。

（4）按追求的不同利益划分。消费者追求的各种利益是一个整体。人们对各种利益的重要性会有许多不同的看法，某种利益对某一细分市场有特殊吸引力，另一种利益对细分市场更有吸引力，据此，可以将消费者划分为不同的细分市场。比如，美国旅馆营销学家刘易斯将餐馆分为3种类型：家庭式餐馆、气氛型餐馆、风味餐馆。不同类型的餐馆所能给予消费者的利益是不同的。不同的消费者去不同的餐馆，所要追求的利益是不同的（比如，气氛型餐馆的消费者追求的利益次序为：食品质量和气氛、菜肴的种类、价格、方便），从而构成不同的细分市场。

（5）根据待购阶段细分。在某一时刻，总有些人根本不知道某种产品或服务的存在，有些人详细了解并有兴趣，有些人想购买，有些人准备购买，等等。旅游接待国（或地区）应设法了解各种人，吸引处于不同待购阶段的消费者。如对不了解目的地旅游产品或服务的消费者，应作大量广告，但广告词应简明扼要，以便引起他们的注意；对已经了解的消费者，广告要强调产品或服务所能给予他们的利益，促使他们进入"想买"阶段；对打算购买的消费者，则应告诉他们购买的方法和地点。

3. 市场质量

市场质量指市场的销售潜力。要选择最佳目标细分市场，营销人员还需分析市场的质量。

（1）根据购买频率细分。购买频率指消费者购买某种产品或服务的次数。据此，我们可以将市场分为不使用者、曾经使用者、潜在使用者、初次使用者、重复使用者、经常使用者等。

（2）根据使用量细分。根据消费者对某种产品或服务的使用量，可以将市场细分为大量使用者、中量使用者、少量使用者等。大量使用者指经常旅行的那些人，通常指常客。他们在市场总人数中所占的比重也许很小，但他们的使用量却占了很大比重。显然，任何一个企业都希望能吸引大量使用者这一细分市场。

（3）根据偏好程度细分。偏好程度指消费者对某种牌号的产品的喜爱程度。根据人们的偏好程度，市场可细分为极端偏好者、中等偏好者、偏好变动者和无偏好者。

二、选择旅游目标市场

对旅游市场进行细分的目的是选择目标市场，以便加强促销，并提高促销效果。那么，应该如何选择目标市场呢？一般而言，应选择图 8-5 所示的市场为目标市场。

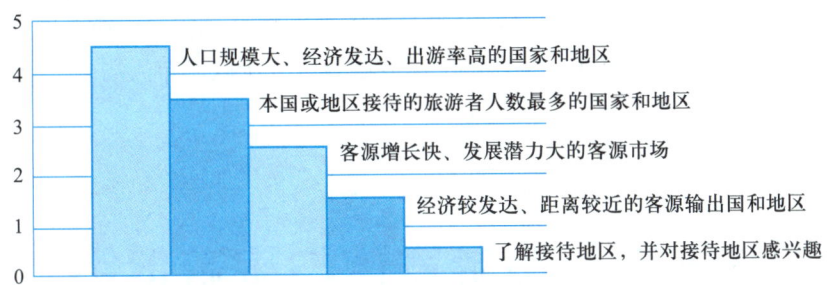

图 8-5　旅游目标市场的选择

根据以上原则，美国人口众多，是全世界经济最发达、出游率最高的国家之一，同时，又是来华旅游者人数最多的国家之一，因此，理所当然应该成为中国的目标市场。另外，日本和韩国多年来一直占来华旅游者总数的较大比重，而且离中国最近，毫无疑问，它们也是中国主要的目标市场。

近年来，中国入境旅游客源市场结构正在发生一些微妙的变化。主要客源市场从发达国家转变为邻近国家。除了美国，前十大客源市场几乎清一色都是我们的邻国。

根据目标市场的重要性，还可以将其分为一级目标市场、二级目标市场和三级目标市场（见图 8-6）。

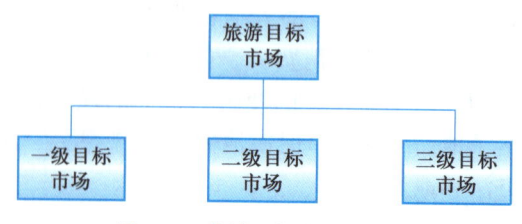

图 8-6　旅游目标市场的分类

三、选择目标市场应注意的问题

在确定目标市场时，还应注意以下两点。

第一，确定重点区域。由于经济、文化、交通原因，每个客源国的出国旅游者常常是不平衡的，这就需要进一步分析，找出宣传、推销的重点地区。如美国有 50 个州，中国不可能把 50 个州都当作旅游宣传的目标市场。美国大多数出国旅游者来自 7 个州，首先是纽约州和加利福尼亚州，这两个州人口多，收入高；其次是佛罗里达、马里兰、伊利诺斯、新泽西和得克萨斯等州，它们的出国人数占美国全国总人口的 52%。日本出国旅游者分别集中在东京、近畿和东部地区，占全国出国旅游人数的 71%。法国的出国旅游者三分之一出自巴黎地区。德国的出国旅游者则集中在以慕尼黑、斯图加特为主的南部地区以及法兰克福至中部的鲁尔区。

第二，选择目标对象。在目标市场上，即使在同一个国家，不同的消费者群体，也有不同的需求特点。因此，要根据自己旅游产品的特点和目标市场上消费者的需求特点，选择自己的目标对象，这样，才能取得良好的销售效果。如日本的修学旅游很盛行，出国度蜜月的新婚夫妇很多，所以把日本青年作为目标对象和推销重点是最可行的。而美国则不同，对美国的宣传重点应放在老年人市场上。来华的美国旅游者中之所以老年人居多，原因是距离远、花费大，老年人市场消费高，是优质旅游市场。

第三节　旅游宣传与旅游促销

【经典案例】

澳大利亚的旅游宣传

在澳大利亚，旅游者乘坐火车、汽车、飞机旅行，会发现前排座位的读物袋中备有旅游宣传卡；走出机场、车站，会看到在出港通道、出站通道附近陈列着的旅游宣传卡；在宾馆、酒店、旅行社，醒目处集中摆放着旅游宣传卡。在悉尼，随便搜集几种悉尼旅游指南、便览，你会发现个个印刷精美，内容翔实，定位准确；既有英文的，也有中文、日文的；既有旅游主管机构，也有旅游行业组织、专业旅游促销机构组织编印的旅游宣传卡，还有旅游企业编印的旅游宣传卡。单页、折叠的旅游宣传卡方便旅游者在车上阅览和随身携带；大16开的旅游宣传册利于旅游者在宾馆饭店或回到住处轻松阅览。宣传卡定期或不定期出版，没有一份宣传卡使用周期超过一个季度。

一、旅游宣传

旅游宣传是指旅游东道国(地区)或旅游企业为了树立形象，开拓客源，吸引旅游消费者，提高旅游业的经济效益和社会效益而进行的各种信息传递与情报沟通的活动，是旅游促销的手段之一。

旅游宣传是旅游市场竞争的重要手段。相对于其他产品的宣传活动而言，旅游宣传具有更为重要的意义。这是由旅游产品的特殊性决定的。首先，旅游产品是一种无形的服务，看不见，摸不着，也不能拿到客源市场让消费者去试用。因此，只能通过宣传让消费者感知和认识旅游产品，通过宣传扩大知名度，树立旅游形象。其次，旅游产品具有不可储存性的特点。工业产品生产出来以后，可以储存起来，今天卖不掉，明天还可以再卖，而旅游产品，无论是客房出租，还是交通设施的使用，抑或是参观游览等旅游资源，一天卖不出去，当天的使用价值就永远丧失掉了。因此，凡是旅游业发达的国家或地区都非常重视旅游宣传。

一个国家或地区要开拓新的旅游市场或扩大原有的旅游市场，必须加强旅游宣传。经验表明，旅游宣传能够扩大市场，给旅游东道国或地区带来可观的经济收益。所以，许多国家和地区都将旅游宣传视作旅游业的"开路先锋"。

(一)　旅游宣传的作用

旅游宣传的作用表现在以下几个方面。

(1) 开拓旅游市场。

(2) 引起人们的注意，唤起旅游愿望。

(3) 在旅游目标市场和旅游消费者中，树立和保持自己的旅游形象和产品形象。

(4) 能够取得良好的经济效益。

(二)　旅游宣传的任务

旅游宣传的任务主要是树立旅游形象，促成旅游者购买行为的发生。

(三)　旅游宣传的原则

为了取得良好的宣传效果，旅游宣传必须遵循以下几项原则。

1. 真实性

"宣传"在很多旅游者(特别是西方旅游者)中，常常被认为是政府为了达到一定的目的而进行的一系列夸大其词的说明或促销活动，或政府通过各种媒体进行的有关活动，其直接目的是向公众"灌输"某种价值观念，因而，常常带有贬义的成分。所以，要取得良好的宣传效果，必须改变旅游者的这种认识，而要改变旅游者的这种认识，则在旅游宣传中，必须坚持实事求是的原则，切忌大话、空话、套话以及言过其实的宣传，以免引起旅游者的反感。

2. 创新性

求新、好奇是人们旅游的主要动机之一。所以，旅游宣传要着重介绍和宣传自己国家或地区独一无二的东西，或有特色的东西，要以新颖、独特取胜。比如，李白故里——四川江油市为了进行旅游宣传，在一块田野上，从播种到出苗，历时半年多的时间，逐渐清晰地利用金黄色的油菜花与翠绿色的麦苗形成巨大的李白头像及"千年李白，回归大地"8个大字（见图8-7）。此次活动的策划者称，他们将以"李白一张脸 占地八百亩"申报吉尼斯世界纪录，这种营销模式极富创意！既说明江油是李白的故里，是文化之乡，又说明江油有千亩油菜花等都市旅游者喜爱的田园风光。

图8-7　800亩油菜田拼出李白头像——江油市的旅游形象宣传创新

3. 针对性

旅游宣传必须根据旅游者的心理，做到"有的放矢"，防止千篇一律，用同一方式、同一内容进行宣传。旅游宣传的对象散布在不同的国家和地区，他们的阶层、职业、文化程度、宗教信仰、经历和兴趣各异，因而，其旅游动机和需求心理也就必须不同。比如，日本人和美国人等西方旅游者的文化背景不同，他们的兴趣、爱好也就必然有所差异。因此，做旅游宣传，首先要对客源市场的需求特点进行调查，采取不同的宣传方式和宣传内容，才能取得良好的效果。

长期以来，中国的宣传品把立足点放在"宣传"的基调上，自我意识很强，但很少从市场的角度想问题。特别是在对外宣传上，往往是以我为主，面面俱到，缺乏特色，把握不住外国人的需求特点，不知道外国人喜欢什么，爱看什么，造成旅游宣传与国际旅游者的需求错位，因此，没有起到良好的宣传效果。比如，外国人看旅游宣传品或促销片时，不喜欢很多的解说词，不喜欢类似广告叫卖形式的片子，而我们的很多旅游宣传片恰好就犯了这些毛病。再如，中国的旅游宣传片很多是在讲故事，根据景物来联想，像猴子观海、仙人挂靴等，对于这种"典故"、联想，也许国内旅游者感兴趣，但对于外国人来说，没什么意思，因为他们欣赏自然的角度不同。因此，对外旅游宣传，要注重东西方旅游者在文化心理上的差异和欣赏习惯上的差异。

4. 及时性

旅游业是个非常敏感的行业，它的发展受到政治、经济、社会、自然等因素的影响。变化多端的旅游市场，要求旅游宣传必须抓紧最有利的时间进行。前几年，日本经济高速发展，为了平衡国际收支，缓和国内外各种矛盾，日本政府制定了"海外旅行倍增计划"，鼓励国民出国旅行，使日本出国旅游人数迅速增长。为此，美国、西欧、澳大利亚、印度、泰国、菲律宾等很多国家和地区，均在一年前就对日本采取了宣传攻势，取得了较好的效果。而近年来，中国经济发展迅速，引起了世界的注目，出境游增长强劲，逐渐成为主要旅游客源国之一，于是，吸引了很多国家针对中国旅游市场进行宣传，期望能在中国这一增长中的客源市场上，分得一份可观的"蛋糕"。"9·11"事件后，安全问题成了出游要考虑的头号问题，中国政府则抓紧时机进行旅游宣传，强调中国是最安全的旅游目的地，取得了明显的效果。

（四）旅游宣传的手段

旅游宣传的手段很多，最基本的有以下几种。

1. 图文手段

图文手段主要通过文字或图片进行，有时图、文结合使用。图文手段包括宣传画、游览图、旅游交通图、旅游图片、明信片、说明书、导游手册、旅游评论、游记等。这些宣传品一般经过精心设计，形式美观，色彩鲜艳，内容简明扼要，具有灵活多样、便于携带等特点（见图8-8）。

图8-8　美国加利福尼亚州游客问讯中心丰富的图文宣传资料（刘伟 摄）

2. 声像手段

声像是运用现代化技术手段进行旅游宣传的一种很好的形式，主要包括电影片、互联网和多媒体等手段。

利用声像手段进行宣传的特点是：形象、生动、活泼，直观性强，往往给人留下深刻的印象，因而，能够起到较好的宣传效果。例如，中国在20世纪70年代末拍摄的电影《庐山恋》，虽然不是专门的旅游宣传片，但却对庐山这一旅游景点起到了意想不到的宣传效果。这部片子几十年如一日，从早到晚，在庐山几个电影院轮番放映，创下了吉尼斯世界纪录。

3. 广告手段

广告的特点是宣传面广，影响较大，应变力强，能灵活地适应市场需求，是旅游宣传普遍采用的一种手段。做广告宣传的目的在于引起人们的强烈注意，充分发挥其信息媒介的作用。

广告宣传的种类很多，利用广告宣传的媒介有报纸、杂志、广播、电视、户外广告等。其特点各有千秋，如报纸接触面广，发行量大。杂志读者对象鲜明，针对性强。广播传递信息快，比较灵活、方便。电视富有感染力，能将人们的视觉和听觉充分调动起来，如能突出重点，反复播放，便会收到较佳效果，但其费用则相对较高。户外广告费用低廉，在城市交通要道、公共场所、旅游地区等处设置新颖、醒目的广告牌也能收到不错的宣传效果，而且，户外广告留存和影响的时间较长。

4. 请进来

邀请旅游客源地旅行社、航空公司、旅游批发公司、旅游零售商以及当地旅游记者、著名作家、评论家等知名人士来旅游考察，让他们亲自看一看旅游目的地的旅游资源、体验旅游设施和旅游服务，以便通过他们更好地做好宣传和推销工作。这种方式花费少、影响大，往往能收到一些意想不到的效果。

5. 走出去

除以上所列各种宣传手段外，还有派出专门人员或集团到主要旅游客源国或地区做巡回宣传的方式。例如，很多地方在做旅游宣传时，采用的"大篷车"宣传模式，就是一种巡回宣传（见图8-9）。采用"大篷车"进行宣传，由于具有独特性和新闻性，因而容易在旅游客源地产生较大影响。

图8-9　世博旅游大篷车（刘伟　摄）

二、旅游目的地形象定位

确定旅游目的地形象的过程，就是对旅游目的地进行市场定位的过程。选择了目标市场以后，为了吸引和占领目标市场，就要进行市场定位，确定目的地形象及其宣传口号。

旅游形象是一个国家或地区给旅游者的总体感受和印象。在一个时期内，树立一个生动鲜明的旅游形象，可以收到非常理想的宣传效果。一切旅游资源的开发、吸引物的建设、设施的设计安排、旅游产品的生产，以及旅游接待、宣传、推销活动等都应围绕着这一形象进行。

世界上各个国家或地区在旅游宣传中都有意识地创建自身旅游形象，并以鲜明的旅游形象而享誉全球。如南非以"彩虹之国"树立起了世界上最美丽的国家之一的市场形象；而西班牙的"金色海滩"，中国香港的"购物天堂""动感之都"等，也都早已深入人心，起到了很好的宣传效果。

链接

加拿大人这样描述中国旅游形象

为增强加拿大主流媒体和主流社会对中国旅游的关注，原国家旅游局驻多伦多办事处曾在加拿大《环球邮报》上用整版彩色广告征集中国旅游形象广告语。

《环球邮报》是加拿大最有影响力、发行量最大的主流媒体之一，读者主要是加拿大的政府官员、专家、教师、学者等高知人群。广告刊登之后，加拿大社会各界反响热烈，在短短两周时间里，办事处共收到来自从加拿大各省、地、市发来的传真、邮件 1 000 多份，提供了 1 500 多条中国旅游形象广告语。经过我驻外使领馆英文专家和网上大众评选，最后获奖的 5 个广告语是：

DISCOVER CHINA—5000 YEARS YOUNG（发现中国——五千年岁月，青春再现）

CHINA—SILK ROAD TO OLYMPIC GOLD（中国——从古丝绸之路的文明到新北京奥运的辉煌）

CHINA—TOUCH YOUR HEART（中国——触动你的心灵）

CHINA—ANCIENT TREASURES, MODERN WONDERS（中国——远古的珍宝，现代的奇迹）

GO CHINA GO! FAMILY IN TOW（到中国去，带着家人欢乐共享）

旅游市场定位是指旅游目的地国家（或地区）力图使自己的产品在目标市场和旅游消费者心目中树立的形象，这种产品形象应该是明确的、独特的、深受欢迎的、能够给予消费者所认同的各种利益的。

进行市场形象定位时，既要考虑目标市场上消费者的需求特点，即他们喜欢什么，又要考虑旅游目的地国家（地区）或企业产品的特点，即我的特色是什么，据此进行旅游市场形象定位，并确定旅游形象宣传口号。例如，广东省珠海市在"浪漫之都"宣传口号遭抢注的情况下，根据自身的城市特点和时代特征，经过多年的斟酌研究，广泛地征求专家、旅游者和社会各界的意见和建议，将城市形象最终确定为"幸福之城"。

三、旅游宣传口号的确定

（一）旅游目的地形象宣传口号创意设计

形象宣传口号是旅游者易于接受的、了解旅游地形象的有效方式之一，是旅游地形象的提炼和界面意象，也是形象定位的最终表述。一个创意设计有特色、有品位的旅游形象宣传口号往往可以产生神奇的广告效果，对旅游目的地的形象塑造与传播具有十分重要的作用。

旅游地形象宣传口号的创意设计方法很多，概括来讲，主要有两种：一种是资源导向的方法，即从旅游地的资源、文化、历史等方面特征来设计宣传口号；另一种是旅游者导向的方法，即从旅游者需求出发，向旅游者传递一种信息——通过到旅游目的地旅游，旅游者将获得一种什么样的感受与体验。从宣传口号的内容上来看，旅游目的地形象宣传口号创意设计的模式有 7 种（见图 8-10）。

1. 资源导向型

这是一种普遍采用的旅游地形象宣传口号设计类型，如北京市的"东方古都、长城故乡"，浙江省的"诗画江南，山水浙江"，江西省的"红色摇篮，绿色家园"等。

2. "借船出海"型

这种模式采用比附的设计手法，借助于知名度较高的旅游地来宣传自己。例如，苏州乐园的"迪斯尼太远，去苏州乐园"，巧借迪斯尼来宣传苏州乐园容易到达、可游性强的特点，海南三亚的"不是夏威夷，胜似夏威夷"，广东肇庆的"肇庆山水美如画，堪称东方日内瓦"等。

3. 利益许诺型

例如，深圳世界之窗的"您给我一天，我给您一个世界"，山东曲阜的"旅游到曲阜，胜读十年书"等。

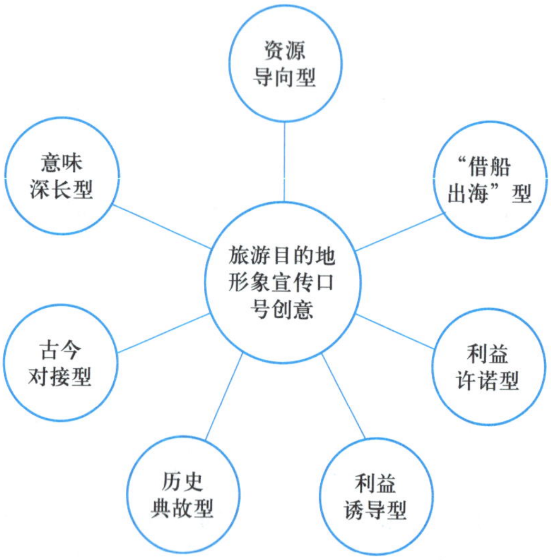

图 8-10　旅游目的地形象宣传口号创意设计的模式

4. 利益诱导型

例如，西安的"走进历史，感受人文，体验生活"，上海的"上海，精彩每一天"，深圳锦绣中华的"一步迈进历史，一日畅游中国"。

5. 历史典故型

例如，承德避暑山庄的"皇帝的选择"，黄山的"黄山，黄帝的山"，南京的"博爱之都"。

6. 古今对接型

例如，浙江宁波的"东方商埠，时尚水都"。

7. 意味深长型

例如，黑龙江伊春的"伊春，森林里的故事……"，表现小兴安岭的森林景色和资源特色，同时为受众留下一定的想象空间；江苏的旅游宣传口号"梦江苏"。

（二）旅游目的地形象宣传口号设计的原则

旅游地形象宣传口号设计是一项技术性非常强的工作，其创意设计应遵循一定的原则。

1. 地方性原则

旅游地形象宣传口号应反映旅游地的文脉、地脉和资源特色，其中文脉主要包括旅游地的历史文化、社会经济、民俗风情等特征；地脉主要包括地质地貌、气象气候、土壤水文等自然环境特征。在进行旅游形象宣传口号设计时，要在充分的地方性研究和受众调查的基础上，提炼出反映地方特色与个性的形象元素融入宣传口号之中。

2. 针对性原则

旅游地形象宣传口号的设计要有针对性。首先，要针对市场需求特征来设计，能够反映旅游需求的热点、主流和趋势。其次，在进行旅游宣传口号的设计时，应考虑到客源市场旅游需求的不同特点，设计不同的宣传口号。如北京的对外宣传口号为："东方古都，长城故乡"，对内宣传口号为："不到长城非好汉"。

3. 统一性原则

旅游地形象宣传口号可以设计一系列不同方案，但必须具有统一性，即围绕旅游地形象主题这一中心来展开。这种统一性主要表现在两个方面：一是时间上的统一，不同时间推出的旅游宣传口号必须统筹规划；二是空间上的统一，虽然针对不同的客源市场可以采用不同的旅游宣传口号，但不能脱离旅游地的形象主题。

4. 感召性原则

一句有时代感、寓意深刻、朗朗上口的旅游地形象宣传口号，往往能引起人们无尽的遐想，产生意想不到的号召力。旅游地形象宣传口号可以采用"感性"的语言，诗化的意境来体现旅游目的地形象对旅游者的感召力，使旅游者产生出游的冲动。

5. 时代性原则

旅游地形象宣传口号要有时代气息，适合大众感知口味。通过应用符合时代语言文化时尚的宣传口号，有效地展现旅游地形象，与目标市场那些最为活跃的旅游消费群体实现有效沟通。在口号内容上，要反映旅游需求的热点、主流与趋势。如中国香港的旅游宣传口号为"动感之都"，就充分体现了时代的特征。

6. 艺术性原则

旅游地形象宣传口号最终需要通过各种媒介向受众（旅游者）进行传播。因此，在进行旅游地形象的宣传口号设计时，应尽可能使用广告设计的一些技巧、技法，使宣传口号简洁、生动、凝练、优雅、新颖以及具有感染力和吸引力。在内容上，要有文化内涵，运用民族文化增加其艺术色彩。在表现形式上，要符合人的审美艺术情趣，比如运用修辞手法，引用古诗词句，用浓缩的语言、精辟的文字、绝妙的组合等构造一个有吸引魅力的旅游地形象，打动旅游者的心，成为旅游者深刻的记忆。

7. 稳定性原则

旅游地的形象主题具有一定的稳定性，而旅游地形象宣传口号是围绕这一形象主题进行设计的，因而也应该保持相对的稳定性，不可经常变换。当然这种稳定性是相对的，当旅游地形象需要重新定位时，其宣传口号也需要进行相应的调整或重新设计。

链接

中国部分省、市旅游形象定位及宣传口号

厦门：温馨厦门

大连：浪漫之都

杭州：东方休闲之都

深圳：精彩深圳，欢乐之都

苏州：东方水城

具体如图8-11所示。

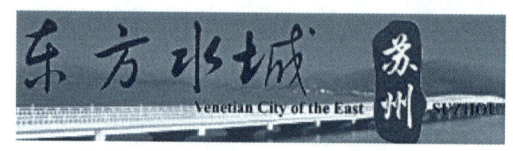

图 8-11　中国部分省、市旅游形象定位及宣传口号

四、旅游促销

旅游促销就是通过各种方式，把旅游产品的有关信息传递给旅游消费者，从而影响、唤起、促使消费者购买旅游产品的过程。

（一）旅游促销方式

1. 旅游广告

广告是一种付费的促销形式，它主要是向消费者准确地传递产品的有关信息，力求使消费者能记住广告及产品。

广告是非人员性的促销活动，它通过传媒组织或媒体，进行信息传递。广告的作用，一是可以把旅游产品生产者的产品信息广泛地传递给消费者，架起旅游产品生产者与消费者之间的桥梁；二是可以大大缩短旅游产品生产者与消费者建立联系的时间。

广告媒体的种类很多，主要有报纸、杂志、广播、电视、互联网等。各种广告媒体在向消费者传递产品信息时，都有其优点和不足之处。旅游目的地国家（地区）或企业可视各种具体情况选择利用。

2. 旅游宣传品

旅游宣传品是由旅游企业或政府旅游主管部门编辑印制并向旅游者广为散发，以期引起旅游者对旅游产品注意的各种物品，包括旅游宣传册、旅游招贴画、旅游音像制品、导游图、明信片等。在旅游宣传品中最重要的和广为使用的是旅游宣传册。旅游宣传册可以通过多种途径散发，如可以通过旅游者进行传递；可以邮寄；可以摆放在机场、车站、码头、繁华商业区、旅游销售门市部等。

3. 人员推销

人员推销是通过推销人员和中间商与消费者直接接触，宣传介绍产品并促使消费者购买的一种促销方式，如图 8-12 所示。

人员推销的优点是：可以通过推销人员的语言、形象、特有的宣传材料，直接向消费者宣传、展示；可以有针对性地选择推销对象，并能直接商谈各种购售事宜、解答消费者的种种疑惑等。

图8-12　中国(广东)国际旅游产业博览会上的人员推销活动(刘伟　摄)

4. 参加旅游展销会

在国际上每年都有许多次大型的国际旅游博览会,如伦敦国际旅游博览会、纽约国际旅游博览会、柏林旅游博览会、东京旅游博览会、广州国际旅游展销会等,这些旅游博览会都是国际旅游界的盛会,各国商家集聚,交易成果累累,中国每年都有许多旅游企业参加。中国国内每年都要召开一次或数次全国性的旅游交易会,参加会议的旅游企业的推销人员频繁接触、轮番洽谈,是推销自己产品的好机会。

5. 营业推广

营业推广是旅游企业为刺激市场需求,促使目标市场的消费者尽快、大量购买自己的产品和服务而采取的一系列鼓励性促销措施,如给予消费者各种优惠、折扣等。

6. 公共关系

公共关系是一项树立旅游目的地形象、进行信息沟通的活动,其目的是加强和获得广大旅游消费者(现实的和潜在的旅游消费者)和业务合作伙伴(现在的和今后的合作伙伴)的了解和支持。

公共关系活动的核心是树立目的地的良好形象。旅游目的地形象是品牌的重要内容。有了良好形象,才能得到社会广泛的信任,才能顺利地与各有关方面建立稳固和长期的业务关系。公共关系活动的最终目标就是要不断增加旅游企业和旅游目的地产品的销售,提高市场竞争力,提高市场占有率。

7. 电邮促销

电邮促销是以电子邮件的方式向潜在旅游消费者发送旅游企业及旅游目的地促销信息的促销方式。这是一种现代化的促销方式,其特点是速度快、针对性强,且简单易行,几乎不存在促销的成本,因而受到越来越多旅游企业的欢迎。

(二) 旅游促销策略

由于旅游目的地产品生产者的情况不同,各种旅游产品的特色不同,旅游促销的目标不同等,就形成了形式多样的旅游促销策略。

按照旅游促销活动运作的方向,旅游促销策略可分为推式策略和拉式策略。

1. 推式策略

推式策略（pushing strategy）是指旅游目的地通过各种旅游促销方式把旅游产品推销给旅游中间商，旅游中间商再把旅游产品推销给旅游消费者的促销策略。在推式策略中，旅游促销的方向与旅游产品在销售渠道中流动的方向是一致的，如图8-13所示。

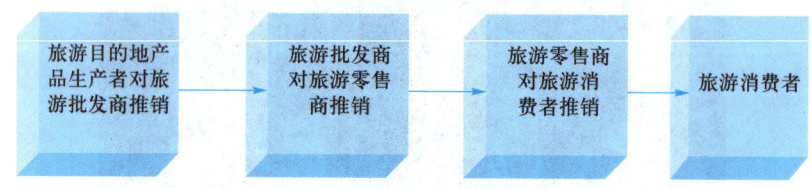

图8-13　推式策略

总而言之，推式策略就是旅游产品生产者劝说旅游中间商和旅游消费者购买自己的产品，使旅游产品逐次地通过各个销售渠道，并最终抵达旅游消费者的销售策略。

2. 拉式策略

拉式策略（pulling strategy）是指旅游目的地直接针对旅游消费者进行促销，唤起和刺激旅游消费者的旅游需求，之后，旅游消费者向旅游零售商购买该种旅游产品，通过旅游消费者的购买行为的拉动，旅游零售商向旅游批发商求购，最后，旅游批发商向旅游目的地产品生产者购买该种旅游产品的促销策略。在拉式策略中，首先是旅游消费者需求的拉动，使旅游零售商和旅游批发商一级一级地购买旅游产品，最后转向旅游产品生产者，如图8-14所示。

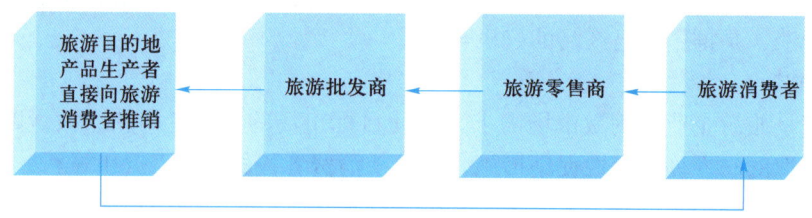

图8-14　拉式策略

由此可见，拉式策略是通过对旅游消费者促销，使其产生旅游需求，以其购买行为作为拉动，促使旅游中间商一级一级求购，直到旅游产品生产者那里，从而实现旅游产品销售的策略。

旅游目的地在确定促销策略时，是选择推式策略，还是选择拉式策略，要视具体条件和情况而定。上述两种旅游促销的基本策略不是截然分开的，旅游目的地产品生产者可视各种具体情况及其变化，进行综合的和全面的运用，这样才能产生良好的促销效果。

第四节　旅游目的地节庆营销

节庆营销指旅游目的地以节庆活动为载体，有计划地策划、组织、实施针对节庆活动的系列营销活动以吸引媒体、社会公众和目标市场的兴趣与关注，以提高旅游目的地的知名度、美誉度，树立地区良好形象并最终达到吸引旅游者目的的营销活动。

节庆营销以其巨大的形象传播聚焦效应、经济收益峰聚效应、关联产业带动效应而普遍受到旅游目的地及企业的重视，逐渐成为旅游目的地塑造、宣传地区独特品牌形象的重要手段。

一、节庆营销的优势

与传统营销方式相比，节庆营销具有以下优势。

1. 媒体关注度高

旅游目的地借助具有轰动效应的热点节庆活动而开展的营销活动必然备受新闻媒体关注。在节庆活动筹办期、发生期间，高强度、多方位、大规模的新闻宣传必然引起广泛的社会关注，旅游目的地在借势效应作用下成为公众瞩目的焦点，它向成千上万的潜在旅游者展示其旅游目的地的风采，在无形中影响其对旅游目的地的认知。这必然促进目的地旅游形象知名度持久地大幅度提高。中国的"潍坊风筝会""大连服装节"等都是节庆旅游的典范之作，对于提高这些城市的国内外知名度，推动当地旅游业的发展，达到了极好的效果。

2. 潜在效益大

除了直接的经济效益，一次成功的节庆营销也能给旅游目的地带来巨大的潜在效益，如目的地知名度、美誉度、品牌价值的大幅提升。

节庆营销在传递目的地形象的同时也在塑造旅游目的地形象。例如，荷兰海牙北海爵士音乐节塑造了海牙"爵士乐之城"的品牌形象；广西南宁国际民歌节打造了南宁"民歌城"的城市形象。

3. 目标受众广

节庆营销的目标受众涵盖关注该节庆活动的多个社会群体，范围十分广泛。

4. 营销信息接受度高

节庆营销的传播媒介主要是新闻，而目标受众对新闻的信任度和接受度远大于广告，从而提高了节庆活动的注目率。

5. 企业获利多

节庆营销为目的地旅游企业提供了一个良好的合作平台。重大节庆活动所带来的巨大商机将使所有目的地旅游企业获利，利益驱动各旅游企业都有参与节庆营销的积极性。地方政府或行业组织就可以作为协调者角色，联合地方旅游企业开展联合营销以培育大市场。澳大利亚在旅游企业联合营销方面的成功做法是由旅游促进协会协调，各旅游企业根据在节庆活动中受益程度的不同协商交纳相应额度的款项给该协会作为营销基金，协会代表整个地区使用营销基金来开展节庆营销活动。节庆营销将为目的地旅游企业在大范围、多层次开展业务合作提供成功的范例，从而促进当地旅游产业的协调发展。

二、节庆营销的开发原则

开展节庆营销，就要开发节庆旅游产品。节庆旅游产品的开发，应遵循以下原则。

1. 大众化原则

坚持大众化原则，实际上是要体现节庆的大众"参与性"和"娱乐性"原则，强调民间性，这是节庆旅游生命力的源泉。节庆活动应以大众为核心，涉及范围要广泛，深入寻常百姓家，开展丰富多彩的地方性活动。不仅舞台要与观众融为一体，形式也应以露天、欢快、热烈为原则。真正让旅游者和群众融入其中，带给大家欢乐和轻松，使当地居民及海内外旅游者充分感受到特殊的节庆气息，获得独特的游憩享受。

2. 市场化原则

坚持市场化原则，精心培育区域节庆旅游产品，这是节庆旅游持续发展的基本保证。节庆旅游产品的开发必须依据市场化的管理运作体系，精心策划和培育主题鲜明、富有感召力的区域节庆旅游产品。要基于市场化的原则，广泛动员和整合各方资源，摆脱政府办节的狭隘模式，走上依托市场办节庆的良性循环轨道。

3. 个性化原则

确立个性化原则，打造节庆旅游品牌，是节庆旅游的魅力所在。目前全国各地各类名目繁多的节庆旅游活动让人眼花缭乱，但令人遗憾的是，有相当多的节庆活动要么昙花一现，要么苦苦支撑、亏本运营。主要原因是缺乏个性，没有地方特色，这就要求相关部门必须要对节庆活动的举办及品牌打造进行精心设计和培育，在形式上、内容上、规模上、组织上不断探索新思路，拿出新举措，创出新特点，使节庆旅游的内涵不断丰富，形象不断巩固，努力成为品牌节庆，永葆节庆旅游活动的魅力，如图 8-15 所示。

图 8-15　以民间艺术为特色的旅游节庆营销，充分体现了旅游节庆的个性化特色

三、节庆营销的注意事项

旅游目的地在开展节庆营销时，常常存在以下问题，需要引起注意。

1. 营销主题不当

节庆营销要有一个明确、科学的主题定位，这个主题定位必须紧扣节庆活动主题以及符合目的地旅游形象定位。正确的营销主题定位是节庆营销的核心，系列营销活动只有围绕着核心主题展开才能达到最佳营销效果。目前国内许多城市在策划节庆营销活动时没有从战略的高度去考虑营销主题定位问题，导致营销主题与节庆主题脱钩，营销主题与目的地旅游形象不符等，没能塑造一个明确的节庆品牌形象，导致营销效果大打折扣。

2. 营销活动雷同

节庆活动是目的地形象的载体，而营销活动则是节庆形象的载体，营销活动向旅游者传达的信息要有利于营造节庆以及目的地的个性形象。不同的节庆活动有不同的特点，即使是同一类型的节庆活动在不同地点举办都会有差异性。而节庆营销如果不能通过系列体现地域特色的创新营销活动来塑造旅游目的地节庆的独特形象，则其市场吸引力与生命力必然大打折扣。目前一些城市在策划节庆营销活动时普遍采取借鉴其他地方的传统形式，活动设置雷同、缺乏创新，往往就是开幕式歌舞表演、花车巡游、广告展示等常规活动项目，既不能有效传递节庆特色，又不能明确体现目的地的形象特色。因此，缺乏创新与特色的营销活动将会限制节庆营销的效果。

3. 营销效应短暂

节庆营销具有间接效益滞后的特点，因此容易造成节庆营销只有短期效益的错觉。而实际上，节庆营销不仅具有即时性的短期直接经济收益，对旅游目的地还具有隐性的长期间接效益。短期直接效益只是节庆营销效益的"冰山一角"，旅游目的地的品牌价值、知名度、美誉度持久而广泛的提高，这一长期的间接效益才是其最重要的无形资产。许多地方只看到了节庆营销的短期效益，只注重节庆举办期间的营销活动，在节庆活动过后也停止了营销工作，没有深度挖掘节庆营销的后续效应，导致节庆营销效益持续时间短暂。因此，统筹规划、实施节庆营销长期战略是旅游目的地可持续发展的保障。营销规划的时间应涵盖节庆筹办期、举办期和后节庆期，特别是在后节庆期应关注前期节庆营销效果的评估反馈与后续营销的跟进及强化。

4. 营销主体错位

目前国内一些地区的节庆活动仍然沿袭了传统的运作方式，政府部门的节庆活动申办、策划设计、营销宣传、搭台布置、后勤管理等一系列具体业务都由自己操办。而由政府部门充当节庆营销的主体有诸多弊端，直接影响了节庆营销综合效益的提高。因为政府部门并非运营节庆活动的专业公司，对营销相关业务流程不熟悉，容易导致营销成本高而效率低。只有彻底改变政府包办节庆活动的模式，引入"政府办节、企业主体、市场运作"模式才是提高节庆营销经济效率的必然出路。

最后，节庆营销还把握好"三个环节"。一个能形成长远品牌效应的旅游节庆活动，如一瓶陈年好酒，首先要选好"基料"，要深入挖掘地域文化、地域特色和地域精神；其次要有好的"工艺"，要通过精心策划与创意，对地域文化进行高度浓缩与概括，让公众能够顺利解读；最后还要进行充分"发酵"，通过坚持不懈地推广，使其逐渐深入人心。节庆活动如果脱离了这三个环节，即使创意再好、再夺人眼球，也只是短暂炒作，难以形成长久的生命力。

链接

中国旅游日——中国政府的节庆营销

经国务院批准，从 2011 年开始，中国政府决定设立"中国旅游日"，并将这一天确定为"徐霞客游记"的开篇日，即每年的 5 月 19 日。

中国旅游日的设立，充分体现了旅游活动在现代社会的重要性，有助于唤醒国民的旅游意识，实际上也是中国政府对旅游业的节庆营销，是加速推进大众旅游发展的一个强烈信号。同时，旅游日的确立对于提升中国在国际旅游界的地位，建设世界旅游强国和促进社会的和谐发展，都具有重要意义。

中国旅游日的设想是在 1987 年由上海《旅游天地》杂志提出的，它建议将《徐霞客游记》的开篇日 5 月 19 日定为中国旅游日。

1999 年 9 月 27 日，时任浙江省宁海县旅游局副局长的麻绍勤在宁波参加"世界旅游日"分会场活动时，受其启发产生设立"中国旅游日"的想法。2001 年，宁海县举行了《徐霞客游记》开篇 388 周年纪念活动，当地徐霞客旅游俱乐部倡议以 5 月 19 日作为"中国旅游日"；2002 年，宁海县举办首届中国徐霞客旅游节；2007 年，在宁海"徐霞客旅游带合作峰会"上，浙江、安徽、福建、江西、湖南、广西、云南 7 省的 12 个城市签署了"徐霞客旅游带"旅游合作宣言，呼吁把《徐霞客游记》开篇日 5 月 19 日作为"中国旅游日"；2008 年 3 月，原浙江省旅游局向原国家旅游局请示，建议把 5 月 19 日确定为"中国旅游日"。与此同时，作为徐霞客故里的江苏省江阴市也积极行动，主张把徐霞客首次出游的 3 月 29 日（农历三月初三）确定为"中国旅游日"；2003 年，江阴市将阴马镇、璜塘镇、峭岐镇三镇合并为徐霞客镇。2008 年 6 月，原国家旅游局组织专家学者和原江浙两省旅游局举行"中国旅游日"问题座谈会；2009 年 1 月 9 日，江阴市在北京举行新闻发布会，呼吁将 3 月 29 日设立为"中国旅游日"。2009 年，国务院在《关于加快发展旅游业的意见》（国发〔2009〕41 号）中决定设立"中国旅游日"。

2011 年 3 月 20 日，经国务院常务会议审议，4 月 10 日经国务院批复，决定从 2011 年起，将每年的 5 月 19 日作为"中国旅游日"，至此，中国旅游业进入了拥有"中国旅游日"的发展新阶段。

第五节　旅游目的地网络营销

网络营销就是建立在互联网基础上，以网络为媒体来实现营销目标的一种营销方式（见图 8-16）。与传统的营销方式相比，网络营销具有跨时空、交互式、个性化、经济性、高效性、超前性等特点。

与其他行业的网络营销相比，旅游网络营销还具有广泛性的特点，受众面广，点击率高。据调查，网络媒体渠道已经成为旅游者获取旅游信息的主要来源，全球旅游电子商务已

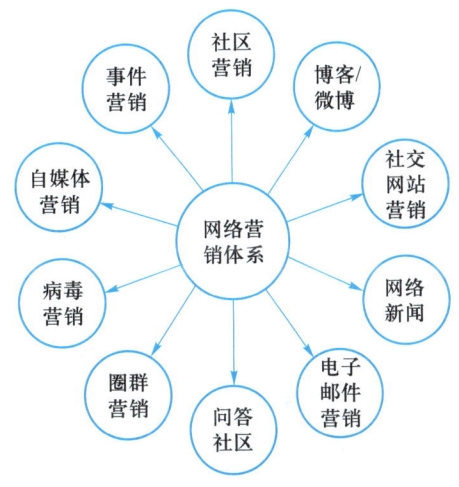

图 8-16　网络营销体系

连续多年高速增长，越来越多的旅游者通过网上直接购买旅游服务。

网络营销意义重大，它是 21 世纪主要的营销模式之一，网络营销将对传统旅游服务方式和营销模式带来重大挑战。旅游目的地国家和地区必须高度重视这一发展趋势，在国家层面上，制定旅游网络建设和营销战略。

一、旅游目的地网络营销的主要形式

（一）官网营销

官网营销是指旅游目的地旅游行政管理部门和旅游企业通过建设自己的官网或专业旅游营销网站进行旅游营销，是旅游目的地网络营销的重要形式。

官网营销要注意以下要点。

1. 旅游营销网站的域名要易于识别

旅游目的地营销网站要易于旅游者按照常识进行搜索。例如，加拿大旅游委员会在原有政府旅游门户网站 www.canadatourism.com 的基础上，利用新的网络扩展名 www.canada.travel，并以此为旗帜，统筹官方业务网和市场营销网，同时将目前海外办事处所见的网站集合到一个域名和模板上。其官方旅游网的域名很明确，就用英文的全称 canadtourism 和 canada.travel。旅游者去加拿大旅游，很容易搜索到这一网站，获得所需要的信息。

2. 树立国家门户旅游网站

一个国家要发展旅游业，应该建立最高官方旅游网站，并将其作为旗帜，统筹国内各地旅游官方业务网和市场营销网，同时，在世界各地的搜索引擎上广泛注册，丰富网页的各种语言版本，争取让使用各种语言的旅游者要了解一个国家或目的地的旅游信息，通过任何搜索方式，马上弹出的就是该国旅游网，而且通过这一国家旅游网，实现与国内各个旅游网站的链接。

3. 实现"网络宣传、信息提供、即时预订"一体化服务

网站的生命力就在于大量的实用信息和即时的服务提供。国家旅游营销网应该是一个四

通八达的网络系统，既有各种介绍旅游目的地、景区的文章、故事、风景图片、宣传片，还给旅游企业做各种配套宣传。而且除了简洁明了的分类介绍，还应大量采用链接方式，以满足各种信息搜索的需求。如旅游者希望了解加拿大某省的旅游产品，就可以点击进入这个省旅游局的网站，想了解某个国家公园的信息，就可以进入这个公园管理的官方网站。而且在网站上，旅游者可以找到集音效和动画于一体的电子宣传册，网站的浏览者、潜在旅游者、海外旅行商都能够在网上直接下载。尤其是与酒店、餐馆、铁路公司、长途客运公司和航空公司的网站链接，给旅游者提供了一个强大的即时预订系统，使旅游者完全可以通过自助的形式，了解、选择和实施旅游的行程安排。

4. 聘请专业的网络制作公司，进行旅游营销网站的策划、制作和管理

为了建立高效的网络营销平台，提高网络营销效果，政府旅游部门应聘请专业的网络制作公司，进行旅游营销网站的策划、制作和管理。中国很多地方都有自己的旅游官方网站，并且都有自己的网络人员，甚至有自己的信息中心，但很多就是一两个人在维护网站，技术水平、人员力量、创新意识与专业性的网络制作公司都无法相比。

（二）微博营销

发活动资讯、介绍美食住宿、通报实时的景区数据、分享旅游心情、解决旅游疑问……时下，一条条语言生动、形式活泼、图文并茂的旅游微博信息，吸引了广大博友的眼球，并争相围观、转发评论，不亦乐乎，而与此同时，旅游微博也成为各地旅游部门追逐的时尚营销方式。

所谓微博旅游营销，就是旅游官方机构及旅游企业利用微博这一互联网平台进行的旅游目的地营销。如果由官方机构进行微博营销，则称为"官网微博"。官方推微博，与平常办官网是两码事，因为微博更具有"草根性"，其行文风格、表达方式很有特点，要把旅游目的地美丽的风景、丰富的人文资源用最能打动网民的"网人网语"来传播，是个挑战。在微博上，每个人都是记录者和关注者。任何人都可以用网络或者手机，在最短的时间内，发布任何想说的话。旅游者可以通过微博随时随地获取所需的信息，分享自己的旅游体验，并将这种体验迅速传播出去，与网友互动，这种全新的体验为整个旅游过程增添了不少乐趣。

另外，网站基本是单向宣传，而微博则是双向互动，因此，旅游行政管理部门可以通过微博这一营销平台，了解旅游者的投诉和不满及其行为方式和习惯，从而不断改善服务，并进行有针对性的营销。

目前，微博营销的有效性正在被业界所认识，并引起各地旅游主管部门及旅游目的地的高度重视，成为其树立品牌形象与推进产品销售的重要渠道之一。

（三）微信营销

微信营销主要指以微信公众号和朋友圈为载体进行的旅游营销。

微信营销和微博营销具有如下共同的优势。

1. 可以实现精准营销

拥有庞大的用户群，能够让每个个体都有机会接收到这个信息，继而帮助旅游地政府和商家实现点对点精准化营销。

2. 发布门槛低、成本小

发布门槛低，成本远小于广告，效果却不差。与传统的大众媒体（报纸、流媒体、电视等）相比，受众同样广泛，前期一次投入，后期维护成本低廉。

3. 传播效果好、速度快、覆盖广

传播的方式有多样性，转发非常方便。并且可以方便地利用文字、图片、视频等多种展现形式。

（四）网红歌曲营销

一首歌曲会吸引旅游者前往歌曲描述的地方，从而带旺一个旅游目的地的旅游。很多旅游者是听着王洛宾的《在那遥远的地方》去到青海，听着田震的《月牙泉》来到敦煌。

2020 年，一首网红歌曲《可可托海的牧羊人》，更是将可可托海、伊犁乃至整个新疆变成了成千上万国内旅游者向往的热门旅游目的地（见图 8–17，该歌曲也被文化和旅游部评为"2020 年国内旅游宣传推广典型案例"）。

在网络时代，创作网红歌曲，并通过网红歌曲进行旅游目的地网络营销，不失为一种旅游营销创新，是一种投资少、见效快的旅游营销手段。

图 8–17　一首《可可托海的牧羊人》唱红了新疆旅游业

（五）抖音营销

自 2018 年开春以来，重庆、西安等一批旅游城市突然成了炙手可热的"网红"城市，旅游收入与旅游者数量显著增长，这都与抖音 App 有关。

抖音营销就是利用抖音短视频进行营销。旅游目的地政府和旅游企业都可以利用抖音进行营销。定位准确、创意好、内容质量高的抖音作品，可以起到很好的互联网营销效果。

在抖音中，用户可以通过搭配音乐、控制视频拍摄的快慢、滤镜、特效及场景切换等技术，依据粉丝数量的多少，创作不同时长的短视频作品。这些来自民间的自制短视频悄然成为旅游营销的利器。举个例子，位于西安城墙脚下的永兴坊"摔碗酒"是被抖音捧红的众多"网红"景点之一。"摔碗酒"配上一曲欢快的《西安人的歌》，在网上迅速蹿红，吸引八方"抖友"纷纷前来"打卡"，饮一碗古城老米酒，做一回西安"社会人"。其他抖音"网红"景点还有重庆的"轻轨穿楼"、厦门鼓浪屿的"土耳其冰淇淋"、山东济南宽厚里的"连音社"和张家界的天门山等。这些地方都借助抖音平台形成了滚雪球式的大量传播。

2017 年底，"摔碗酒"迅速走红抖音，西安市政府看准机会，迅速与抖音平台展开合作。各政府机构相继开通了官方抖音号，西安市旅游管理部门和抖音签订了合作协议，陕西历史博物馆也和抖音合作推出了"文物戏精大会"，仅 4 天的播放量就突破了 1.18 亿次。

【经典案例】

西安"90后"不倒翁小姐姐在抖音爆火（见图8-18），视频播放量高达16亿人次，网友说："她一个人带火了整个西安。"

图8-18　扮成唐朝仕女的不倒翁表演

（六）微电影营销

2012年2月7日，一部在宽窄巷子、锦里古街等地取景，展示四川小吃、火锅等美食和川剧变脸文化等元素的微电影《爱在四川——美食篇》在网络上映。在短短3天时间内，这部时长7分46秒的微电影在优酷网上的点击量已经突破500万次。近年来，越来越多的旅游企业和地方政府利用微电影来进行品牌推广，并取得较好效果。成本低、周期短、媒体适用度高的微电影，正在成为旅游推介的有力武器。

所谓微电影就是指专门运用在各种新媒体平台上播放的、适合在移动状态和短时休闲状态下观看的、具有完整故事情节的视频短片，内容融合了幽默搞怪、时尚潮流、公益教育、商业定制等主题，可以单独成篇，也可以系列成剧。微电影将品牌宣传融入引人入胜的故事之中，既满足了网友的娱乐新需求，又满足了品牌推广需求，因此受到网友热捧。不少地区已经开始运用微电影这一新的营销手段进行旅游营销。利用微电影进行旅游营销的优势有以下三个方面。

首先，微电影制作成本小、周期短、投放快。与电视广告动辄数十万元乃至上百万元的价码相比，低投入的微电影对讲求成本控制的广告客户而言，显然具有巨大吸引力。

其次，微电影的故事性和互动性，使得消费者乐于观看进而转发，为客户形象持续加分。微电影虽然只有几分钟甚至几十秒，而且还要传达客户信息，但它仍试图在这些前提下，讲述一个曲折精彩、吸引眼球、令人回味无穷的故事。

最后，微电影的网络投放更具有选择性和针对性。微电影可以通过消费者使用网络的习惯和偏好，选择在特定区域和特定人群中进行重点推介，进一步提升客户形象宣传的有效性和精准程度。

二、旅游目的地网络营销的策划创新

21世纪是网络时代，是"眼球经济"时代，网络营销无疑是旅游目的地营销的重要方式。判断一次网络营销是否成功的标准是，看其是否花钱少、影响大、效果好，是否具有新闻效应，是否能够吸引网民眼球。为此必须找好网络营销的切入点，进而精心策划，实现营销策划创新。

【经典案例】

从大堡礁招募看护员看旅游营销创新

澳大利亚昆士兰旅游局曾在全球范围内招募一名大堡礁看护员，该新闻被炒得沸沸扬扬。大堡礁（见图8-19）早在1981年就入选了《世界自然遗产名录》，还曾被列入"世界七大自然景观奇迹""一生必去的50个地方"，每年都会吸引200万旅游者前往游览。

图8-19　大堡礁

昆士兰旅游局此次几乎没有什么成本的营销，可以说在全世界范围内获得了成功，甚至比以往的任何一次选美、选秀活动更能吸引眼球。大堡礁看护员的职位唤起了无数人的信心，引发人们无限的遐想。这个被昆士兰旅游局称作"世界上最好的工作"，的确名不虚传：工作时间自2009年7月1日开始，为期半年，薪水15万澳元。据说，应聘网站在开通后的第三天就因为登录者太多而瘫痪了。

招聘看护员的职责条款，包括探访大堡礁附近的诸多岛屿，亲身体验各种探险活动以及担任兼职信差，可从空中俯瞰整个大堡礁，并把自己的亲身经历以文字和视频的方式记录下来，然后上传至博客。有网友评论说：天下没有免费的午餐，很明显这是昆士兰旅游局精心策划的一次炒作，目的就是促进昆士兰旅游业的发展。

// 本 章 小 结 //

■ 狭义的旅游市场指旅游产品交换的场所。在很多情况下，旅游市场还特指旅游客源市场，即能够被旅游目的地所吸引，并能购买其旅游产品的消费者群体及其所在国家和地区。

■ 旅游需求是指具有可自由支配的收入和时间的人们，愿意按照一定价格水平所购买的旅游产品的数量。旅游需求可以用旅游者人次数、一日游旅游者、接待旅游者人天数、人均停留天数、出游率、重游率等指标反映其需求的数量、频率和强度。

■ 旅游供给是指在一定时期内，旅游产品生产者和经营者按照一定的价格向旅游市场所提供的旅游产品和服务的总和。

■ 旅游目标市场是指旅游目的地国家、地区或旅游企业所着力吸引的旅游客源市场。确立目标市场是为了更好地做好市场营销工作，提高旅游业的经济效益。

■ 旅游市场形象定位是指旅游目的地国家或地区力图使自己的产品在目标市场和旅游消费者心目中树立的形象，这种产品形象应该是明确的、独特的、深受欢迎的、能够给予消费者所认同的各种利益的。做好旅游市场形象定位是做好旅游市场营销工作的前提条件和主要内容之一。

■ 节庆营销是指旅游目的地以节庆活动为载体，有计划地策划、组织、实施针对节庆活动的系列营销活动以吸引媒体、社会公众和目标市场的兴趣与关注，以提高旅游目的地的知名度、美誉度，树立地区良好形象并最终达到吸引旅游者目的的营销活动。

■ 旅游网络营销是 21 世纪以互联网为媒介的旅游营销新模式。与传统的营销方式相比，网络营销具有跨时空、交互式、个性化、经济性、高效性、超前性等特点。

■ 微信营销、微博营销、抖音营销是现代旅游网络营销新业态、新模式。

// 复 习 思 考 //

1. 影响旅游需求的因素有哪些？
2. 什么是市场细分？如何对旅游市场进行细分？
3. 如何选择目标市场？
4. 旅游宣传应把握哪些原则？

// 课 后 训 练 //

阅读下面的案例，分析后面的问题，提交分析报告，并分组讨论。

一次偶然，让新疆歌舞遇上广州"小蛮腰"

节奏感十足的舞蹈、技巧与艺术兼具的顶碗舞、速度与节奏交融的手鼓……浓浓的新疆民族风情随着音乐瞬间洋溢在广州塔的 450 米平台上，人们纷纷拿出手机记录这一特别时刻。12 月 5 日下午，一场特别的快闪活动在广州塔拉开帷幕(见图 8-20)。

现场的新疆舞蹈演员，是前来参加 2021 年广州文化产业交易会的舞蹈团成员。而这场特别的快闪活动，是新疆文旅厅和广州塔的偶然合作。"这次来广州参加旅游展会，原本没有安排这一项活动，昨天晚上临时起意，与广州塔一拍即合。"新疆文旅厅相关负责人解释道。

据悉，这是自广州塔 2010 年开业以来，新疆歌舞第一次在塔上展演。目前新疆文旅厅正在与广州塔方面

图 8-20　快闪活动

接洽，希望双方能携手合作，在广州塔地标推出文旅项目。

这一活动随后被《光明日报》作为新闻报道，并被以视频及图文的方式,在网络上广泛传播。

问题：

如何评价这一旅游营销活动营销？

// 拓 展 阅 读 //

详解抖音营销

一、抖音在旅游营销中成功的秘诀

1. 优质的内容

优质内容是抖音的核心竞争力，可以从视频内容和产品运营两方面来分析。旅游类视频内容的"优质"体现为两点。

其一，景点本身极具特色。无论是重庆的"洪崖洞"还是西安的"摔碗酒"，要么景观设计极为震撼，要么活动有趣、好玩。因此，一个成功的"网红"景点首先要有成为"网红"的潜质。

其二，多元融合妙趣无穷。抖音之"抖"来自软件内嵌的丰富特效，"音"体现为可供选择的海量"神曲"，大多数作品具有节奏感强、"魔性"十足的特点，给人感觉酷、炫、潮。在抖音上，科技元素、艺术元素与旅游场景相融合，令视频极具艺术感、创造性和现场感。调查显示，约22%的"抖友"每天使用抖音时间超过1小时，不少用户戏言抖音"有毒"。

2. 契合的用户

与其他短视频平台不同，抖音不仅是短视频的分享平台，还是其粉丝社群的社交平台。抖音鲜明的产品特征令其收获了与其调性相契合的市场，主要为一二线城市居民，其中又以女性(占比66.1%)和年轻人(30岁以下用户占比93%)居多。这部分"抖友"有钱有闲，是出游的主力军；同时，他们中的大多数是互联网"原住民"，善于创造，乐于分享，对于互联网产品的参与意愿很高，有着较为强烈的社交需求。一方面，他们通过拍摄和上传短视频来吸引关注，同时带动"抖友"之间的视频创意比拼。相比传统营销模式而言，动态的短视频社交模式呈现出更强的交互性和参与性。在旅游类视频里，用户能够更加全面地了解到景区的全貌，相比图文信息更令人有"涉入感"。另一方面，观赏视频的"抖友"在评论区实现与播主的互动。评论是抖音 UGC(用户原创内容)中极其重要的组成部分。企鹅智酷2017年发布的报告指出，超过一半的抖音用户会看评论，21.8%的用户会参与评论互动。在旅游类视频的评论区，"抖友"会对视频内容和质量进行点评、询问景区的名称和位置、交流旅游体验心得等。评论区的互动不仅具有第三方推荐的信任优势，还让评论本身成为优质的体验内容。更奇妙的是，基于对抖音平台的认同感和归属感，"抖友"们会把去网红景点"打卡"当成一种义务，出游动机由"我想去"升级为"我必须去"。

3. 共生的机制

基于优秀的产品和模式设计，抖音构建了一个互惠共生的生态圈。在旅游营销场景下，利益相关者包括抖音运营方、旅游地、播主及观赏用户。在抖音平台上，所有参与者都能满足需求和创造价值。观赏用户在免费观看视频、参与互动的过程中贡献了自己的时间和注意力，创造了流量。播主为抖音提供视频内容和吸引流量，因自己成为关注焦点或意见领袖而获得心理满足感。在运营初期，平台会对提供优质内容的播主提供一定的补贴。而对于粉丝量达到 10 万甚至百万级别的"大咖号"，他们还可以选择与商家合作以寻求流量变现。旅游地成为"网红"以后，旅游者数量和旅游收入显著增加，平台运营方也将获得不菲的投资和广告收入。实际上，抖音早已开启了变现之路。从"海底捞神秘吃法"到"网红奶茶的隐藏菜单"，抖音的每次动作都能引发"抖友"的疯狂传播，甚至导致多个地方卖断货，堪称"网红制造机"。

目前，抖音与旅游营销的融合已经开始进入更为成熟的新阶段。2018 年 4 月，西安市旅游发展委员会与抖音短视频达成合作。双方计划将基于抖音的全系产品，通过文化城市助推、定制城市主题挑战、抖音达人深度体验、抖音版城市短片来对西安进行全方位的包装推广，用短视频来向全球传播优秀传统文化和美好城市文化。据悉，旅游已成为抖音刚发布的"美好生活计划"的重要组成部分。在抖音搭建的共生平台之上，旅游营销具有无尽的想象空间。

二、如何做好抖音营销

1. 提升内容品质，打造网红景点

在抖音上，无论是视频还是评论，都呈现出高品质和"真善美"的价值观。抖音也充分体现了传播的"马太效应"。一千个粗劣视频的关注度比不过一个精品，同理，一千个平庸景点的传播价值也抵不过一个优质"网红"。因此，旅游营销的"套路"不在于数量多少，而在于是否实用精巧。

旅游新媒体营销，其一要充分认识到旅游策划的重要性，需对营销策划投入更多的时间和资金，策划方要基于资源和市场，大胆提案，小心论证，反复打磨，重视市场意见，尤其是来自年轻人群体的意见；其二要戒骄戒躁，谋定而后动，在确保景区产品已经达到较高水平前，不要急于以官方的名义扩大营销，确保景区能获得口碑推荐；其三要重点攻关，旅游消费的一个重要特点是任何基于"点"的消费都会自然惠及全域。重庆的"洪崖洞"和西安的"摔碗酒"都属于一个景点带火一座城市的代表案例。要集中资源打造具有较大传播价值的"网红"景点或旅游商品。

2. 培育粉丝社群，善用营销渠道

移动互联网时代的一个重要特征是碎片化生活方式渐成主流，短视频、短图文等成为重要的传播方式，从抖音拥有的海量粉丝可见一斑。然而，在激烈的市场竞争下，获取粉丝的喜爱绝非易事。抖音在培育粉丝、引导用户创作上花了很多心思。应该说，抖音一直致力于降低短视频的制作门槛，让普通人也能做出有趣的内容。舞台、音乐、特效、观众都已就位，甚至连"套路"都已设计好，请开始你的表演！在抖音的用心培育下，"抖友"们具有较强的认同感，且大部分能够熟练使用抖音拍摄视频、创作内容。这带给旅游营销的启示是，旅游景区或目的地应具有明确的产品定位，切勿贪大求全。旅游市场符合"二八"定律，即 20% 的顾客会创造 80% 的价值。要通过确立明确的产品个性来获取这 20% 更契合、更忠诚的旅游者，再借助他们去扩大市场。营销人员应传递出更多具有体验价值的旅游信息，用市场喜爱的形式、内容包装设计宣传资料（宣传用语、旅游画册、视频节目等），以寻求与顾客建立情感连接。同时，要活用抖音、微信、微博等新媒体传播渠道，精心设计活动，创造更多与潜在和现实旅游者互动的机会。

3. 搭建共创平台，重视民间力量

抖音是时代的产物，其成功建立在高度发达的互联网经济基础之上。互联网的本质是创造连接，抖音通过一个个有趣的短视频将不同的人、事、物连接在一起，营造了一个价值共创、利益共享的线上美好生活展示平台，并影响着人们在线下的生活和行为习惯。抖音上有明星也有普通人。一些明星在产品推广的前期发挥着示范作用，但在产品逐渐成熟以后，"素人"成为抖音平台上绝对的主流，明星反倒成了"跟风者"。事实上，抖音绝大部分的创意和智慧都来自民间，从中我们可以窥见营销话语权的转移。旅游营销者一方面要根据市场趋势调整营销预算的投资方向，积极融入抖音、微信等优秀媒介搭建的传播平台，借势融合发展。另一方面，营销人员也可以因地制宜，通过制度设计和模式创新搭建专属的共创平台，吸引各方资源，尤其是"草根"力量加入旅游营销(如以年轻人为主体的乡村创客)。在管理型政府向服务型政府的转型过程中，传统的以政府为主导的单向营销模式已呈现式微之势，而反映大众审美、汇聚民间智慧、代表时代潮流的"草根"阶层正在走向前台，成为一股锐不可当的蓬勃力量。

// 本章配套微课 //

旅游目的地形象设计

关于旅游目的地形象设计，请扫描二维码了解相关内容。

视频：旅游目的地形象设计

智慧化、数字化将成为未来旅游业的发展趋势

9

第九章　旅游业的未来

　　旅游业面临着一个严峻的抉择，是立即采取行动，保证旅游业的可持续未来，还是坐等观望，任环境和经济的衰退毁灭其赖以生存的资源？实际上，我们别无选择！我们不能坐等到所有清新的环境消失殆尽，遗产与文化衰败下去，所有的海洋都被污染；我们不能坐等观望海平面上涨或臭氧枯竭危害人类健康。

　　——世界旅游理事会、世界旅游组织、地球理事会《关于旅游业的21世纪议程》

通过本章的学习，应该能够：

- 了解定制旅游与旅游定制师。
- 了解智慧旅游与旅游业的数字化发展。
- 了解实现旅游业可持续发展的途径。
- 了解世界旅游业发展的趋势。

关键概念：

定制旅游　　旅游定制师　旅游数字化
可持续发展　发展趋势

Key Words：

Customized Travel　Customized Travel Designer
Tourism Digitalization Sustainable Development
Development Trends of Tourism

第一节 定制旅游与旅游定制师

一、定制旅游

定制旅游（customized travel）是服务具有个性化旅游需求的旅游者或企业，以满足在新时代旅游者和企业客户追求美好旅游出行体验为目的，服务内容包括行程方案设计、资源选择及预订、行前咨询、行中管家、售后客服保障等，依托各类旅游要素资源、生活服务和企业服务资源，进行私密化、社交化、主题化、不限人数的新型旅游出行方式。

近年来，旅游定制需求快速增长，定制游已经从一开始的小众需求转变为行业增速第一的打包产品品类。

为迎合订制旅游浪潮，国内一些旅游机构已扎堆推出"私人订制"服务。例如，广州岭南商旅集团旗下的"广之旅"成立了订制旅游俱乐部。旅游电商更是嗅到其中的无限商机，携程旅行网等大力推出网络自由订制的私家团服务。个性化订制是对传统旅游的颠覆，它让旅游者自己做主，提供给旅游者更多的自主选择，深入体验真正的旅游目的地文化。以携程旅行网研发的"私家团"为例，它根据旅游者的情况，提供"我的旅程我做主"的个性化服务：每个订单独立成团，哪怕两个人也是一个团，提供全程专车及专门导游，享受私密度假和专属服务。

二、旅游定制师

旅游定制师（customized tourism designer）是在定制游业务中依托定制社会资源、服务、组织及供应链体系，熟悉目的地各类资源，准确把握旅游消费趋势，通过深入了解旅游者或企业的个性化需求细节，创新性地为旅游者或企业量身定制行程方案，恰当选择和预订各类旅游要素资源、生活服务资源及企业服务资源，提供定制旅游整体解决方案的职业人员。

与导游一样，旅游定制师正在成为旅游行业具有代表性的符号。随着文化和旅游消费的不断升级，旅游者更重视出游品质和幸福指数，希望有更专业、更人性化的专属服务，传统旅游的转型升级必然带动与之相关的旅游职业的转型和细分，小众、私密的旅行方式正在成为旅游者的一种习惯，满足这一需求的旅游定制师已经成为热门职业。

（一）旅游定制师的等级

为了规范旅游定制师职业，提高定制旅游的服务质量，2020 年 9 月，中国旅行社协会标准化管理委员会发布了《旅游定制师等级划分与评定》全国性团体标准。

依据专业水平，旅游定制师由低到高可分为助理旅游定制师、中级旅游定制师、高级旅游定制师。

（二）旅游定制师的基本条件和素质要求

旅游定制师是一个对综合素质要求很高的职业，除了技能层面，还需要深厚的文化底蕴及知识储备。

旅游者对旅游定制师的要求越来越专业。对目的地知识了解的广度和深度、对玩法的理解与更新、对产品资源的分析梳理能力等，已经属于基本层面的要求。但目前，行业内的普遍现象是计调或者旅游销售人员承担着旅游定制师的角色。他们对目的地的了解不够深入、全面，给出的定制方案千篇一律，很难满足旅游者个性化的需求。

除了资源端的业务要求，旅游定制师还要有对客户端的管理能力、沟通能力、共情能力、服务能力和责任意识等。实践中，很多旅游者的旅游需求是比较宽泛的，甚至只有一个大概的目的地方向和预期效果。这就要求旅游定制师具备一定的沟通能力和共情能力，能够迅速抓住旅游者的核心需求。

具体而言，旅游定制师应具备以下基本素质。

（1）坚持原则，具备良好的道德品质，遵守国家法律、法规，遵守行业规范和职业道德。

（2）有丰富的旅游经验以及对目的地的深度了解，要懂旅游，懂产品。一个专业的旅游定制师，要"会玩""会吃""会拍"，善于在寻常的目的地中发现不寻常的"玩法"。

（3）具有服务意识和服务能力，能够维护客户的利益，树立以客户为中心的思想。

（4）爱岗敬业，尽责守信，具有团队合作精神。

（5）具有一定的文化底蕴，善于沟通，能进行清晰的表达。

（6）有很强的学习能力。不断变化的目的地资源及旅游者需求，都需要定制师及时跟进学习。

（三）旅游定制师的知识要求

（1）掌握旅游接待咨询相关知识。

（2）掌握消费者心理学等相关知识。

（3）掌握旅游目的地资源开发的有关知识。

（4）掌握旅游市场营销、品牌推广等相关知识。

（5）掌握目的地地理、历史、文化、民俗、法律等知识。

（6）掌握旅游产品定价方法及旅游产品价格的构成。

（7）掌握旅游采购的相关知识。

（8）掌握散客计调、国内和境外组团计调、国内和境外地接计调的工作流程。

（四）旅游定制师的技能要求

（1）能够了解旅游消费市场的变化趋势。

（2）具有一定的开发旅游产品和设计旅游线路的能力。

（3）熟悉旅游产品定价规则并具有一定的旅游报价能力。

（4）能较熟练地应用基础知识和专业知识。

（5）具有一定的文字处理能力。

（6）具有一定的沟通协调能力。

（7）能够提出专家型建议，具有领导团队的能力。

（8）能够独立处理一些突发事件和旅游投诉。

为了培养高素质的旅游定制师，国内各大旅游企业都加大了对旅游定制师的培养力度。例如，途牛初级定制师课程包括四大板块：基础篇，主要学习定制旅游基础知识和岗位服务标准；销售篇，学习如何有效地挖掘引导用户需求，快速、有效地定制行程及维护技巧；企业篇，学习企业定制旅游相关的设计方法，包括红色旅游线路设计方法；营销篇，学习社群营销和实操经验。

第二节　旅游业的数字化与智慧旅游

一、旅游业的数字化

视频：智慧旅游

文化是旅游的灵魂，科技是旅游的支撑，旅游业要培育成现代化的服务业，关键是要插上科技与文化的翅膀。在技术不断革新的背景下，旅游业开始向信息化、数字化转型。

旅游业的数字化体现在旅游管理的信息化、旅游业运营的智慧化、旅游营销的数字化以及旅游客户服务和客户关系管理的智慧化等诸多方面（见图9-1）。

二、智慧旅游

智慧旅游是旅游数字化、信息化的延伸与发展，是高智能的旅游信息化，以旅游者为中心，以物联网、云计算、下一代通信网络、高性能信息处理、智能数据挖掘等技术为支撑，并将这些技术应用于旅游体验、产业发展、行政管理等诸多方面，使旅游者、企业、部门与自然、社会相互关联，提升旅游者在旅游活动中的自主性、互动性，为旅游者带来超出预期的旅游体验，使旅游管理更加高效、便捷，为旅游企业创造更大的价值。

智慧旅游的核心是以旅游者为本、网络支撑、感知互动和高效服务。智慧旅游系统主要由数据中心、服务端、使用端三部分构成，并通过互联网、物联网和传感网等技术相互联结。

智慧旅游系统作为信息时代和互联网时代的产物，对于整个旅游产业都具有重要意义。

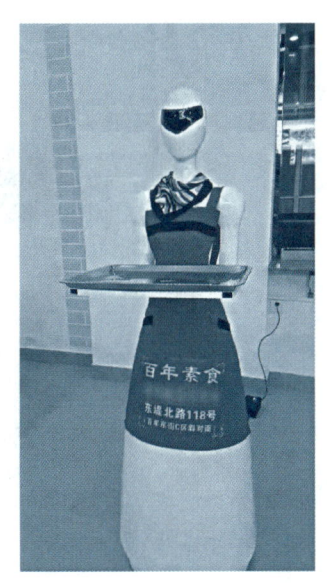

图9-1　机器人已经走进旅游业（刘伟　摄）

对于旅游者而言，智慧旅游系统可以让他们足不出户，全面了解目的地旅游信息，预订产品和进行结算；旅游过程中能够动态了解旅游信息并获得帮助；旅游结束后还能够通过该系统进行有效的信息反馈。对于旅游企业而言，该系统是充分展示形象和提供产品的平台，在线营销系统大大节约了企业的经营成本。对于旅游管理部门而言，通过定位、统计、安全和反馈等系统，全面了解旅游者的需求、景区动态、意见建议等内容，帮助实现科学决策和管理。

智慧旅游体系的建成，将改变旅游者的行为模式、企业的经营模式和行政部门的管理模式，引领旅游进入"触摸时代""定制时代"和"互动时代"，从而逐步改变整个产业的运营模式，是旅游业强化现代服务业特性、提高现代服务业水平的重要途径。

第三节　旅游业的可持续发展

【经典案例】

欧洲地中海沿岸出现了旅游资源枯竭现象；

巴布亚新几内亚出现土著居民与旅游者的争斗；

大西洋、太平洋中的一些小岛由于旅游者大量涌入导致生态环境被破坏而不得不宣布关闭；

随着全球气候变暖和海平面的上升，马尔代夫这个印度洋上的旅游明珠可能在100年内消失。图9-2为马尔代夫总统在海底内阁会议上签署环保倡议书，呼吁人们关注气候变暖问题。

……

图9-2　马尔代夫旅游业还能可持续发展吗

旅游业的可持续发展是在全球旅游业急剧膨胀、繁荣背后的危机日益暴露的现实下提出来的。

所谓旅游业的可持续发展，就是在满足当代旅游者和旅游地居民的各种需要的同时，保持和增进未来发展机会，其实质是要求旅游与自然、社会、文化和人类的生存环境成为一个整体，以协调和平衡彼此间的关系，实现经济发展目标和社会发展目标的统一。

旅游业是一个资源产业，一个依靠自然禀赋和社会遗赠的产业，因此，保持优良的生态环境和人文环境是旅游业赖以生存和发展的基础。然而，由于旅游业"起飞"速度较快，在短短几十年时间内，就一跃成为全球非常重要的产业，在实践中，很多国家、地区和旅游企业的决策者将旅游业的发展简单化为数量型增长和外延的扩大再生产，对旅游资源进行掠夺式开发，对旅游景区实施粗放式管理，旅游设施的建设病态膨胀，导致自然资源遭到严重破坏，环境美学价值以及宁静度和舒适度降低，再加上由于旅游流在时空上具有相对集中的特点（表现为旅游旺季和旅游热点、热线），旅游破坏因而被进一步加剧，出现了"旅游摧毁旅游"的现象。

一、可持续发展思想

人类社会已经在经济增长与环境保护相背离的道路上走过了数百年的历史，而二者的背离又突出地表现为人类在追求发展的过程中往往以牺牲生态环境来换取经济增长。这种竭泽而渔的发展模式不断导致人类生存环境的恶化和各种资源的枯竭，日益严重地威胁着人类的生存与发展。但直到20世纪80年代，人类才开始用一种理性的思维冷却追求经济高速增长的热情，重新审视经济增长与环境保护的关系，与此同时，一股以"保护环境、崇尚自然"为宗旨的绿色浪潮也迅速在全球范围内掀起。

在人类可持续发展思想的形成过程中，有两本书具有极其重要的意义，因而不能不被提到。一本是被称为"改变了世界历史进程"的、由美国海洋生物学家雷切尔·卡尔逊（Rachel Carson）所著的《寂静的春天》（Silent Spring），该书于1962年问世，被称为一本"20世纪里程碑式的著作……它使得政府改变了对环境问题的政策……对环境运动起到了极大的推动作用，从而使'生态学'成为人人皆知的词汇……"另一本是由罗马俱乐部于1972年出版的《增长的极限》一书，该书警示性地罗列了经济增长所引发的种种环境和资源问题。

此后，有关国际组织开始关注发展与环境问题及可持续发展问题。

1972年，第一次人类环境会议在斯德哥尔摩举行。

1980年，国际自然与资源保护同盟在其制定的世界自然保护大纲中首次提出全新的可持续发展概念。

1987年，联合国世界环境与发展委员会发表了题为《我们共同的未来》的研究报告，首次指出了以可持续发展原则来迎接人类面临的环境与发展问题的挑战。此后不久，世界资源研究所、国际环境与发展研究所联合声称："以可持续发展为我们的指导原则"。世界银行也在其指南中强调将可持续发展作为开发资助的首选目标。

1992年，在巴西里约热内卢召开的联合国环境与发展大会上，包括中国在内的全球100多个国家的政府首脑通过了《里约宣言》，共同签署了生物多样性公约和《21世纪议程》（也就是著名的"地球宣言"）等重要文件，并向全世界宣布，各国人民将为遵循可持续发展的模式，而采取一致行动。

根据1987年联合国世界环境与发展委员会的《我们共同的未来》的研究报告，可持续发展（sustainable development）是指"既满足当代人的需要，又不损害后代人满足其需要的能力的发展"。

可持续发展通常包括生态、经济、社会三方面的内容。

（1）生态可持续性。指维持健康的自然过程，保护生态系统的生产力和功能，维护自然资源基础和环境。

（2）经济可持续性。指保证稳定的增长，尤其是迅速提高发展中国家的人均收入，同时用经济手段管理资源和环境，使仍为经济外在因素的环境与资源内在化。

（3）社会可持续性。指长期满足社会的基本需要，保证资源与收入的公平（包括代间和代内）分配。

二、旅游业可持续发展的目标

根据 1990 年在加拿大温哥华召开的全球可持续发展大会上提出的《旅游可持续发展行动战略》，旅游业可持续发展的目标如下：

（1）增进人们对旅游所产生的环境效应和经济效应的理解，强化其生态意识。

（2）促进旅游的公平发展。

（3）改善旅游接待地的生活质量。

（4）向旅游者提供高质量的旅游经历。

（5）保护上述目标所依赖的环境质量（见图 9-3）。

图 9-3 某旅游目的地居民在清理沙滩上的垃圾，为旅游者留下清洁的旅游环境（刘伟 摄）

三、实现旅游业可持续发展的途径

要实现旅游业的可持续发展，旅游者、旅游开发商、旅游经营者以及政府有关管理部门都负有不可推卸的责任。

（一）旅游资源开发与旅游业的可持续发展

旅游资源是旅游业赖以生存的基础，是发展旅游业的基本条件。然而，旅游资源的开发，特别是自然旅游资源的开发，却往往意味着自然环境的破坏和某些自然景观的丧失。旅游资源不同于一般物质生产的其他资源，在旅游资源中，一般自然景观的形成要几万年，人文景观的形成也得几十年、几百年或几千年。很多资源都是不可再生的，也就尤为珍贵。因此，科学、合理地开发旅游资源，建设旅游设施，对于实现旅游业的可持续发展具有极其重要的意义，是实现旅游业可持续发展的"重中之重"。

按照可持续发展思想，对于旅游资源的开发和旅游设施的建设，应该贯彻以下原则。

1. 计划性

旅游资源的开发，要有计划、有步骤，循序渐进，切不可一哄而上，盲目开发，造成对生态环境的破坏。

【经典案例】

据新华社报道，眼下，有世界第一峡谷之称的雅鲁藏布大峡谷日益受到世人的瞩目。国内一些企业跃跃欲试，拉开架式纷纷准备在大峡谷上马大型工程……一些单位打算在那里建高档宾馆、酒店，也有的要建别墅、度假村……

如此一来，大峡谷还没来得及向世人展示其真面目，就可能已面目全非，其神秘的韵味也将荡然无存了。

2. 科学性

旅游资源的开发要贯彻科学性原则，认真做好可行性分析。宾馆、酒店等大型旅游设施应尽可能建在自然保护区外，区内只建一些与周围环境相适应的简易的、具有地方特色的休息和食宿设施，如木屋、木棚等；公路最好不要直通保护区的核心区……这样，一则可以保护自然景观，二则还可以使旅游者可以更好地与大自然融为一体。

3. 谨慎性

对于旅游资源的开发，特别是那些不可再生的自然旅游资源的开发，有关部门应该慎之又慎，以免破坏自然景观，出现对不起后代的"后悔工程"。

（二）旅游企业经营与旅游业的可持续发展

旅游企业在其经营活动中，应注意尽可能地节约能源，减少对环境的破坏和污染，并以适当的方式，对旅游者进行可持续发展思想的教育，承担起实现可持续发展旅游的义务。

1. 旅游景区管理与旅游业的可持续发展

为了实现旅游业的可持续发展，旅游景区管理部门要根据景区环境承载量，对景区旅游者数量实施控制（特别是在节假日，应控制在最大接待量的60%），以确保旅游者的安全，提升旅游者的体验感，同时避免对景区造成破坏（见图9-4）。

图9-4　旅游景区要根据景区环境承载量，对旅游者数量实施合理的控制

另外，旅游景区是旅游者的旅游目的地，是接待旅游者的场所，也是旅游污染的重灾区，景区管理部门和企业应担负起治理旅游污染的责任，对进入景区的旅游者进行教育和管理，培养其环境保护意识，并采取措施，与旅游者一道实现旅游业的可持续发展。

【经典案例】

　　四川省眉山市瓦屋山国家森林公园"垃圾银行"通过"零存整取""累计积分"等方式，鼓励旅游者在游览景区的同时收集包括包装盒、烟头、塑料袋等在内的白色垃圾兑换商品，激励旅游者增强环保意识，引导其养成绿色低碳、健康洁净的旅游习惯，助力绿色出行，保护生活环境(见图9-5)。

图9-5　瓦屋山国家森林公园的工作人员在给旅游者介绍垃圾兑换方法(张忠苹 摄)

2. 旅行社、旅游公司及旅游交通企业与旅游业的可持续发展

旅行社、旅游公司及旅游交通企业可在以下几个方面为实现旅游业的可持续发展做出贡献。

（1）生产环保型旅游产品。如生态旅游产品、森林旅游产品和农业旅游产品等，以唤起人们的资源保护和可持续发展意识。

（2）选择具备生态旅游条件的旅游目的地。旅行社应当避开那些脆弱、敏感的生态地域。对于那些对自然生态资源只想利用而不重视保护或接待体制不完备的地域，即使当地有意安排招徕生态旅游，旅行社也应加以回避。在旅游策划的各个阶段，应充分听取地域生态科研人员和自然保护团体的意见。

（3）旅游团人数要控制在适当的范围内。小团队旅游，便于领队实施有效的管理，从而减少对自然生态的影响和破坏。

（4）正确引导旅游者的消费行为，培养旅游者的环保意识。航空公司应在主要旅游航线的班机上播放有关环境保护和旅游业可持续发展的视频、发放相关资料；旅行社可为旅游者提供有关的教育手册；导游人员应在导游过程中，不失时机地以各种有效的方式正确引导旅游者的消费行为，培养旅游者的环保意识和遗产保护意识，向其输入旅游业可持续发展的思想。告诉旅游者关于旅游公司在环境方面的倡议，并使其将环保意识和可持续发展思想运用到家庭生活中去。

对旅游者进行教育的内容主要包括：对生态保护重要性的认识，目的地的生态、人文情况，进行生态旅游的行为规范及注意事项，目的地的有关生态保护的法律、规定，旅游途中的垃圾处理方法，有助于旅游目的地的生态保护和经济发展的援助计划等。

（5）对导游和领队进行培训，增长其生态旅游方面的专业知识。导游人员与旅游者朝夕相处，因此，培养和造就有生态旅游专业知识和责任感的导游人员对于实现旅游业的可持续发展是十分重要的。导游人员除了教育旅游者要保护生态环境，做合格的旅游者，还应指导旅游者与当地人交流，让当地人清楚旅游者来此的目的是游览当地美丽的自然及人文景观，从而使当地人意识到保护好家乡自然生态环境和文化传统的重要性。

（6）实现废弃物的最小化。废弃物的最小化是《21世纪议程》的核心内容，其关键是"大产出，小投入"。旅游公司可以直接通过日常的经营活动和间接通过选择对环境产生最小影响的产品做出贡献。

（7）减少能源的利用和降低潜在的具有破坏性的大气排放物。许多全球性的环境问题，都直接与燃烧矿物燃料有关。节约能源不仅可以对实现旅游业的可持续发展做出贡献，而且可以为高效利用能源的旅游企业带来经济利益。

（8）保护水资源质量，高效而公平地利用现有水资源。旅游业是用水大户，旅游公司应当教育员工与旅游者一起节约用水，保护好现有的水资源，使废水排放量降到最低。

（9）减少旅游交通对环境的污染。交通运输是旅游业的生命线，旅游公司应该加强管理，以减少或控制旅游交通对环境的不良影响。例如，提倡畜力、人力、自然能(风力、漂流)交通工具或徒步旅行，以减少对自然生态的污染。尽量购买当地供应品。

3. 旅游饭店经营与旅游业的可持续发展

上述实现旅游业可持续发展的经营原则和方法，已在旅游饭店得到较为广泛的利用，并已取得良好的经济和社会效果。很多国家开始大力发展环保型的"绿色饭店"（green hotel）。其主要特征是：

（1）采用节能设施设备，减少对能源的浪费。

（2）停止使用煤、重油、柴油、煤油等污染大气环境的燃料，改用管道燃气、液化石油气、电等清洁能源。

（3）注意回收旧报纸、易拉罐和玻璃瓶，并将有机物垃圾专门堆放在一起。

（4）采取各种措施，节约用水。酒店是用水大户，每天都要使用大量生活用水和洗涤用水，节水潜力巨大。对此，酒店可以鼓励住宿超过一天的客人，继续使用原有的毛巾，或不更换床单，以减少清洗所需的水和洗涤剂用量。

（5）减少使用含氯氟烃的产品、含氯漂白剂和漂白过的布草。

（6）尽可能购买有利于环境保护的商品和可再生利用的产品。很多酒店将客房放置的洗衣袋已从塑料制品改为纸制品，或用可多次使用的篮子代替。

（7）减少资源浪费。传统酒店的卫生间每天都要为客人配备肥皂、罐装浴液、洗发液等卫生清洁用品，凡客人用剩的都要扔掉，既浪费了资源，又污染了环境。新加坡旅馆协会鼓励酒店将客房内惯用的一次性肥皂和沐浴液小罐子，改为可添加的固定容器，既可减少浪费，也能避免丢弃用剩的清洁用品。另外，洲际酒店集团、万豪酒店集团、希尔顿酒店集团等越来越多的酒店和酒店集团开始用大瓶装高档客房沐浴液、洗发液、护肤液等代替传统的低档小瓶装洗浴用品，不仅提高了档次和客人的体验感，也减少了浪费，为酒店节约了成本。

以上措施不仅可以保护环境，为旅游业的可持续发展做出贡献，而且还可大大节约酒店的经营成本。

（三）旅游者的消费行为与旅游业的可持续发展

旅游者是旅游活动的主体，旅游者的消费行为对于旅游业的可持续发展具有重要影响，直接决定旅游业能否实现可持续发展。

旅游者在从事旅游活动时，应该有环保意识，严格自律。旅游者可从以下几个方面为旅游业的可持续发展做出贡献。

1. 要尊重访问目的地的文化

游客应该以学习、了解当地的文化、风俗习惯为目的，在当地居民允许的范围内参加各项活动。

2. 不破坏旅游资源，做文明旅游者

例如，一些低素质的旅游者，到达旅游景点后，肆意破坏旅游资源，如采摘珊瑚，攀折花木，在旅游景观上乱涂、乱画、乱刻等，对此等不文明行为，旅游者应自觉抵制。

3. 不随地丢弃垃圾

一些旅游者随地丢弃塑料袋、饭盒、饮料瓶等垃圾，这是旅游地及风景旅游区污染的重要来源，严重影响着旅游业的可持续发展。很多国内名山大川等风景旅游区不得不请人专门拾捡、清理旅游者留下的污染物。就连世界屋脊喜马拉雅山也不例外，旅游者留下的各种饮料罐、包装袋垃圾，也使当地有关部门不得不花费巨资去清除。因此，旅游者在旅游过程中，应有环保意识，不随地丢弃垃圾，有条件的地方，应将其按生活垃圾、可循环使用的垃圾和不可循环使用的垃圾等分类存放（见图9-6）。

4. 尽量减少使用或不使用一次性消费的塑料饭盒、饮料瓶等白色污染物

旅游者应尽量减少使用或不使用一次性消费的塑料饭盒、饮料瓶等白色污染物，而改用一些环保旅游企业用芦苇、稻草、麦秆、毛竹、棉花秸等原材料生产的可降解的"绿色餐具"。

5. 不干扰野生生物的正常生存

旅游者应服从景区管理人员及自然保护主义者的管理，不捕杀、不追逐、不投喂、不搂抱、不恐吓动物，不采集野生植物，不踩踏贵重植物（见图9-7）。

6. 积极参加保护生态的各种有益活动

例如，旅游者向访问地捐助资金，提供知识技术，参

图9-6 旅游者自觉将垃圾携带下山（刘伟 摄）

图9-7 旅游者不应干扰野生动物的正常生存（刘伟 摄）

加保护环境的宣传和义务劳动等。

7. 不食用、不购买被保护生物及其制品

旅游者在旅游活动中应有动物保护意识，坚决不食用、不购买被保护的生物及其制品。

（四）政府旅游管理机构与旅游业的可持续发展

旅游业是一个综合性行业，涉及的面非常之广，因此，除了国家旅游主管部门，其他政府部门都对旅游的某些方面具有管辖权，如交通部、贸易部、环境部等。所有这些政府部门都会对旅游业实现可持续发展施加影响。

国家旅游管理机构及有关政府部门可以在以下方面对旅游业实现可持续发展做出贡献。

1. 制定实现旅游业可持续发展的有关政策法规

比如，通过贯彻"谁污染，谁付费"的原则和制定标签计划，对有害物质的使用进行预防性和惩罚性管理。此外，有些国家已着手制定《旅游者行为的基本准则》，准备对"破坏环境、生态的旅游者，以及监督不力的导游实施经济处罚"。另外，国家旅游主管部门和有关立法机构还应按照可持续发展旅游的思想，对现行政策法规进行重新评估和修订。

2. 对旅游业有关部门、企业和从业者进行培训和教育

国家旅游管理机构及有关政府部门应就旅游业的可持续发展的必要性以及旅游业可持续发展的性质和范围对旅游业有关部门、企业和从业者进行培训和教育，以提高认识，强化其旅游业可持续发展的思想和行为，并在可能的情况下，向其传授实现旅游业可持续发展的有关技能。同时，可充分利用各种新闻媒体向全社会普及可持续旅游发展的基本知识，在大、中专院校开设相应的课程或讲座，努力使可持续旅游发展思想在旅游界以至于全民中深入人心，为实施可持续旅游发展战略和规划奠定良好的思想基础。

3. 制定旅游业可持续发展的规划

在旅游业发展中，不做规划或规划不善可能导致对环境、资源和文化的破坏，而按照可持续发展的思想，对旅游业进行科学的规划，则可有效地利用土地资源，最大限度地实现旅游业潜在环境和经济利益，同时，使可能发生的环境或文化破坏降到最低程度。

政府部门在制定旅游业可持续发展战略与规划时，应多从环境适应性来考虑，努力争取"旅游发展与环境保护的永久和谐"（世界旅游组织 1993 年的口号）。在新建的旅游区，应首先规划建设生活污水处理厂，注意保护好区域内的地形、地貌和自然植被。对于旅游资源，要强调适度开发的原则，防止掠夺性开发。特别是对于自然保护区，要根据不同保护区内不同区域的重要性和脆弱性，划分为核心保护区、缓冲区和生产实验区等不同层次，核心保护区不得开发旅游，缓冲区只可开发科学考察旅游，旅游设施则应规划在生产实验区或保护区的外围。

4. 建立旅游业可持续发展评估指标体系、统计指标体系

对旅游业发展的评估和统计指标不应只注意经济指标，而忽略社会、文化、环境等方面的考虑。旅游行政管理部门应会同有关部门研制和确定一套全面、科学的旅游业发展评估和统计指标体系，特别是对于环境，要建立环境质量监测和效应评估体系，并责成有关机构及时监测和评估，定期公布，及时分析，发布预警，以形成一种社会力量，及时、全民、全方位地控制旅游污染。

5. 加强与其他国家在可持续发展的信息、技能和技术以及经验和教训方面的交流

这种交流，特别是在发达国家和发展中国家之间，对于各国实现旅游业的可持续发展将很有裨益。

6. 保障旅游者的安全

安全是旅游者的基本需求，是旅游活动的前提条件，同时，也是实现旅游业可持续发展的前提条件。因此，要使旅游业发展和进步，就要确保国内与国际旅游者及度假者的人身及财产安全，与此同时，还要保证旅游设施和旅游点的安全(见图9-8)。

旅游者、旅游点及旅游设施的安全和保护应通过以下方法来保证。

（1）所有与旅游业有关的部门都应认真对待旅游者的安全问题，重视恐怖主义行为对旅游者的保护所形成的威胁，反对各种犯罪行为，使旅游者免受其害，重视旅游者作为消费者的权利，重视保护他们的身体健康，重视保护环境。

（2）制定和实施保护旅行和旅游者逗留安全的条例和法律。

（3）提供信息和加强公共教育。

（4）建立一个处理旅游者安全问题的机构，对紧急情况更应如此。

（5）建立双边、次地区、地区、地区间和世界范围内的国际合作。

图9-8　新冠疫情期间，珠海来魅力酒店的员工将餐饮送到客人房间，提供无接触式服务，确保客人的卫生安全(刘伟　摄)

接待国和旅游者原籍国应在双边关系基础上进行积极合作，采取一切可行的手段，使在自然灾害、重大事故和瘟疫发生的情况下能使旅游者的安全与保护得到保证。此外，在旅游者遭到严重损害特别是遭受恐怖主义行动之害时，接待国应通过外交使馆或领事馆，向旅游者原籍国立即提供受害者的状况、发生事故的原因等所有必要的情况。

（6）接待国应对旅游者下述专门权利作出保证。

① 保证对遭受人身和财物损害的旅游者用最快方式通知其家属。

② 保证在必要情况下旅游者能享有迅速和合理的医疗保健，最好使他们享受本国的社会保险。

③ 保证遭受人身和财物损害的旅游者在有关国家法庭特别是刑事犯罪法庭对肇事者提出诉讼的自由而不必承担对一般外国人的要求，为此，在需要的情况下应得到有关国家司法机关的帮助。

7. 简化旅游、旅行、访问和旅游逗留的手续

简化旅游手续的含义是，各国为促进和鼓励个人和团队旅行、访问和旅游逗留，通过协调一致的政策和行动，消除对旅游产业和服务业壁垒。

一般来说，与旅游者有关的手续分为下列几种。

（1）护照和签证。一切需要出示旅游证件的要求，因过分收费，旅游申请表被无理拒绝，获取有关证件手续烦琐、程序复杂、缓慢，都被认为是旅游的障碍。

（2）货币和换汇控制。货币和换汇控制不仅影响旅游消费水平，而且使旅游者对实行这

些手续的国家望而却步。

（3）海关条例。由于各国的情况不同，在海关免税物品方面存在巨大的差别，但是，填写海关申报单和实行海关检查同样会影响旅游消费。

（4）健康手续。根据目前实施的世界卫生组织的国际卫生条例和各国的卫生安全政策，进行手续的办理。

8.鼓励民众参加国民旅游休闲计划

政府和企业应采取措施，通过合理安排工作和休假时间，建立和改善年度带薪休假制度，安排休假期，特别是重视青年、老年和残疾人的旅游，鼓励所有人参加国内和国际旅游。

第四节　世界旅游业的发展趋势

【经典案例】

得 Wi-Fi 者得旅游者？——免费 Wi-Fi 已成出游刚需

调查表明，手机是人们外出旅游最不可或缺的必需品。这一点在中国旅游者身上似乎尤为明显，这也使得打造"指尖上的旅行社"成为传统旅行社、在线旅行商的新目标。

2017 年 3 月 11 日，携程旅行网对外宣布，为参加出境游的用户提供境外免费 Wi-Fi 服务，服务范围将覆盖全球 100 多个目的地国家和地区。专门采购的无线 Wi-Fi 设备由领队携带，按照每 5 个人左右一台配备。

免费 Wi-Fi 省去了游客自己租用 Wi-Fi 设备的麻烦和费用，特别是在境外行程中的等待时间、乘车移动过程等场合，旅游团除了听导游讲解，就会集体进入"Wi-Fi 状态"，上网聊天、联系国内亲属、发微信和微博等。还有一些旅游者会上网，使用 App 预订租车、一日游等产品，安排自由活动时间。

在智能手机和移动互联网时代，提供无线上网服务越来越重要，免费 Wi-Fi 已经成为一种刚需。

免费 Wi-Fi 是切合旅游者需求的创新，也说明旅游市场特别是团队游的竞争，已经从价格战进入比拼服务创新和用户体验的新阶段。免费 Wi-Fi 或将成为旅游六要素之外的团队游标准新配置。

进入 21 世纪，世界旅游业将发生如下变化。

一、旅游将成为人们一种新的生活方式

随着世界经济的发展，人们的收入水平和生活水平不断提高，同时，随着科学技术的进步，人们的劳动生产率也不断提高，工作日相对减少，而闲暇时间则不断增加。旅游是人们

使用闲暇时间的最佳方式之一，随着社会的进步，将逐渐成为人们一种新的生活方式。与此同时，旅游业在国民经济中的地位和作用将不断提高。

二、世界旅游区域重心向亚太地区转移

欧洲和北美是两个传统的国际旅游市场，近些年来它们在国际旅游市场上的份额呈进一步缩小之势，世界旅游重心由传统市场逐渐向新兴市场转移。20世纪70年代以前，欧美地区是最主要的旅游目的地，吸引了全球超过85%的入境过夜客源。随着20世纪80年代亚太地区旅游业的日益崛起，世界旅游格局开始发生新的变化，欧美市场份额逐渐下降。2010年之后，亚太地区已经取代北美成为第二大国际旅游目的地。由于亚太地区对旅游业发展重视程度的不断加强，旅游投资的大举进入将优化地区接待水平，同时本地区的区域旅游需求逐渐加大，世界旅游发展重心将继续东移。与此同时，中国将从世界旅游大国转化为世界旅游强国。2019年，中国国内旅游人次数已超过60亿人次！事实上，从2012年起，中国已经超过美国，成为世界第一大客源国。

三、旅游业经营将日趋集团化、国际化

随着国际贸易自由化的发展，各国在不断减少和消除各种有形的和无形的贸易壁垒。就旅游业而言，越来越多的国家为了鼓励旅游业的发展，开始简化签证手续，缩短签证时间，或实施落地签证甚至取消签证的政策。与此同时，也有越来越多的国家开始允许国际跨国公司或外国公司在本国以合资、独资等多种形式开办旅游企业，从事旅游经营活动。因此，旅游业经营将走向国际化，旅游业的竞争将进一步加剧。为了对付日益激烈的竞争，旅游企业将通过联合、合并或吞并等多种形式，走集团化道路，以便增强实力，降低成本，促进销售。

四、旅游服务将走向个性化

旅游服务产品是无形的，服务质量最终是由旅游者评价的，旅游者评价服务质量优劣的标准是能否满足其需求。而旅游者的需求又千差万别，既有共性的部分，又有个性化的部分，因此，要使服务质量上一个台阶，必须满足旅游者的个性化需求，为其提供个性化服务。

在世界饭店史上唯一一家入选美国最高质量管理奖的丽思·卡尔顿酒店，住店客人只要在任何场合向饭店任何员工提出个人要求，将立即被输入电脑，饭店任何一个服务点都会随之提供相应的个性服务。该酒店有24万回头客，个个都有详细的个性服务需求资料。可见个性化服务对客人的重要性，为客人提供个性化服务，也将成为未来各旅游服务企业追求的目标和旅游服务的发展方向。

与个性化服务相适应的是"订制旅游"的兴起。与传统大众旅游方式不同，订制旅游是旅游企业通过与旅游者进行一对一的信息交流，让旅游者更多地参与到旅游产品设计与开发中，以满足他们个性化的体验需求。

五、旅游的方式将从团体转向散客

团体旅游是旅行社传统的旅游模式，其主要特点是：一切都是统一的。统一的出团时间、统一的交通工具、统一的住宿和饮食、统一的参观游览项目、统一的游览时间……旅游者的个人意愿必须服从团队的统一安排，因而，极大地限制了旅游者的自由。而散客旅游则不同，它是一种根据自己的兴趣、爱好进行独自（或少数几个人）旅行的旅游形式，多采取单项服务委托的方式。散客旅游最突出的特点，也是其最大的优点是旅游者在其旅游活动中，可以享有充分的"自由"，他们可以自由地安排其旅游活动和节目，并根据自己的好恶随时加以调整，而不必被导游赶着从事走马观花式的旅游。因此，散客旅游在世界各地越来越受到旅游者的欢迎。特别是随着交通业和通信业的发展以及旅游供给的不断完善，从而为散客旅游的发展创造了条件，越来越多的人开始加入散客旅游者的行列。

六、传统的观光旅游将向休闲度假旅游过渡

进入 21 世纪，旅游将不再是少数人奢侈的生活方式，而是一种大众化的活动，像人们吃饭、穿衣一样普遍，大多数人在其一生中将多次外出旅游。据统计，在英国，平均每年外出旅游达 3 次的人占全国人口的半数；在法国，这一比例也达到 45%；而在瑞典，这一比例则更高，达 75%，人们会发现，很多旅游景点都已经"观光"过了，有的地方甚至已经去了不止一次。久而久之，人们对观光旅游将失去兴趣，传统的走马观花式的观光旅游将让位于以休闲、娱乐、放松为目的的度假旅游。

链接

中国客，请你慢些走

在澳大利亚悉尼的邦迪海滩，衣着休闲的人们，或在金色沙滩上晒太阳，或在湛蓝海水中弄潮。还有一群人，衣装齐整，胸前挂着沉甸甸的单反相机，在沙滩上匆匆拍照后，在导游催促下乘车赶往其他景点。这些人多为中国旅游者。

长期以来，"上车睡觉，下车拍照"，是不少中国旅游者出境游的真实写照。一些西方旅游业者反映，较之于尽情享受假期的西方人，中国客的行程永远那么紧，他们要么不会玩，要么没有时间玩。

致力于服务中国游客的澳大利亚旅游咨询商 China Ready & Accredited 公司首席执行官龚怡婷认为，出现上述差异的重要原因在于，中西方旅游者的旅游休闲取向不同：中国人倾向于在有限的时间内，游览尽可能多的地方，拍摄尽可能多的照片；西方旅游者则善于放慢节奏，尽情享受旅游目的地的自然和人文元素。

事实上，度假旅游已成为很多发达国家旅游者外出旅游的主要形式和目的。在欧洲，特别是在七八月份，每年约有大量的人涌向地中海沿岸海滩胜地度假。"每逢节日，人们就蜂拥而出，旅行度假。蓝天白云下的高速公路上到处是远行的汽车，有的拖着游艇，有的拖着房

车，有的载着自行车，场面十分热闹……英国人不喜欢走马观花地在各旅游点疲于奔命，而是选择一个度假点，一住就是一周。这一周中，他们可以在海滨的浪尖上冲浪、游泳，也可在山间漫步，或在阳光下的草坪上聊天、看书，得到真正的休闲和放松。"美国的度假旅游也很盛行，在3 000多万出国旅游者中，度假旅游者约占60%以上。

未来的度假旅游将多种多样，人们将根据自己的情况选择度假方式。

1. 分时度假

分时度假(timeshare)模式即度假者以一定的价格购得度假村的服务设施(如一定面积的房间、别墅等)在一定时间里(如每年某一个月的一个星期)的使用权，每年的这一星期内，度假者有权无偿使用度假村的服务设施，其余时间交给度假村维护和管理。度假者还可以通过国际分时度假交换机构(如RCI)与其他购买分时度假产品的度假者交换度假产品，从而免费享用其他国家和地区的度假村设施。

资料："途家"的商业运营模式

2. 度假租赁

度假租赁的理念起源于美国，第一家度假房屋租赁在线服务提供商HomeAway成立于2005年，并于2011年成功上市。另一家代表性的旅行房屋租赁社区网站爱彼迎成立于2008年，其特色是鼓励用户自行上传房源信息，然后从房东与租客交易中抽取佣金。它们都是把旅游者和那些家里有闲置住所的人联系到了一起。

中国目前也成长起多家度假租赁公司，如蚂蚁短租，采用免费平台模式的游天下，而同时介入线上平台建设和线下服务与管理的途家模式最受关注。

资料：法国人的换房度假

3. 换房度假

还有一种度假方式是换房度假，即在换房网站的帮助下，度假者与身处异地，甚至异国的另一度假者在度假期间相互交换自家的住房，解决度假期间的住宿问题，从而免去度假期间高额的住宿费用。参加换房度假的人通常事先签证一份协议，明确使用对方房屋的义务和权利，如有损坏，保险公司将负责追究暂住者的责任。

七、各种旅游新业态不断涌现

生态旅游、智慧旅游、旅游综合体、旅游金融、旅游电子商务、分时度假、太空旅游等旅游新业态将不断涌现。2021年9月，SpaceX公司的载人"龙"飞船从肯尼迪航天中心发射场出发，将4名普通美国公民送入太空，开始绕地球轨道3天的太空旅行。这是一次没有任何专业宇航员陪护的"全平民团队太空轨道游"，创造了历史。

八、可持续发展将成为未来旅游业发展所追求的永恒主题

旅游资源的过度开发，旅游业的盲目发展，已经对社会及生态环境造成了危害，进而已经威胁到旅游业自身的发展，人们越来越清醒地认识到，旅游业不再是无烟工业。因此，旅游业的可持续发展将成为未来旅游业发展所追求的永恒主题，各国政府、社区、旅游企业和旅游者应为实现旅游业的可持续发展而共同努力(见图9-9)。

资料：数字化转型助力酒店"破茧成蝶"

图 9-9　美国 Bryce 国家公园："拿走一些（你需要的），留下一些（你不需要的）"。
鼓励旅游者把自己不需要的物品留下来，带走其他旅游者留下的对自己
有用的物品，保护生态，发展循环经济

九、旅游业的数字化、智能化发展新趋势

随着信息技术的发展，旅游服务、旅游资源开发、旅游企业经营以及旅游景区管理等将日益实现信息化和数字化，智慧旅游将改变旅游者的消费方式、旅游企业的经营模式和旅游管理部门的管理方式，成为旅游业发展的新趋势。

// 本 章 小 结 //

■ 定制旅游将成为旅游业转型升级的方向。

■ 旅游业的可持续发展，就是在满足当代旅游者和旅游地居民的各种需要的同时，保持和增进未来发展机会，其实质是要求旅游与自然、社会、文化和人类的生存环境成为一个整体，以协调和平衡彼此间的关系，实现经济发展目标和社会发展目标的统一。

■ 实现旅游业的可持续发展可从旅游资源开发、旅游企业经营、旅游者的消费行为以及国家旅游管理机构等方面着力。

■ 就旅游业的发展趋势而言，未来旅游将成为人们一种新的生活方式，旅游业在国民经济中的地位和作用将日益突出，旅游业经营的集团化、网络化特征将日趋明显，旅游服务将走向个性化，散客旅游、度假旅游将成为一种趋势，另外，旅游业的可持续发展将成为各国政府和旅游经营者追求的目标。

// 复 习 思 考 //

1. 名词解释:

智慧旅游 定制旅游

2. 什么是旅游业的可持续发展? 旅游业的可持续发展包括哪些基本思想?

3. 如何实现旅游业的可持续发展?

4. 请你谈谈世界旅游业的发展趋势。

// 课 后 训 练 //

扫描二维码,了解《古村旅游景区成功开发的"篁岭模式"》的相关内容。

分组讨论:

如何评价古村旅游景区开发中的"篁岭模式"。

资料:古村旅游景区成功开发的"篁岭模式"

// 拓 展 阅 读 //

遗产地旅游如何让原住民受益

据报道,云南元阳哈尼梯田申遗成功后,不仅到元阳的旅游者多了,当地村民参与旅游的人也多了,但是当地村民生活的改变远没有期待中的大。一位村民说:"有时候觉得自己是梯田的主人,有时候又觉得不是。"

云南元阳哈尼梯田属于农业遗产,其历史文化价值不仅仅在于其壮观的景观价值,而是较为完好地保留了当地居民在传统农业社会中的生产方式和生活方式,他们既是传统文化的传承者,也是遗产旅游的建设者。

在当地人看来,梯田就是一种生计而已。这曾经是他们唯一的生计选择,因为别无选择才成就了这千年的美景,成就了今天的世界遗产。但现在令当地村民没想到的是,他们的劳作除了收获田里的庄稼,还产出了经济上的"正外部效应"(即旅游景观价值),但这种溢出价值的产权应该归谁所有?

部分当地有商业头脑的村民看到了其中的商机,开始从事旅游接待,为旅游者提供餐饮、住宿、交通,甚至背包、指路等服务。事实上,元阳梯田从 1997 年就开始接待旅游者了。位于新街镇的箐口村是最早从事接待的旅游村,村里出现了农家乐等旅游接待住宿户,村民们自发为旅游者提供短途的交通服务,也会根据旅游者的需求组织哈尼族歌舞表演,当地政府也为该村提供了房屋修缮、道路改善等基础设施服务。位于老虎嘴梯田附近的勐品村是彝族村,村民性格开朗外向,妇女精于刺绣,为梯田观光客提供特色背包、纪念品销售等服务。旅游业正在为村民们提供另一种谋生选择。

然而,随着旅游人数的增加,旅游开发商开始进入,统筹了哈尼梯田地区所有的旅游业务,在景观优美的梯田区修建了围栏,并向旅游者收取梯田旅游门票,征用村民的土地。很多村民想不明白的一个问题是,世代耕种的梯田,为何让别人围起来收费?世代居住的家园,为何带亲戚回家也要买门票进入?旅游公司原本承诺给他们的每年只有 100 元的补偿费为何迟迟不能兑现?

这些问题不仅他们想不明白,很多远道而来的旅游者也想不通。他们来看当地村民种的田,为何要向外来的公司缴纳 180 元的高额门票?为何耕种梯田的农户反而自己没有权利在景区自由售卖自家的农产品?

应该看到，哈尼梯田如果不发展旅游业，其蕴含的潜在旅游价值就无法得以实现，当地村民们的生活条件也不可能得到较大的改善。要实现这一价值确实需要资金和智力方面的投入，需要改善可进入性和接待条件以及对基础设施、人才培养、营销推广等方面的投入。如果通过市场化运作，开发商由此获取一定的经济利益(但不能是全部)也是无可厚非的，问题是如何公平地分配由此产生的经营利润？

如果按照市场化机制运作的话，那就应充分发挥市场在配置资源中的决定性作用，如果引进外来开发商或运营商的话，必须承诺在兼顾社会效益(政府监督)、生态效益(第三方专业机构监测)的硬约束前提下，获取经济效益；所获得的经济收益，在弥补完当地相关村民因旅游开发而受到的损失后，利润还要让村民等相关利益方分享；外来开发商或运营商的选择应运用市场机制择优引进，价高者得。当然，也可以采用村民参股方式，甚至可以直接以参加农田劳动作为投入(实际是对梯田景观的外部经济收益予以部分确权)，风险共担，利润共享。

总之，解决类似于哈尼梯田这样的遗产旅游问题，必须创新制度安排，确保当地村民的利益。需要明确的是，当地村民既是哈尼梯田的劳动者，也是梯田景观的建筑师。

// 本章配套微课 //

旅游业可持续发展，详情内容请扫描二维码了解。

视频：旅游业可持续发展

参考文献

1. 刘伟. 旅游学概论[M]. 广州：广东旅游出版社，2021.

2. 刘伟. 旅游学[M]. 北京：高等教育出版社，2014.

3. 马勇. 旅游学概论[M]. 北京：高等教育出版社，1998.

4. 韩玉灵：改变导游"旅行社委派"单一执业方式，增加收入渠道，改善生存状态[N]. 中国旅游报，2021-05-17.

5. 王咏红. "智慧旅游"的核心是游客为本[N]. 中国旅游报，2011-09-09.

6. 王兴斌. 和谐旅游目的地建设应兼顾多方利益[N]. 中国旅游报，2011-11-09.

7. 张梅，发展中的旅游统计[N]. 中国旅游报，2011-12-02.

8. 王兴斌，对完善旅游统计工作的思考[N]. 中国旅游报，2011-12-02.

9. 魏小安，厉新建. 物联网来了，旅联网还有多远？[N]. 中国旅游报，2010-11-19.

10. 陈平. 在影响旅游业的危机中恢复、改进国家形象的传播策略[N]. 中国旅游报，2008-04-02.

11. 王煜琴. 计调在旅行社服务质量提升过程中的作用[N]. 中国旅游报，2010-05-31.

12. 段万义. 导游如何进行危机公关[N]. 中国旅游报，2007-06-04.

13. 李向明. 旅游地形象宣传口号的创意设计模式与原则[N]. 中国旅游报，2006-12-04.

14. 魏小安，李劲松. 对国人旅游行为与文明旅游的深层次思考[N]. 中国旅游报，2006-10-18.

15. 陈雪钧. 旅游目的地的节庆营销[N]. 中国旅游报，2005-12-23.

16. 田里. 现代旅游学导论[M]. 昆明：云南大学出版社，1994.

17. 张海燕. 旅游统计与旅游卫星账户[N]. 中国旅游报，2005-12-07.

18. 陈文杰. 危机的管理与规避[N]. 中国旅游报，2003-06-04.

19. 王大悟，魏小安. 新编旅游经济学[M]. 上海：上海人民出版社，2000.

20. 吴忠军. 旅游景区规划与开发[M]. 北京：高等教育出版社，2003.

21. Charles R Goeldner, J R Brent Ritchie. Tourism：Principles, practices, philosophies. 10th Edition[M]. New Jersey：Hoboken，2006.

22. Holloway C. The business of tourism[M]. Addison Wesley Longman，1994.

23. Howell D W. Passport：An introduction to the travel and tourism industry[J]. Southwestern，1993.

24. Likorish L, Jenkins C L. An introduction to tourism[J]. Butter-worth-Heinemann，1997.

25. Medlik S. Managing tourism[J]. Butterworth-Heinemann，1995.

26. Mill R C, Morrison A. The tourism system：An introductory text[J]. Prentice Hall，1992.

27. Poon A. Tourism[J]. Technology and Competitive Strategies CAB，1993.

28. Sharpley R. Tourism Tourists and Society[J]. Elm, 1994.

29. Shaw G, Williams A. Critical issues in tourism[J]. Blackwell, 1994.

30. Theobald W F. Global tourism: The next decade[J]. Butterworth-Heinemann, 1994.

31. Tribe J. The economics of leisure and tourism: Environments, markets and Impacts [J]. Butterworth-Heinemann, 1995.

32. Vellas F, Becherel L. International Tourism[M]. London: Macmillan Business Press, 1995.

33. Wahab S. Tourism Management[M]. London: Tourism International Press, 1993.

34. Witt S, Brooke M Z, Buckley P J. The Management of International Tourism[M]. London: Unwin Hyman, 1995.

郑重声明

读者意见反馈

为收集对教材的意见建议，进一步完善教材编写并做好服务工作，读者可将对本教材的意见建议通过如下渠道反馈至我社。

咨询电话　　400-810-0598

反馈邮箱　　gjdzfwb@ pub. hep. cn

通信地址　　北京市朝阳区惠新东街4号富盛大厦1座

　　　　　　高等教育出版社总编辑办公室

邮政编码　　100029

责任编辑:张卫

高等教育出版社　高等职业教育出版事业部　综合分社

地　　　址:北京市朝阳区惠新东街4号富盛大厦1座19层

邮　　　编:100029

联系电话:(010)58582742

E-mail:zhangwei6@ hep. com. cn

QQ:285674764

(申请配套教学资源请联系责任编辑)